색다른 조합이 재미있는 샌드위치 레시피 355

세계의 샌드위치 도감

BM 성안당

차례

머리말

이 책을 집필하면서 6개월 동안 350가지가 넘는 샌드위치 사진을 찍었다. 그 가운데 구입한 것은 20장도 되지 않는다. 나머지 샌드위치는 모두 직접 만들었다. 구입하기 어려운 빵까지도 직접 구웠다. 촬영이 끝나면 더 이상 샌드위치를 먹고 싶지 않을 것 같았다. 그런데 촬영이 끝난 후에도 일주일에 적어도 두세 번은 샌드위치를 먹는다. 새로운 아이디어가 떠오르면 그 아이디어를 시도해 보기도 한다.

내가 좋아하는 샌드위치는 바게트로 만든 샌드위치다. 바게트는 막 사온 것도 반드시 가볍게 토스트 한다. 속에는 슬라이스한 가우다 치즈, 그 위에 슬라이스한 아보카도와 토마토, 바질 잎을 몇 장 올린다. 소금과 후추로 간을 맞춘 다음 발사믹 식초와 올리브 오일을 뿌린다. 그리고 루꼴라를 듬뿍 넣는다. 고기가 먹고 싶을 때는 하몽 세라노 햄을 한 장 추가한다. 앤초비(기름에 절인 멸치)나 사딘(정어리를 올리브 오일에 절인 통조림)을 넣기도 한다. 샌드위치를 만드는 즐거움 중 하나가 발상에 따라 만드는 법이 무한히 넓어지는 데에 있다. 고급 레스토랑에서 먹는 요리가 아니라 길거리나 마트에서 쉽게 구입할 수 있는 서민 음식이라는 점도 나의 식성에 딱 맞는다.

또한, 샌드위치에는 그 고장의 식문화가 녹아 있다. 샌드위치를 보면 그 고장 사람들이 일상적으로 무엇을 먹는지 알 수 있다. 샌드위치를 통해 그 배경에 있는 문화와 역사를 엿볼 수도 있다. 바꿔 말하면 그 지역의 문화나 역사가 샌드위치에 반영되어 있다고도 할 수 있다. 이 책을 통해 다양한 샌드위치의 매력을 맘껏 느껴보기 바란다.

GOYA
HATCH
Maçarico
PIRI PIRI

이 책에서 소개하는 샌드위치의 정의

미국에서 가장 유명한 ≪메리엄-웹스터(Merriam-Webster) 사전≫에는 샌드위치의 정의를 다음과 같이 기술하고 있다. "빵 두 장 사이에 무엇(고기, 땅콩 버터 등)을 채워 넣은 빵. 무엇을 채워 넣은 두 장 이상의 쿠키, 크래커, 케이크 조각."

샌드위치가 역사상에 등장한 것은 1세기경이다. 유대교 지도자였던 힐렐이 유월절(유대교 축일)에 양고기와 씁쓸한 허브를 두 장의 무교병(발효하지 않은 넓적한 빵)에 끼워 먹었다고 한다. 일반인에게 샌드위치라는 말이 보급되기 시작한 것은 18세기에 들어와서다. 당시 영국에는 티(Tea) 샌드위치로 대표되는 두 장의 빵 사이에 뭔가를 넣은, 지금의 샌드위치와 비슷한 것이 있었다.

하지만 이 영국의 샌드위치나 사전에 나오는 샌드위치를 샌드위치의 정의로 하면 유럽의 오픈(Open) 샌드위치나 멕시코의 타코스(옥수수 가루를 반죽하여 얇게 펴서 구워 만든 조각에 야채나 고기를 싼 멕시코 요리), 중동의 피타포켓도 샌드위치라 할 수 없다. 그런데도 실제 많은 사람들이 이것을 샌드위치로 인식하고 있다.

그래서 나는 샌드위치를 이렇게 정의하고 싶다. "빵 혹은 빵에 상당하는 것(빵 반죽, 파이, 라틴 아메리카의 플랜틴 등 뭐든 상관없다)으로 속의 내용물을 감싸고 있는 것." 또 한 가지는 "오픈 샌드위치 빵 위에 뭔가를 올린, 혹은 뭔가를 뿌리거나 바른 것." 이 책에 나오는 샌드위치는 이 정의에 따라 선택했다. 그러므로 '이게 샌드위치라고?' 말하고 싶은 것도 몇 가지 있을지도 모르지만 나의 정의에 따르면 모두 어엿한 샌드위치에 속한다.

The World's Sandwiches

Chapter 1

서유럽

잉글랜드/웨일스/스코틀랜드/아일랜드/아이슬란드
독일/오스트리아/네덜란드/벨기에/이탈리아/몰타
프랑스/스위스/스페인/포르투갈

Yorkshire Pudding Smoked Salmon Open Sandwich

요크셔 푸딩 훈제 연어 오픈 샌드위치

영국의 전통 페이스트리로 만드는 신감각 오픈 샌드위치

머핀 틀에 소량의 기름을 넣고 오븐에서 연기가 나올 정도로 뜨겁게 달군다. 여기에 반죽을 붓고 오븐에서 20분 정도 구우면 멋지게 부풀어 오른 페이스트리가 완성된다. 이것이 요크셔 푸딩이다. 디저트 푸딩과는 완전히 다른 음식이다. 원래 저렴하게 만들 수 있는 이 음식은 식사 맨 처음에 나왔다고 한다. 배가 어느 정도 부르면 메인 식사에 들어가는, 말하자면 노동자 계급의 음식이었다. 지금은 요크셔 지방의 명물 요리로 해외에서 생활하는 그 지방 사람이 가장 그리워하는 요리이기도 하다.

재료(12인분) **Recipe**

[빵] 요크셔 푸딩: 12개*

[속재료] 잘게 썬 신선한 딜(크렘 프레슈에 섞는다): 3큰술 / 크렘 프레슈(사워크림): 200ml / 훈제 연어: 6장 / 딜(장식용): 적당량

*샐러드유: 1큰술 / 밀가루: 140g / 달걀: 4개 / 우유: 200ml / 소금과 후추: 약간

●오븐을 200℃로 세트한다. 머핀 틀에 샐러드유를 조금 넣고 오븐에 달군다. 밀가루를 볼에 넣고 달걀을 넣어 골고루 잘 섞는다. 거기에 우유를 조금씩 넣어 매끈한 반죽을 만든다. 마지막으로 소금과 후추를 넣는다. 반죽을 계량컵 등 붓기 쉬운 용기에 옮긴다. 연기가 나올 정도로 달군 머핀 틀을 꺼내 반죽을 2~3큰술씩 각 틀에 부은 다음, 재빨리 오븐에 넣어 20분 정도 부풀어 오를 때까지 굽는다.

Memo

굽는 데 기름을 사용하지만 반죽이 기름을 그다지 흡수하지 않기 때문에 느끼하지는 않다. 보통 잼이나 크림치즈를 발라 먹는다. 갓 구운 것이 가장 맛있다.

Chip Butty

칩 버티

영국에서 가장 대중적인 샌드위치

일본에서 칩이라 하면 보통 포테이토칩을 가리킨다. 하지만 영국에서는 프라이드 포테이토를 칩이라 하고, 포테이토칩은 크리스프라 한다. 버티는 빵과 버터라는 의미로, 영국 북부 지방인 요크셔와 리버풀 주변이 발상지인 듯하다. 칩 버티는 특별할 것 없이 빵에 버터를 바르고 프라이드 포테이토를 끼우기만 하면 되는 샌드위치다. 하지만 칩 버티에는 영국인의 긍지가 담겨 있다. 풋볼 팀, 셰필드 유나이티드의 서포터가 시합 중에 노래하는 '그리시(기름투성이의) 칩 버티'는 상징적이라 말할 수 있다. 산뜻한 버터와 부드러운 빵, 바삭하게 막 튀긴 프라이드 포테이토의 조합이 이 샌드위치의 생명이다.

재료(1인분) **Recipe**

[빵] 식빵 2장 또는 햄버거 빵 1개
[속재료] 버터: 적당량 / 프라이드 포테이토: 좋아하는 만큼
[소스] 케첩 또는 브라운소스: 적당량 / 잉글리시 머스터드(취향에 맞게)

Memo

프라이드 포테이토는 나라나 가게, 사람에 따라 굵기가 다양하다. 영국에서는 1cm 정도의 굵기로 만든다. 두 번 튀기면 표면이 더 바삭바삭하다. 두 번째는 고온에서 짧게 튀기는 것이 좋다.

Ploughman's Lunch

플라우먼스 런치

점심으로 샌드위치를 한 손에 들고 맥주를 곁들인다

플라우먼(ploughman)이란 농장에서 말을 끄는 사람을 말하는데, 그들이 먹었던 음식이 플라우먼스 런치인지 아닌지는 확실하지 않다. 런치라 하면 일본에서는 정식 같은 것으로 치즈, 빵, 피클 외에 햄, 삶은 달걀, 사과, 식초에 절인 양파 등으로 구성된다. 플라우먼스 런치 샌드위치는 접시에 늘어놓은 것을 모두 빵에 끼워 먹는다고 생각하면 된다. 여기서 소개하는 샌드위치는 거기에 좀 장식을 한 버전이다. 대중 술집에서 시작한 샌드위치는 아니지만 런치에도 이 샌드위치에 맥주, 특히 에일(ale, 홉을 넣지 않은 영국산 맥주)을 빼놓을 수 없다.

Recipe

재료(1인분)

[빵] 바게트: 1/2개

[속재료] 잘게 간 숙성 체다 치즈: 250g / 당근 간 것: 1개분 / 간 붉은 양파: 1개분 / 샐러드 크림(마요네즈 비슷한 스프레드): 2~4큰술 / 소금과 후추: 적당량

●속재료를 모두 볼에 넣고 골고루 섞는다.

Memo

샌드위치 재료에 사용하지 않은 소시지, 삶은 달걀 등은 샌드위치에 곁들여 낸다. 빵은 살짝 구우면 겉이 바삭해져 먹기 좋고 맛있다.

Shooter's Sandwich

|| 슈터스 샌드위치

일찍 일어나기 싫은, 게으른 셰프가 만든 샌드위치

아침 일찍 나가는 사냥꾼을 위해 어느 셰프가 20세기 초반에 고안해낸 것이 슈터스 샌드위치이다. 둥근 시골빵 윗부분을 잘라 속을 파내고 스테이크와 볶은 양송이버섯을 채워 넣는다. 자른 빵으로 뚜껑을 덮고 종이에 싼 다음 누름돌로 눌러 하룻밤 놔둔다. 납작해진 샌드위치는 갖고 다니기 편하고 나이프로 잘라도 부스러지지 않는다. 이 샌드위치는 사냥꾼처럼 밖에서 일하는 사람에게 획기적인 샌드위치가 되었다.

재료(4~6인분) Recipe

[빵] 라운드 러스티 브레드(사워도 보울레 등): 1개

[속재료] 두껍게 자른 쇠고기 스테이크(미디엄 레어): 2장 / 양송이 볶음: 약 500g*

*큼직하게 썬 양송이: 500g / 큼직하게 썬 에샬롯(파의 알뿌리 비슷한 서양 야채) 200g / 버터: 70g / 소금과 후추: 적당량 / 브랜디(플랑베용, Flambée): 1큰술

Memo

재료를 빵 속에 딱 맞게 채워 넣기가 쉽지 않다. 재료 분량에는 조절이 필요하다. 양송이 볶음은 수분이 없어질 때까지 볶는 것이 포인트.

잉글랜드

Salt Beef Bagel

솔트 비프 베이글

영국과 유대 문화가 융합한 런던 이스트엔드의 명작

소금에는 보존 효과가 있다. 생선 말린 것이 그 전형적인 예이지만 고기의 경우도 마찬가지다. 쇠고기를 소금물에 담가 오래 보관할 수 있게 한 것이 솔트 비프이다. 솔트 비프라는 말이 익숙하지 않을지도 모르나 콘비프(corned beef, 쇠고기 소금절이)라면 들어본 적이 있을 것이다. 솔트 비프와 콘비프는 같은 것이라고 봐도 상관없다. 그런데 왜 영국에서 베이글을 먹는 걸까? 런던의 이스트엔드에는 유대인이 많다. 베이글은 유대를 대표하는 빵이다. 런던에 이주해온 유대인이 이 두 가지를 조합해 만든 것이 솔트 비프 베이글이다. 영국의 전역에서 먹고 있지만, 원조 이스트엔드의 솔트 비프 베이글이 지금도 가장 인기 있다.

Recipe

재료(1인분)

[빵] 베이글 1개
[속재료] 솔트 비프(콘비프): 4~6장*
오이피클(세로로 자른 것): 4개
[소스] 잉글리시 머스터드: 1큰술
마요네즈: 1큰술
*소 양지머리: 1kg / 당근: 2개 / 양파: 1개 / 셀러리: 1개 / 마늘: 2쪽 / 설탕: 300g / 소금: 700g / 알맹이 후추, 코리앤더(고수풀) 씨: 각 1작은술 / 말린 월계수 잎: 2장 / 물: 1리터 ●만드는 법은 p.146

Memo

베이글은 포피 시드, 전립분(밀기울까지 함께 빻은 밀가루), 양파 등 좋아하는 것을 선택하면 된다. 영국에서는 피클(서양식 야채 절임)이 아니라 게르킨이라 한다. 콘비프 캔은 다른 것이므로 사용하지 않는다.

잉글랜드

Toast Sandwich

토스트 샌드위치

영국인은 샌드위치 만들기 천재!!

150년 전의 일이다. 영국의 비튼 부인은 ≪북 오브 하우스홀드 매니지먼트≫라는 책을 냈다. 이 책에는 환자가 먹는 음식으로 샌드위치가 소개되어 있다. "얇은 토스트를, 버터를 바른 두 장의 빵 사이에 끼운다. 소금과 후추로 간을 맞춘다"고 쓰여 있다. 영국왕립화학회는 이 책의 출판 150주년을 기념해서 토스트 샌드위치를 되살렸다. 가장 경제적이고 더구나 영양가가 높은 런치로서도 최고라며 이 샌드위치를 재평가한 것이다. 기껏해야 토스트를 끼웠을 뿐인 샌드위치라고 우습게 봐서는 안 된다. 100년도 더 전에 고안되어 세계 최고 과학자가 인정한 샌드위치이다.

재료(1인분) **Recipe**

[빵] 식빵: 3장
[속재료] 버터: 적당량 / 소금과 후추: 적당량

Memo

가장 단순한 샌드위치이므로 적어도 식재료에는 신경을 쓰는 것이 좋다. 버터는 지방분이 많은 것이 좋고, 후추는 미리 갈아두지 않고 그 자리에서 가는 것이 좋다.

잉글랜드

Tea Sandwich || 티 샌드위치

일본 샌드위치의 기원이라 할 수 있는 품위 있는 샌드위치

애프터눈 티(Afternoon Tea)는 오후 3시에서 5시, 즉 저녁 식사 전의 간식 시간이다. 이 습관은 19세기에 귀족 사이에서 생겨났다. 이 티타임에 내놓는 것이 티 샌드위치이다. 티 샌드위치는 핑거 샌드위치라고도 한다. 가장 우아하다고 할 수 있는 이 샌드위치는 빵 가장자리를 잘라낸 하얗고 부드러운 식빵에, 가볍게 자른 오이나 레드 래디시(무의 한 품종) 같은 야채나 햄, 치즈를 끼우는 것이 보통이다. 그러나 다양하게 응용할 수 있어 지금은 전립분 빵, 펌퍼니켈(호밀빵) 등도 사용된다. 다만 예나 지금이나 변함이 없는 것은 재료다. 특히 양질의 빵, 버터는 티 샌드위치에서 없어서는 안 될 중요한 재료다.

Recipe

재료(각 1인분)

A 물냉이&에그 샐러드
[빵] 식빵: 2장
[속재료] 달걀 샐러드: 1/4~1/3컵*
잘게 자른 물냉이: 1/2컵
[소스] 마요네즈: 1큰술
*삶은 달걀: 1개 / 허브가 든 버터: 1큰술 / 잘게 자른 골파(파 종류): 1큰술 / 소금, 후추, 파프리카: 적당량

B 토마토&체다
[빵] 식빵: 2장
[속재료] 버터: 1큰술 / 토마토 슬라이스: 4장
숙성 체다 치즈: 1장

Memo

사각이나 삼각형으로 자르는 것이 전통적인 방식이지만 둥글게 하거나 둥글게 마는 등 다양하게 만들어 보는 것도 좋다. 속재료는 보통 오이가 쓰이지만 카레 치킨이나 아보카도, 훈제 연어 등도 자주 쓰인다.

재료(각 1인분) **Recipe**

C 사과&오이

[빵] 식빵: 2장

[애플 믹스 속재료(모두 섞는다)]

잘게 썬 사과: 1/4개 / 레몬주스: 1큰술 / 크림치즈: 50g / 민트 썬 것: 2큰술 / 이탈리안 파슬리: 2큰술 [기타 속재료] 오이 슬라이스 한 것: 1/4개분

D 레드 래디시

[빵] 식빵: 2장

[속재료] 버터: 1큰술 / 슬라이스 레드 래디시: 8~10장

잉글랜드

Tuna & Sweetcorn || 튜나&스위트 콘

영국에는 봉지에 넣은 샌드위치를 곳곳에서 판매한다. 참치나 치킨 샐러드, 달걀 등 그 내용물도 일본과 비슷하다. 여기서 소개하는 것은 일본에서도 인기가 있는 참치와 콘 샌드위치. 맛도 식감도 어울리지 않는 배합이 매력이다. 대신 치킨을 넣은 것도 있다.

재료(2인분)
[빵] 전립분 또는 멀티그레인(잡곡) 식빵: 4장
[속재료] 샐러드: 250g*
[기타 속재료] 양상추: 2장 [소스] 마요네즈: 2큰술
*참치 캔: 200g / 스위트 콘(캔): 1/4컵 / 소금, 후추: 적당량

잉글랜드

Sausage Sarnie || 소시지 사니

같은 영어권인데도 미국과 영국은 다른 점이 많다. 먼저 용어가 다르다. 영국에서는 샌드위치보다 버티 또는 사니라고 한다. 즉, 핫도그와 마찬가지로 소시지가 들어간 샌드위치를 말한다. 소시지는 영국의 포크 소시지가 들어가야 한다.

재료(1인분)
[빵] 사워 도우 롤: 1개
[속재료] 소테 잉글리시 포크 소시지: 3개 / 양파 슬라이스: 1/2개분 / 달걀 프라이: 1개
[소스] 전립 머스터드: 2큰술 / 토마토케첩: 2큰술

잉글랜드

Bacon Butty || 베이컨 버티

돼지의 삼겹살을 사용하는 미국의 베이컨과는 달리 영국에서는 돼지 등심을 많이 사용한다. 따라서 등심 베이컨(back bacon)은 지방분이 아주 적다. 이것을 바삭바삭할 때까지 프라이팬에 구운 다음 브라운소스를 뿌려 흰 식빵에 끼워 먹는다. 빵은 굽지 않는 것을 영국인은 좋아한다.

재료(1인분)
[빵] 식빵: 2장
[속재료] 무염 버터: 3큰술 / 소테 등심 베이컨: 3장
[소스] 브라운소스: 2큰술

잉글랜드

Picnic Sandwich

피크닉 샌드위치

보기에도 좋아야 하지만 때로는 공복을 채워주는 것이 중요하다

품위 있는 티 샌드위치와 대조를 이루는 것이 피크닉 샌드위치다. 우선은 공복을 채워주기 위해 그 나름의 부피가 필요하다. 밖에서 먹는 샌드위치이므로 티 샌드위치 같은 부드러운 샌드위치는 적합하지 않다. 수분이 많은 재료로 인해 빵이 불어서도 안 된다. 그러니까 빵에는 겉이 파삭파삭한 크러스티(crusty) 롤이나 영국식 햄버거 빵, 브리오슈(Brioche)라 하는 둥근 빵을 사용한다. 빵 안쪽에는 버터를 바른다. 토마토 같은 수분이 많은 재료는 빵에 직접 닿지 않게 해야 한다. 이렇게 하면 티 샌드위치처럼 다양한 샌드위치를 만들 수 있다. 인기가 많은 재료는 햄이다.

재료(1인분) Recipe

[빵] 크러스티 롤(프렌치 롤 등): 1개
[속재료] 버터: 1큰술 / 햄: 4장
체다 치즈 슬라이스: 4장
양상추: 1장
토마토 슬라이스: 3, 4장
오이 슬라이스: 4장
둥글게 썬 적양파: 6장
[소스] 머스터드: 1큰술

Memo

완성된 샌드위치는 랩으로 잘 싼다. 랩으로 싸면 랩을 벗겨내도 모양이 일그러지지 않을 뿐만 아니라 식재료의 맛이 전체에 배서 맛도 더 좋다.

웨일스

Welsh Rarebit

웰시 래빗(또는 웰시 레어빗)

웨일스를 대표하는 체다 치즈 샌드위치

래빗의 철자는 원래 rabbit이다. 다시 말하면 토끼를 말한다. 하지만 재료 속에 토끼는커녕 고기조차 들어가지 않는다. 토끼와는 전혀 관계없는데 왜 이렇게 불렀을까 짐작이 안 간다. 다만 1700년대에는 이미 이 샌드위치가 존재했던 듯하다. 주요 재료는 웨일스의 체다 치즈, 에일, 그리고 버터. 이것으로 맛이 진한 소스를 만들고, 버터 위에 뿌려 굽는다. 산뜻하고 부드러운 체다 치즈의 맛을 즐길 수 있다. 여기서 소개하는 샌드위치는 토마토 슬라이스와 파슬리를 올려 장식했다. 달걀 프라이를 얹은 것도 있다.

재료(1인분) **Recipe**

[빵] 식빵: 1장
[속재료] 래빗: 25g* / 토마토 슬라이스: 8장
이탈리안 파슬리 또는 바질: 1큰술
*버터: 1큰술 / 체다 치즈: 20g / 밀가루: 1작은술 / 에일 또는 우유: 4큰술 / 드라이 머스터드: 1작은술 / 소금, 후추: 적당량

Memo

굳이 웨일스산 체다 치즈만을 고집할 필요는 없지만, 가능하면 영국산 치즈를 사용하는 것이 좋다. 치즈에 달걀을 넣으면 더욱 고급스러운 소스가 된다. 포치드 에그(수란)를 얹어도 좋다.

스코틀랜드

Scotch Woodcock

|| 스카치 우드콕

영국 명문 대학이 보증한 샌드위치

웰시 래빗처럼 왜 우드콕(새 이름)을 붙였는지 알 수 없는 샌드위치이다. 하지만 이 샌드위치는 대단히 격조 높은 샌드위치임에는 틀림없다. 토스트 샌드위치에서도 소개한 비튼 부인의 책 속에 등장하는 역사가 있는 샌드위치이다. 게다가 영국 서민원(庶民院)과 옥스퍼드대학, 케임브리지대학 구내매점에서도 스카치 우드콕을 팔았다. 새를 대신한 것은 아니지만, 우드콕의 빵 위에는 스크램블 에그와 짭짤한 앤초비를 올렸다. 보통은 흰 식빵으로 만들어도 좋지만 좀 더 자연스런 단맛이 나는 전립분 빵이 이 샌드위치에는 잘 어울린다.

재료(2인분) **Recipe**

[빵] 전립분 빵: 2장
[속재료] 스크램블 에그: 달걀 2개분*
오일 절임 안초비 필레: 6장
자른 차이브(골파): 적당량
케이퍼: 적당량
*달걀: 2개 / 헤비 크림(생크림): 1큰술 / 버터: 1큰술 / 코셔 소금: 적당량

Memo

앤초비는 갈아서 빵에 발라도 좋다. 어떻게 하든 짭짤하므로 스크램블 에그에 넣는 소금량을 줄여야 한다.

Crisp Sandwich

크리스프 샌드위치

**고개가 갸우뚱해지는 조합이지만
의외로 절묘한 맛이 나는 샌드위치**

2015년 3월, 포테이토 크리스프 전문인 팝업숍이 아일랜드 더블린에서 오픈했다. 10일간의 오픈이었지만 첫날부터 행렬이 늘어설 정도로 인기를 보였다. 이런 인기 있는 샌드위치가 뭘까. 크리스프란 감자칩을 말한다. 감자칩을 두 장의 빵 사이에 끼운 믿기지 않는 샌드위치다. 이 감자칩 샌드위치는 예로부터 인기가 있었다. 식빵에 버터를 바르고 감자칩을 끼워 넣기만 하면 되는데, 의외로 맛있다. 부드러운 빵, 바삭한 감자칩, 그리고 단맛이 나는 버터의 조합이 절묘하다.

재료(1인분) **Recipe**

[빵] 식빵: 2장
[속재료] 버터: 적당량 / 감자칩: 1 작은컵

Memo

어떤 메이커의 감자칩이든 상관없다. 버터는 가능하면 양질의 아일랜드산 버터를 사용한다. 먹기 전에 위에서 손으로 눌러 조금 부수는 것이 매너다.

Banana&Sugar Sandwich

바나나&슈거 샌드위치

한입 물면 향수가 느껴지는 샌드위치

얼마 전까지만 해도 아일랜드 어린이들 사이에서 절대적인 인기를 자랑했던 샌드위치가 바로 바나나&슈거 샌드위치이다. 지금도 지방에서 가장 많이 먹는 대중적인 샌드위치이다. 지금의 20대와 30대 아일랜드인이 할머니가 많이 만들어주었다며 그리워하는 샌드위치이기도 하다. 미국에서는 어린이나 어른이나 피넛버터&젤리 샌드위치의 인기가 많다. 이 샌드위치도 같은 느낌인지도 모른다. 우리가 말하면 크림 샌드위치 정도일까. 그 자리에서 먹는다면 가볍게 구워 먹어도 좋을 듯하다. 전립분 빵이라서 향이 있고 바나나의 단맛도 더 강하게 느껴진다.

Recipe

재료(1인분)

[빵] 전립분 빵: 2장
[속재료] 버터: 1큰술
바나나 슬라이스: 1개분
가루설탕: 2작은술

Memo

보통 식빵으로 만들어도 상관없으나 단맛이 나는 재료에는 전립분 빵으로 만드는 것이 좋다. 초콜릿이나 피넛 버터를 빵에 발라도 좋다.

아일랜드

Corned Beef Sandwich || 콘비프 샌드위치

아일랜드는 좀 다르지만 미국에서는 퍼레이드와 콘비프, 이것이 성 패트릭 데이의 상징이다. 콘비프는 가능하면 얇게 슬라이스한다. 캔 콘비프는 되도록 사용하지 않는 것이 좋다.

재료(2인분)
[빵] 사워 도우 롤: 2개
[속재료] 얇게 슬라이스한 콘비프(p.16, p.146): 200g샤프 체다 치즈: 4장 / 야채 소테: 약 2컵*
[소스] 마요네즈: 2큰술 / 거칠게 빻은 머스터드: 1큰술
*버터: 2큰술 / 양파 슬라이스: 1/2개 / 양배추 채썬 것: 1컵 / 당근 채썬 것: 1/2컵 / 타임: 조금 / 소금과 후추: 약간

아일랜드

Breakfast Roll || 브렉퍼스트 롤

가늘고 긴 빵 사이에 몇 가지 소시지와 베이컨, 달걀부침을 채워 넣은 이 샌드위치는 1990~2000년 초반에 걸쳐 아일랜드 경제 발전과 더불어 국민 음식이 되었다.

재료(1인분)
[빵] 프렌치 롤 또는 바게트(20cm): 1개
아이리시 버거 소시지: 1개
아이리시 베이컨: 2장
화이트 또는 블랙 푸딩: 1개
체다 치즈: 2장
달걀 프라이 또는 스크램블 에그: 달걀 1개
[소스] 브라운소스: 2큰술

아일랜드

Bramley&Bacon Butty || 브램리&베이컨 버티

브램리는 사과 품종으로 신맛이 강해 생으로 먹는 일은 많지 않다. 파이나 타르트 재료로 사용되는 사과와 베이컨을 조합한 것이 바로 브램리&베이컨 버티다. 브램리는 구우면 단맛이 나, 농후하고 염분이 강한 블루 치즈, 베이컨과 절묘한 조화를 빚어낸다.

재료(4인분)
[빵] 사워 도우 롤: 4개
[속재료] 버터: 2큰술
볶은 아이리시 베이컨: 8장
버터로 볶은 브램리 애플 또는 신맛이 나는 사과: 1개
문질러 잘게 부순 블루 치즈: 4큰술

아이슬란드

Hangikjöt || 항기키외트

재료(6인분)
[빵] 플랫 카카(아이슬란드 플랫브레드): 6장*
[속재료] 버터: 6술 / 양고기 훈제 또는 로스트: 150g
체다 치즈: 8~10장 / 훈제 연어: 8~10장
*밀가루: 2와 1/2컵 / 베이킹파우더: 2작은술 / 소금: 1작은술
설탕: 1큰술 / 삶은 감자: 2개 / 요구르트: 100g / 우유: 1컵

항기키외트란 행 미트(hang meat), 즉 매달아 놓은 고기를 말한다. 아이슬란드 전통 고기 훈제로 양고기, 말고기 등을 사용한다. 항기키외트는 전통적인 축제 음식으로 아이슬란드 크리스마스에는 빠짐없이 등장한다. 호밀 등을 사용한 플랫 브레드에 얇게 슬라이스 한 항기키외트를 올려 먹는 일이 많다. 브레드라 해도 베이킹파우더를 사용한 빵 케이크 같은 것으로 요구르트가 많이 들어가 좀 신맛이 난다.

아이슬란드

Pylsur || 필시르

재료(6인분)
[빵] 핫도그용: 6개
[속재료] 맥주로 삶은 필시르 소시지 혹은 포크&비프 프랑크푸르트 소시지: 6개 / 에샬롯 잘게 썬 것: 6술 / 양파 슬라이스: 적당량
[소스] 스위트 핫도그 머스터드(p.296): 4큰술
레물라드(p.297): 4큰술/케첩: 4큰술

아이슬란드인은 다른 어느 나라 양고기보다 국산 양고기가 맛있다고 자랑한다. 소시지에도 양고기가 들어간다. 소고기뿐 아니라 돼지고기나 양고기를 섞으면 소시지의 맛에 깊이가 생긴다. 맛만을 따진다면 다른 고기와 섞는 것이 더 맛있다. 아이슬란드에서 핫도그라 하면 양고기가 들어간 필시르를 사용한 것이다. 관광객도 이 필시르를 먹는 것이 여행의 일부라도 되는 것처럼 핫도그 가게를 찾는다.

Bratwurst im Laugenstangen

독일

브라트부르스트 임 라우겐슈탕겐

한입 물면 육즙이 흘러나오는 소시지

브라트부르스트는 바이에른 프랑코니아 지방이 기원인 소시지로 뉘른베르크는 지금도 세계적인 소시지 생산지로 알려져 있다. 브라트부르스트는 현재 독일에서 가장 많이 먹는 소시지일 뿐 아니라 미국에서도 인기가 있다. 미국에서는 브라트라고 하며, 특히 바비큐에 인기 있는 소시지다. 브라트부르스트는 독일 내에서도 지방색이 풍부해서 굵기와 맛에 상당한 차이가 있다. 이 샌드위치에는 거칠게 간 쇠고기와 돼지고기를 사용한 굵은 브라트부르스트가 잘 맞는다. 다양한 빵이 사용되지만 라우겐슈탕겐(가늘고 긴 부드러운 프레첼)과의 조합이 최고다. 사워크라우트(새콤한 양배추 절임)와 볶은 양파, 거칠게 간 머스터드는 이 샌드위치의 맛과 식감을 살려주는 감초 같은 역할을 한다.

재료(1인분) **Recipe**

[빵] 전립분 빵: 4장
[속재료] 버터: 1큰술
오믈렛: 1개*
양상추: 2장
*달걀: 2개 / 깍둑 썬 삶은 감자: 2큰술
양송이버섯 슬라이스: 4~5개분
스캘리언 슬라이스: 1개 / 다진 햄: 40g
우유: 1큰술
소금과 후추: 약간

Memo

굵은 소시지는 먼저 데친 다음 그릴에서 구우면 지나치게 구워지거나 덜 구워지는 일 없이 맛있게 먹을 수 있다. 물 대신 맥주로 데치는 일도 있다.

독일

Butterbrot

부터브로트(버터빵)

빵에 버터를 듬뿍 바른 독일식 샌드위치의 원형

"미국에는 빵에 속을 끼운 샌드위치가 많아서 놀랐어요." 아는 독일인이 한 말이다. 독일에서 샌드위치라 하면 부터브로트를 가리킨다. 부터는 버터, 브로트는 빵, 즉 버터를 바른 빵이라는 의미다. 북유럽이나 동유럽에서는 오픈 페이스트 샌드위치라 부르는, 한 장의 빵 위에 토핑을 올린 샌드위치를 먹는다. 그 중 가장 간단한 모양으로 기본이 되는 것이 바로 부터브로트이다. 밀가루와 호밀가루 비율이 1 대 1 정도인 호밀빵을 주로 사용했으나 지금은 이를 고집하는 경우는 적어 다양한 빵이 사용된다.

재료(1인분) **Recipe**

[빵] 그라우브로트(p.285): 1개
[재료] 양질의 버터: 적당량

Memo

빵은 뭐든 좋지만 역시 호밀빵을 사용하는 것이 좋다. 가능하면 이스트가 아니라 맛의 깊이가 있는 사워종스타터(발효종)를 사용한 빵을 이용하는 것이 좋다.

독일

Bauern Omelette Sandwich

바우언 오믈렛 샌드위치

아침뿐 아니라 언제 어디서든 만들어 먹을 수 있는 샌드위치

바우언 오믈렛이란 파머(농부)의 오믈렛이라는 의미지만 농가에서만 먹는 음식은 아니다. 독일에서는 아침이나 점심에 오믈렛을 먹는 일이 많지만 가벼운 저녁 식사나 야식으로도 인기가 있다. 세계 각지에 오믈렛은 있다. 일본의 달걀부침도 말하자면 일종의 오믈렛이다. 여기서 소개하는 오믈렛은 스캘리언(쪽파)과 양송이, 햄을 잘게 썰어 넣은 비교적 심플한 오믈렛이나 독일에는 셀 수 없을 정도로 다양한 종류가 있다. 많이 사용하는 것은 베이컨, 삶은 감자, 치즈, 양파 등이다. 이것을 버터를 바른 전립분 빵에 끼워 먹는다. 이 샌드위치는 식어도 맛있다.

재료(2인분) Recipe

[빵] 전립분 빵: 4장
[속재료] 버터: 1큰술 / 오믈렛: 1개*
양상추: 2장
*달걀: 2개
깍둑 썬 삶은 감자: 2큰술
양송이버섯 슬라이스: 4~5개분
스캘리언 슬라이스: 1개
다진 햄: 40g
우유: 1큰술 / 소금과 후추: 약간

Memo

완성한 오믈렛은 절반으로 자른다. 버터와 샐러드유를 반반으로 해서 구우면 잘 타지 않는다. 재료를 오믈렛에 끼워도 좋고, 달걀 푼 그릇에 섞어 구워도 좋다. 브로콜리나 시금치를 잘게 잘라 넣어도 맛있다.

Leberwurst sandwich

레버부르스트 샌드위치

간으로 만든 소시지는 의외로 부드럽고 먹기 좋다

레버부르스트도 소시지 대국 독일의 정통 소시지다. 레버부르스트라는 샌드위치 명칭으로 알 수 있듯이 이 샌드위치에는 간이 주원료로 들어간다. 주로 돼지 간이나 소간이 사용되는데, 여기에 육두구, 마저럼, 타임 같은 향신료나 허브를 넣는다. 지방에 따라서 상당한 차이가 있긴 하지만, 각지의 식문화 차이를 이 레버부르스트 샌드위치가 잘 나타내준다. 레버부르스트는 버터를 바른 한 장의 호밀빵 위에 피클과 함께 올려 오픈 샌드위치로 먹는 일이 많다. 하지만 여기서는 토마토, 양상추 등을 추가한 정통 샌드위치를 소개한다. 빵 또한 브뢰트헨이라 불리는 프랑스 빵 비슷한 크러스티 롤을 사용한다.

재료(1인분) **Recipe**

[빵] 브뢰트헨(독일식 롤): 1개
[속재료] 버터: 1큰술 / 레버부르스트 슬라이스: 4장 / 양파: 2큰술 / 토마토 슬라이스: 2장
오이 슬라이스: 4장 / 에멘탈 치즈: 1장 / 양상추: 1장 / 거킨(작은 오이절임) 슬라이스: 3장
[소스] 마요네즈: 1작은술 / 옐로 머스터드: 1작은술

Memo

레버부르스트 위에 올리는 양파는 맥주(라거)나 에일을 넣어 천천히 황갈색으로 볶아야 한다.

독일

Toast:Hawaii || 토스트 하와이

하와이라 하면 파인애플이라는 이미지가 독일인에게는 있는 것일까. 독일 샌드위치에 하와이라는 이름을 붙인 그 자체가 재미있다. 토스트 하와이는 1950년대, 독일의 방송 프로그램에서 소개한 틀림없는 독일산 샌드위치다. 이 샌드위치는 파인애플의 구멍에 체리를 올리기도 한다.

재료(1인분)

[빵] 식빵: 4장 / [속재료(모든 빵 위에 올려 굽는다)] 버터: 1큰술 / 파인애플 슬라이스: 1~2장 / 블랙 포레스트 햄: 1장 / 에멘탈, 그뤼에르 또는 가우다 치즈: 30g
로크포르, 고르곤졸라 같은 블루 치즈: 2작은술

독일

Kottenbutter || 코텐부터

메트부르스트(저민 돼지고기 소시지)는 보통 소시지와 달리 상당히 부드럽고 생고기 식감이 남아있다. 풍미도 다른 소시지에 비해 강하다. 독특한 소시지에는 그에 못지않는 묵직한 빵이 잘 어울린다. 얇게 슬라이스한 다크 호밀빵이 메트부르스트와 최고의 조합이지만, 펌퍼니켈(호밀 흑빵)과도 썩 괜찮다.

재료(1인분)

[빵] 슈와츠 브로트 쉐이븐(다크 호밀빵): 2장
[속재료] 버터: 2큰술 / 둥글게 자른 메트부르스트: 4장
자른 양파: 1/4개분 / 핫 머스터드: 1큰술

독일

Kassler:Melt || 카슬러 멜트

미국에서 인기 있는 치즈 멜트를 독일인이 만들면 이렇게 된다. 치즈는 덴마크산이지만 맥주를 넣어 볶은 라거드 어니언이 들어간다는 점은 독일 샌드위치답다. 햄 대신 돼지고기를 끼우는 것도 새롭다. 호밀빵이어서 구우면 검지만 탄 것이 아니다.

재료(1인분)

[빵] 호밀빵: 4장
[속재료] 얇은 돼지 등심가츠: 4장 / 라거드 어니언: 2큰술 / 하바티 치즈: 2~4장 / 버터: 2큰술
[소스] 핫 머스터드: 4작은술
●버터 이외의 속재료를 빵에 끼운 다음 빵에 버터를 발라 프라이팬에 굽는다.

독일

Heißes Wurstbrot

하이세스 부르스트브로트

미트 소스 비슷한 속재료를 빵 위에 올린 핫 샌드위치

독일 사람이 모두 호밀빵만 먹는 것은 아니다. 이 샌드위치는 수평으로 자른 치아바타 위에 재료를 올린 오픈 샌드위치이다. 카이저 롤에 고기나 소시지를 끼운 샌드위치로 부르스트브로트라 불린다. 이 샌드위치의 맛은 보기와는 완전히 다르다. 토마토소스나 치아바타가 사용된다는 점에서는 이탈리아의 영향을 강하게 받은 듯하다. 야채가 든 미트 소스를 빵 위에 올렸다고 생각하면 어떤 샌드위치인지 상상이 갈 것이다. 살짝 구우면 치아바타가 파삭해져 더 맛있다.

재료(2인분) Recipe

[빵] 치아바타 롤: 1개
[속재료] 야채와 고기의 토마토찜: 250~300g*
엑스트라 버진 올리브 오일: 1/2큰술
●재료를 올려 구운 후 오일을 뿌린다.
*샐러드유: 1작은술 / 저민 돼지고기: 150g
적 피망과 청 피망 슬라이스: 각 1/2개
칠리 페퍼: 1작은술
소금과 후추: 약간
피자용 토마토소스: 30g
●고기와 야채를 볶은 후(소테) 토마토를 넣어 끓인다.

Memo

간 고기 대신 소시지를 사용하기도 한다. 카이저 롤 사이에 듬뿍 재료를 끼워도 좋다. 남은 미트 소스를 올리기만 해도 비슷하게 만들 수 있다.

독일

Döner Kebap Sandwich

되네르 케밥 샌드위치

베를린에서는 매일 먹는 사람이 있을 정도로 인기 있는 샌드위치

독일인은 소시지만 먹는다는 것은 편견이다. 독일을 비롯한 유럽의 각 나라에는 미국처럼 여러 나라에서 이민 온 사람들이 살고 있다. 1970년대 베를린에 이민 온 터키인이 고기를 피타에 돌돌 만 샌드위치를 팔기 시작했다. 그 샌드위치가 20년이 흐르는 동안에 되네르 케밥으로 완전히 시민권을 얻었다. 지금은 독일 내에서 가장 인기 있는 샌드위치로까지 등극했다. 되네르 케밥을 파는 곳은 독일 어디에나 있다. 베를린에 있어서는 본가인 이스탄불보다도 많다고 할 수도 있다. 본가의 되네르 케밥처럼 사이에 끼우는 재료는 다양하다. 하지만 야채, 요구르트 소스는 빼놓을 수 없다.

재료(2인분) Recipe

[빵] 피타 브레드: 2장
[속재료] 되네르 케밥 소테: 350g* / 토마토 슬라이스: 1개 / 적양배추 채썬 것: 1/2컵
오이 슬라이스: 10장 / 양파 슬라이스: 1/2개분
[소스] 갈릭 요구르트(p.295): 적당량
*얇게 썬 송아지 고기 슬라이스: 300g
소금과 후추: 약간 / 커민: 1/4작은술
강판에 간 양파: 1개 / 올리브 오일: 2큰술

Memo

쇠고기, 양고기, 닭고기 등도 인기가 있다. 고기가 들어가지 않는 채식주의자용도 있다. 피타는 샌드위치를 만들기 전에 기름 없이 살짝 굽는다. 이것이 맛있는 샌드위치를 만드는 비결이다.

독일

Entenbrust Sandwich || 엔텐브루스트 샌드위치

엔텐브루스트란 오리고기를 말한다. 고급스런 오리고기가 들어가면 샌드위치도 정성을 들이고 싶어진다. 오리고기는 단맛이 있는 소스나 과일과 잘 어울린다. 단, 식초에 절인 비트를 올려 독일 샌드위치다운 분위기를 낸다. 오리고기 자체보다는 곁들이는 재료에 맛을 내는 것이 좋다. 크림치즈 대신에 리코타치즈, 크랜베리, 무화과, 사과, 서양배 등을 사용해도 맛있다.

재료(2인분)
[빵] 독일식 호밀빵: 2장
[속재료] 오리고기 소테: 300g*
비트 피클 슬라이스: 3~4장 / 양상추: 2장
[소스] 크림치즈: 40g / 크랜베리(생것, 캔, 냉동): 1큰술
*껍질이 붙은 오리고기 가슴살 또는 다릿살: 300g
소금과 후추: 약간

독일

Fischbrötchen || 피시 브로트헨

제2차 세계대전 후인 1947년, 독일 경제를 활성화시키기 위해 군정을 편 영국군이 라첸에서 박람회를 개최했다. '하노버 멧세'라 불리는 이 박람회는 지금도 매년 세계 최대 산업박람회로서 성황을 이룬다. 이 최초의 박람회에서 배급된 것이 피시 브로트헨이다. 발트해와 북해에 면한 독일 북부에서는 생선을 많이 먹는다. 특히 이 샌드위치에 사용된 비스마르크 헤링(청어 식초절임)은 전통식품으로 지금도 빼놓을 수 없다.

재료(1인분)
[빵] 카이저 롤 또는 햄버거 빵: 1개
[속재료] 비스마르크 헤링: 1장
거킨 슬라이스: 1개분
적양파 둥글게 썬 것: 4~6장 / 양상추: 1~2장
[소스] 레물라드(p.297): 1큰술

독일

Bierwurst || 비에르부르스트

비에르부르스트는 마늘 맛은 강하지만 부드러운 소시지다. 그러므로 마일드한 가우다나 하바티 치즈 등과 조합하면 좋다. 슈페츨레라 불리는 튀긴 에그누들이나 저먼(독일식) 포테이토 샐러드와 함께 먹으면 좋다.

재료(1인분)
[빵] 저먼(독일식) 호밀빵: 2장
[속재료] 버터: 2큰술 / 비에르부르스트 슬라이스: 4장
가우다 또는 하바티 치즈 슬라이스: 20~30g
토마토 슬라이스: 2장 / 오이 슬라이스: 4장
양상추: 1장 / 소금과 후추: 약간

독일

Leberkässemmel || 레버케젬멜

독일 샌드위치가 바로 이것이라고 말하고 싶어지는 샌드위치가 레버케젬멜이다. 레버케젬멜 간(소, 돼지, 닭 등) 치즈를 넣은 샌드위치를 의미한다. 식감도 맛도 볼로냐 소시지와 비슷하다. 빵은 브레첼(프레첼) 롤로 정해져 있다.

재료(1인분)
[빵] 브레첼 롤: 1개
[속재료] 오이 슬라이스: 5장 / 두껍게 자른 간: 1장
코울슬로: 1/4컵 / 토마토 슬라이스: 1장
레드 래디시: 5장 / 크레송(물냉이): 1/4컵
[소스] 핫 머스터드: 2작은술 / 허니 머스터드: 2작은술

독일

Schweinebraten Sandwich || 슈바인브라텐 샌드위치

슈바인브라텐은 로스트 포크를 말하는 것으로 한입 크기 고기를 단호박과 함께 끼워 샌드위치를 만든다. 디종 머스터드를 섞은 사워크림 소스가 단호박과 잘 어울린다.

재료(2인분)
[빵] 바게트 1개 또는 치아바타 롤 2개
[속재료] 로스트 포크와 단호박 소테: 500g* / 양상추 채썬 것 또는 루콜라: 1컵분
[소스] 머스터드 사워크림: 2~4큰술
*로스트 포크: 200g / 네모지게 썬 단호박: 200g / 양송이 슬라이스: 4~6개 / 칠리 파우더, 타임: 조금 / 올리브 오일: 1큰술

오스트리아

Wiener Schnizel || 비엔나(비너) 슈니첼

오스트리아의 국민 음식 중 하나인 커틀릿

슈니첼은 일본으로 말하면 돈가스(커틀릿)이다. 일본에서는 고기를 두드려 부드럽게 한 다음 튀기는데, 오스트리아도 마찬가지로 고기를 두드려서 튀긴다. 다른 점이 있다면 고기를 두드리는 정도다. 오스트리아에서는 고기가 아주 얇게 펴질 때까지 마구 두드려서 두드리기 전 고기의 두 배 이상 크기로 늘리는 것이다. 때로는 가장자리가 찢어지기도 한다. 밀가루, 달걀, 빵가루를 사용할 때는 기름을 듬뿍 넣고 튀기는 것이 아니라 버터로 굽는다. 이 점은 돈가스의 경우도 마찬가지다. 고기는 돼지고기가 아니라 송아지고기가 사용되는데 그대로 일품요리로 식탁에 올리기도 한다. 비엔나 슈니첼(비너 슈니첼)은 오스트리아 전통 음식이나 유럽 전역으로 퍼져나가 이제는 어디서나 먹을 수 있다.

재료(1인분) Recipe

[빵] 브로트헨(독일식 롤): 2개
[속재료] 비엔나 슈니첼: 2장* / 베이컨: 2장 / 양상추: 2장 / 토마토 슬라이스: 2장
[소스] 머스터드: 2큰술 / 마요네즈: 2큰술
*송아지 고기 슬라이스: 2장 / 소금과 후추: 약간 / 밀가루: 75g / 물에 푼 달걀: 1개 / 빵가루: 150g / 버터: 적당량

Memo

크림이 듬뿍 든 소스를 뿌리는 일도 있으나 레몬을 짜 넣어 먹는 경우가 일반적이다. 이 레시피에는 바삭바삭한 베이컨이 추가되었으나 없어도 상관없다.

Bosna || 보스나

재료(1인분)
[빵] 바게트 롤 또는 바게트(20cm): 1개
[속재료] 보스나: 1~2개(삶은 다음 굽는다)
양파 슬라이스: 2큰술 / 얇게 썬 이탈리안 파슬리: 2큰술
카레가루: 2작은술 이상
[소스] 머스터드: 1큰술 / 케첩, 마요네즈: 취향에 맞게

오스트리아에서 가장 인기 있는 음식 중의 하나가 이 보스나이다. 보스나는 오스트리아식 핫도그인데 크기가 일반 핫도그의 두 배에 가깝다. 보스나에 사용되는 소시지는 브라트부르스트 비슷한데, 오스트리아에서는 보스나 또는 보스나 부르스트라고 한다. 다른 소시지를 선택할 수도 있다. 색다른 점은 카레가루를 뿌린다는 것이다. 매콤한 맛을 좋아한다면 카레가루를 듬뿍 뿌려 먹어도 된다. 배가 고플 때는 소시지를 두 개 끼워먹으면 좋을 듯하다.

오스트리아

Sardinen Brot || 자르디넨 브로트

재료(2인분)
[빵] 호밀빵: 2장
[속재료] 엑스트라 버진 올리브 오일: 2작은술
생 오레가노: 2작은술
자른 토마토: 2개 / 정어리 캔 또는 훈제 정어리: 4마리
블랙 올리브: 6~8개 / 양파 슬라이스: 8~10장 / 소금과 후추: 약간

오스트리아에는 바다가 없다. 따라서 정어리가 잡힐 리가 없다. 이 샌드위치에 사용되는 정어리는 포르투갈에서 수입한 것이다. 오스트리아에서 인기가 있는 것은 누리라는 브랜드로, 누리에서 생산되는 캔 정어리의 50%는 오스트리아에 수출되고 있다고 하니 놀랍다. 물론 이 브랜드를 고집할 필요는 없다. 올리브유에 담가 놓은 정어리라면 뭐든 상관없다. 직접 만들어도 좋을 듯하다.

Broodje kroket || 브로체 크로켓

재료(4인분)
[빵] 카이저 롤 또는 햄버거 빵: 4개
[속재료] 크로켓: 8개* [소스] 핫 머스터드: 1큰술
*[A 물: 400ml / 쇠고기: 300g / 부케 가르니: 1다발] [B A를 삶은 물: 200ml / 무염 버터: 30g / 밀가루: 30g / 육두구: 1/2 작은술 / 잘게 썬 이탈리안 파슬리: 1/2컵] [C 물에 푼 달걀: 1개 / 우유: 2큰술(달걀과 믹스) / 빵가루: 150g / 프라이용 샐러드유: 적당량]
●A를 고기가 부드러워질 때까지 끓인다. 고기는 얇게 자른다. B를 볶아, A의 삶은 물을 넣고 소스를 만든 다음 파슬리와 고기를 넣고 몇 분 끓여 냉장고에서 식힌다. 식은 것을 자루 모양으로 만들어 C의 재료(빵가루, 달걀 믹스, 빵가루 순으로)로 튀김옷을 입혀 튀긴다.

크로켓이라고 하면 일본에서 유래된 것이라고 생각하는 사람이 있으나 세계적인 음식이다. 네덜란드의 경우, 2008년 조사에 의하면 연간 3억 5천만 개나 되는 크로켓이 소비된다고 한다. 하지만 네덜란드 크로켓은 일본의 크로켓과는 다르다. 쇠고기 덩어리를 부케가르니(타임, 파슬리, 셀러리, 월계수 잎 등 향기가 있는 몇 가지 약초를 묶어 놓은 것으로, 스톡이나 소스의 향신료로 쓴다)를 넣고 끓인 다음 그 고기를 잘게 자른다. 고기를 삶은 물은 걸러 소스를 만든다. 모양도 타원형이 아니라 길쭉한 자루 모양이다. 이 샌드위치는 일본의 대형 버거 체인점에서도 팔고 있다.

Brookje Bal || 브로체 바르

특대 미트볼 슬라이스가 경이적인 샌드위치

바르는 한마디로 볼을 말한다. 일본으로 치면 고기 완자, 즉 미트볼이다. 골프공보다 좀 작은 고기 완자를 젓가락으로 집어 먹는다. 토마토소스를 뿌린 스파게티 미트볼은 나이프나 포크로 잘라 먹는다. 미국의 미트볼이 큰 걸 보고 놀란 적이 있다. 미국의 미트볼은 직경이 3cm 이상이나 된다. 이런 미트볼이 3, 4개나 스파게티에 올려 있기도 하고 서브롤 사이에 끼워져 있기도 한다. 그런데 네덜란드의 미트볼은 미국의 미트볼보다 더 크다. 직경이 4~5cm나 된다. 이 미트볼에 고기 국물로 만든 주(육즙)를 끼얹어 먹는다. 미트볼은 크지만 잘라서 나오니까 먹는 데 불편은 없다.

재료(4인분)
[빵] 햄버거 빵: 4개*1 [속재료] 네덜란드 미트볼: 4개 [소스] 고기 국물: 1큰술*2
*1[A 저민 쇠고기: 220g / 저민 돼지고기: 220g / 빵가루: 1/2컵 / 우유: 2큰술 / 양파 잘게 썬 것: 1개분 / 달걀: 1개 / 소금, 후추, 육두구, 머스터드 가루: 적당량]
밀가루: 2큰술 / 무염 버터: 2큰술 / 물: 1/2컵 ●A를 볼에 넣고 잘 반죽한다. 전체에 밀가루를 묻혀 버터로 볶는다. 물을 넣고 뚜껑을 덮어 중간에 뒤집으면서 익힌다.
*2[B 비프 브로스: 1/2컵 / 소금과 후추: 약간] / 콘스타치: 취향에 맞게
●미트볼을 꺼낸 후 고기 국물에 B를 넣는다. 콘스타치를 넣으면 걸쭉해진다.

Memo

주(육즙)는 프랑스어로 주스를 말한다. 미트볼을 만든 후 남은 고기 국물을 사용해 만든다. 그대로 사용해도 되지만 가루나 콘스타치를 조금 넣어 좀더 걸쭉하게 만들어도 좋다.

Broodje Garnalen met Komkommer

브로체 하르나렌 메트 콤코머

간식이나 티타임에 적합한 해산물 샌드위치

앞쪽의 미트볼과는 달리 상쾌함조차 느끼게 하는 하르나렌 메트 콤코머(새우와 오이)의 오픈 샌드위치이다. 유럽에서는 슈림프(보리새우)와 오이를 조합한 경우가 상당히 많다. 단맛이 나는 피망도 청량감을 준다. 요고네즈는 마요네즈와 머스터드, 요구르트를 섞은 소스로 간단히 만들 수 있다. 요구르트를 넣으면 맛이 부드러워지는데 얼얼한 자극이 느껴지는 머스터드가 액센트를 주기 때문에 해산물과 잘 어울리는 소스라 할 수 있다. 딜은 해산물에는 빼놓을 수 없는 허브이므로 꼭 준비하는 것이 좋다. 딜을 조금만 넣어도 해산물이 더욱 맛있어진다. 그러나 신선한 생 딜에 한한다.

재료(1인분) **Recipe**

[빵] 호밀빵 또는 이탈리안 브레드: 1장
[속재료] 오이 슬라이스: 5장
삶은 새우: 50g
잘게 썬 피망과 노란 피망: 각 1작은술
딜: 적당량
[소스] 요고네즈: 1큰술

Memo

호밀빵, 바게트 등을 사용한 오픈 샌드위치이지만, 가장자리를 잘라낸 식빵이나 전립분 빵으로 카나페(얇게 썬 빵 위에 생선이나 고기를 얹은 음식) 식이나 티 샌드위치 식으로 만들어도 좋다.

Broodje Pom

브로체 폼

타로토란을 구워 끼운 보기 드문 샌드위치

이 샌드위치는 상당히 색다른 샌드위치다. 남미가 원산지인 타로토란을 주재료로 만든 것으로, 말랑가가 이 샌드위치에 가깝다. 여담이지만, 말랑가는 좀 단 맛국물을 넣어 익히면 끈끈하고 맛있다. 이 샌드위치에 보통 토란을 사용해도 된다. 일본에서도 사츠마아게(생선살에 당근 · 우엉, 마 등을 섞어 튀긴 음식)처럼 마를 갈아 요리에 사용하기도 하는데, 이 샌드위치가 별미 음식에 대한 향수를 불러일으킬지도 모르겠다. 이 토란에 다른 재료를 추가해 오븐에서 구우면 부드럽게 부푼 달걀말이 모양이 완성된다. 이것을 적당한 크기로 잘라 바게트에 끼워 먹는 것이 브로체 폼이다. 밥반찬으로 먹어도 손색이 없을 정도다.

재료(4인분) **Recipe**

[빵] 미니 바게트: 4개
[속재료] 폼: 빵과 같은 크기로 자른다*
[기타 속재료] 적양파 슬라이스: 5~8장
[소스] 핫소스: 적당량
*[A 샐러드유: 5큰술 / 버터: 100g / 닭 가슴살: 200g / 양파 잘게 썬 것: 1/2개 / 다진 마늘: 1개분]
[B 핫소스: 조금/오렌지 주스, 치킨 브로스: 각 1/2컵 / 토마토 퓌레: 200g / 잘게 썬 토마토: 1/2개분 / 셀러리 자른 것: 2개분 / 칠리 고추 플레이크, 육두구, 올스파이스, 소금, 후추: 적당량]
[C 간 말랑가(토란도 가능): 500g / 브라운 슈거: 1큰술 / 피카릴리(잘게 썬 단맛 피클): 2큰술]

●A를 볶는다. B를 넣어 약한 불로 30분 끓인다. C를 볼에 담아 섞는다. 쟁반에 기름을 바르고 절반의 C→A→B→나머지 C 순으로 붓는다. 알루미늄 포일로 1시간 덮어두었다가, 알루미늄 포일을 벗겨내고 200℃로 달군 오븐에 30분간 굽는다.

Curry Bunnies || 커리 바니즈

오리보렌은 우유와 달걀을 듬뿍 넣은 빵 반죽(이스트 발효)을 기름에 튀긴 네덜란드의 도넛이다. 보통 설탕가루를 뿌려 먹지만 여기에 등장하는 것은 카레 샌드위치다.

재료(5인분)
[빵] 오리보렌: 5개*
[속재료] 램 또는 비프 카레: 10큰술 / 잘게 썬 고수: 적당량
*소맥분: 1컵 / 드라이 이스트: 1작은술 / 따뜻한 우유: 1/2컵 / 소금: 조금 / 달걀: 1/2개 / 튀김용 샐러드유: 적당량 ●샐러드유 이외의 재료를 잘 섞는다. 반죽이 배가 될 때까지 발효시켜 기름에 튀긴다.

네덜란드

Tosti || 토스티

토스티는 프랑스 샌드위치인 크로크무슈(빵에 햄과 치즈를 끼워 양면을 구운 샌드위치)의 네덜란드 버전이다. 보통은 치즈 또는 햄으로 만들지만 이 샌드위치에는 이탈리아인의 맛이 추가되었다. 토스티의 어원은 토스트를 뜻하는 이탈리아어 토스타레라 하니까 이렇게 변형시켜도 될 듯하다.

재료(1인분)
[빵] 식빵: 2장 [속재료] 페이스트(바질 소스): 1큰술/아보카도 슬라이스: 4~5장 / 햄: 1장 / 프레시 모차렐라 치즈: 2장 / 버터: 적당량 ●속재료를 빵에 끼우고 빵 표면에 버터를 발라 프라이팬에 굽는다.

네덜란드

Uitsmijter || 아우츠마이터

아우츠마이터는 '집어치운다'는 의미다. 바에서 술을 많이 마시고 내팽개치기 전에 마지막으로 먹는 샌드위치라는 것이다. 하지만 실제로는 아침 식사나 점심으로 먹기 가장 좋은 샌드위치로, 햄 대신 로스트 비프나 베이컨, 연어 샐러드 등을 사용하기도 한다.

재료(2인분)
[빵] 호밀빵: 2개
[속재료] 버터: 4작은술 / 햄: 2~4장 / 가우다 치즈: 4장 / 체리 토마토 슬라이스: 2개분 / 오이 피클 슬라이스: 2개분 / 달걀 프라이: 2개 / 소금과 후추: 약간

네덜란드

Broodje kaas || 브로체 카스

카스란 치즈를 말한다. 네덜란드 치즈라 하면 가우다 치즈다. 브로체 카스에는 고기도 생선도 달걀도 들어가지 않는다. 본래의 맛을 즐기려면 그대로 먹든가 빵에 끼워 또는 빵에 올려놓고 먹는 것이 최고다. 치즈는 보통 숙성시킨 것을 사용한다. 취향에 따라서는 가우다의 고트 치즈가 좋을 듯하다.

재료(1인분)

[빵] 바게트(18cm) 또는 미니바게트: 1개
[속재료] 버터: 1큰술 / 숙성시킨 가우다 치즈: 2~3장 / 토마토 슬라이스: 1~2장(취향에 맞게) / 루콜라: 1/2컵(취향에 맞게) [소스] 과립 머스터드: 1/2큰술

네덜란드

Gerookte Paling || 헤루크테 팔링

네덜란드인은 장어를 좋아한다. 장어 껍질은 낚시 미끼로도 사용된다. 일본인도 장어를 좋아해 많이 먹지만, 네덜란드처럼 섬세함이 느껴지는 훈제 장어는 좀처럼 맛볼 수 없다. 장어의 느끼함을 덜어주는 암스테르담 어니언(식초에 절인 양파)과의 조합이 환상적이다.

재료(1인분)

[빵] 바게트(20cm) 또는 미니바게트: 1개
[속재료] 훈제 장어 슬라이스: 4~5장 / 잘게 썬 암스테르담 어니언: 1큰술 / 코티지 치즈: 2큰술 / 잘게 썬 딜: 2작은술 / 소금과 후추: 약간 / 양상추: 2장

네덜란드

Broodje Frikandel || 브로체 프리칸델

프리칸델은 껍질 없는 냉동 소시지이다. 모든 연령층이 좋아하는 소시지로, 생 양파나 카레 맛 마요네즈, 케첩을 뿌려 먹는다.

재료(5인분)

[빵] 브리오슈 롤 또는 핫도그빵: 5개
[속재료] 프리칸델: 5개 / *잘게 썬 양파: 1/4컵
[소스] 카레 케첩: 2큰술 / 마요네즈: 2큰술
*저민 쇠고기: 250g / 저민 돼지고기: 250g / 소금, 후추, 올스파이스, 어니언 파우더: 적당량 / 헤비 크림(진한 생크림): 80g
●속재료를 섞은 다음 랩에 잘 싸서 10분간 데친다. 샌드위치에 쓰기 전에 기름을 넣고 굽는다.

Beschuit met Muisjes

베스하우트 메트 마우시에스

네덜란드 왕실에서도 먹는 네덜란드에서 가장 중요한 음식

이 세상에는 색다른 샌드위치가 많다. 미국이 그 필두이긴 하지만 네덜란드도 결코 뒤지지 않는다. 마우시에스는 작은 쥐를 가리킨다. 왜 그렇게 부르는지 몰라도 이 작은 알맹이를 보면 조금 알 것 같기도 하다. 이것을 베스하우트라는 러스크(달걀흰자를 입힌 얇은 빵) 위에 올려놓고 먹는다. 네덜란드에서는 아기가 태어나면 이것을 준비해 놓고 축하하는 습관이 있다. 여자아이가 태어났을 때는 핑크, 남자아이가 태어났을 경우에는 파랑 마우시에스를 사용한다. 다만 네덜란드 왕실은 달라서 오렌지색 마우시에스가 사용된다. 베스하우트는 1400년대 이래 원반형으로 정해졌다. 빵에 마우시에스 가루를 올린 샌드위치가 어린이들 사이에서는 인기 아침 메뉴로 자리 잡았다.

재료(1인분) **Recipe**

[빵] 베스하우트(더치 비스킷) 또는 러스크: 1장
[속재료] 버터 : 1큰술 / 마우시에스: 2큰술

Memo

베스하우트에 마우시에스를 올리면 넘칠 수 있으므로 반드시 버터를 바른다. 베스하우트는 부서지기 쉬우므로 버터를 바를 때는 충분히 고려해서 발라야 한다.

Broodje Hagelslag

브로체 하헐슬라흐

색색의 스프링클을 뿌린 샌드위치

하헐슬라흐는 스프링클, 즉 설탕으로 만든 작은 알맹이로, 주로 아이스크림이나 케이크, 도넛 같은 디저트를 장식하기 위해 뿌린다. 그런데 네덜란드에서는 이 스프링클을 버터를 바른 빵 위에 뿌려 먹는다. 마우시에스처럼 축하할 때 먹는 음식도 아니고 보기 드문 음식도 아니다. 극히 일상적인 음식이다. 바로겐(구불린 얇은 초콜릿)도 마찬가지 방법으로 먹는다. 네덜란드뿐 아니라 벨기에서도 먹을 수 있다. 그런데 독일에서는 좀처럼 찾아보기 힘들다. 동남아시아나 오스트레일리아에서도 같은 방법으로 먹기 때문에 결코 기묘한 음식이라 할 수는 없을 듯하다.

Recipe

재료(1인분)

[빵] 식빵: 1장
[속재료] 버터: 2큰술 / 하헐슬라흐: 2큰술

Memo

취향에 맞는 하헐슬라흐나 바로겐을 빵 전체에 뿌리면 된다. 여러 종류를 구입했다면 색상별로 구분해 올려 먹는 것도 재미있을 듯하다.

벨기에

Broodje Krabsalade

브로체 크라브샐러드

일본이 자랑하는 특산물이 이 샌드위치의 주역이다

이 샌드위치는 벨기에뿐 아니라 네덜란드에서도 인기가 있다. 게살로 샐러드를 만들어 빵 위에 올려 먹는, 샌드위치 중에서도 일품 샌드위치라 할 수 있다. 하지만 실제로 뚜껑을 열어보면 기대에 못 미칠 수도 있을 듯하다. 물론 진짜 게살을 사용하기도 하지만 사실 유럽에서는 일반적으로 스리미라 하는 게맛살을 사용하는 경우가 많기 때문이다. 지금은 게맛살은 세계적으로 소비되고 있다. 벨기에나 네덜란드에서는 이미 만들어져 있는 게 샐러드가 슈퍼마켓 등에서 팔고 있다. 벨기에에서는 주로 샌드위치의 속재료로 사용한다. 게맛살을 개발한 일본에서는 생각하지 못하는 일이 외국에서 일어나고 있다. 일본도 지고 있을 수는 없다.

재료(2인분) **Recipe**

[빵] 미니 바게트: 2개
[속재료] 게 샐러드: 350g*
엑스트라 버전 올리브 오일: 2큰술(토스트용)
양상추: 2장
*게 또는 게맛살: 300g / 삶은 달걀: 1개
마요네즈: 3큰술
카레 파우더: 1작은술
헤비 크림: 조금
소금과 후추: 약간

Memo

삶은 달걀과 카레 파우더, 헤비 크림이 샐러드의 키포인트. 마요네즈만으로는 너무 진한 맛이 나므로 이러한 재료로 순한 맛을 낸다.

벨기에

Broodje Martino

브로체 마르티노

일본뿐 아니라 유럽도 생고기를 먹는다

유럽인은 생고기를 잘 먹는다. 이 샌드위치의 메인은 육회이다. 일본에서도 다진 쇠고기를 먹기 때문에 그 맛은 상상이 간다. 다만 생고기를 먹을 때는 기생충에 주의해야 한다. 안전하게 먹으려면 고기 덩어리 표면을 구운 다음 구워진 부분을 잘라내고 칼로 다져서 사용하는 것이 좋다. 시판되는 다진 고기는 몇 마리의 쇠고기가 섞여 있으므로 기생충이 혼재할 확률이 높다. 가정용 냉장고에서 냉동해도 살충에는 그다지 효과가 없다.

재료(1인분) Recipe

[빵] 바게트(20cm) 또는 미니 바게트: 1개
[속재료] 마르티노: 120~140g*
토마토 슬라이스: 3~4장
잘게 썬 적양파: 2큰술
삶은 달걀 슬라이스: 1개분
오이 피클 슬라이스: 3~4장
[소스] 마요네즈: 1큰술
*표면을 구워 다진 쇠고기: 150g
프렌치 머스터드: 1큰술
칠리소스: 1작은술
우스터소스: 조금 / 소금과 후추: 약간
●모두 섞는다.

벨기에

Broodje Zalmsalade

브로체 좀샐러드

연어 캔을 사용한 예쁜 샌드위치

참치 캔으로 만든 샌드위치는 흔하다. 하지만 연어 캔을 사용한 샌드위치는 의외로 많지 않다. 일본의 참치 캔은 샐러드유에 들어 있는 것이 보통이다. 하지만 연어 캔은 물을 넣고 싱겁게 익힌 것이다. 연어 캔을 사용할 때는 물을 짜지 않으면 수분 많은 샐러드가 되어 버린다. 벨기에식 연어 샐러드에는 삶은 감자나 삶은 달걀이 들어가므로 부피가 있다. 마요네즈를 사용하지 않고 올리브 오일과 식초를 사용하면 담백한 샐러드를 만들 수 있다. 야채는 보통 토마토나 양상추를 사용하지만 양상추 대신 루콜라를 듬뿍 끼워 넣으면 샌드위치 전체의 맛이 더 좋아진다. 체다, 가우다, 페타 등의 치즈도 좋다.

재료(4인분) **Recipe**

[빵] 바게트 슬라이스: 4장
[속재료] 연어 샐러드: 150~200g*
삶은 달걀 슬라이스: 2장
오이 피클 슬라이스: 2장
얇게 썬 토마토: 2큰술
잘게 썬 딜: 적당량
*연어 캔: 80~100g
잘게 자른 삶은 감자: 1~2개분
마요네즈: 2큰술 / 우스터소스: 1작은술 / 양파 잘게 썬 것: 1/4개분
오이 피클 잘게 썬 것: 1큰술
머스터드: 1/2작은술
●모두 섞는다.

벨기에

La Mitraillette

|| 라 미트라옛트

벨기에가 만들어낸 필살기 기관총 샌드위치

이 샌드위치만큼 어마어마한 이름이 붙은 샌드위치는 아마 없을 것이다. 이 샌드위치 이름은 미트라옛트(기관총). 벨기에, 특히 브뤼셀에서 샌드위치라 하면 라 미트라옛트를 가리킨다. 미트라옛트에는 스테이크가 듬뿍 끼워져 있는데다, 프라이드 포테이토가 잔뜩 들어 있어 바게트가 터질 듯하다. 정말 이름 그대로 완전 장착한 기관총이다. 여기서 소개하는 레시피는 한 예에 지나지 않는다. 고기는 쇠고기뿐 아니라 송아지, 치킨, 칠면조, 포크 등 다양한 고기를 사용한다. 소스도 아메리칸 바비큐, 멕시칸, 하와이안, 하리사, 카레, 사무라이 소스(본래는 슈림프용) 등을 사용해 무한한 변화를 줄 수 있다.

재료(1인분) Recipe

[빵] 미니 바게트: 1개
[속재료] 스테이크용 쇠고기 또는 송아지 고기 슬라이스: 1장 / 양상추: 2장, 또는 루콜라: 1컵
토마토 슬라이스: 3장
프라이드 포테이토: 10개
소금과 후추: 약간
[소스] 베어네이즈 소스(p.297): 1~2큰술

Memo

야채는 토마토나 양상추를 사용하지만 양상추 대신 루콜라를 끼우면 샌드위치 전체 맛이 좋아진다. 체다, 가우다, 페타 등의 치즈를 넣어도 좋다

Bagel Farciti

베이글 파르치티

입맛 까다로운 이탈리아인도 고개를 끄덕이는 맛있는 베이글

베이글은 폴란드 출신 유대인이 유럽과 미국에 갖고 들어온 것이다. 미국에서는 베이글에 크림치즈를 바른 샌드위치를 아침 식사로 먹은 지 오래다. 전통과 습관을 지키는, 식문화에 대해서만은 보수적이라고 할 수 있는 이탈리아에서도 베이글이 정착되었다. 이탈리아의 중심 로마에서는 베이글을 파는 베이커리가 몇 군데나 있다. 하지만 이탈리아에서는 크림치즈를 바르면 끝이 아니다. 이탈리아에서는 크림치즈 대신 스트라키노 치즈, 리코타 치즈 등을 사용한다. 둘 다 크림이 많고 베이글에 바르기에 딱 좋다. 여기에 페스트(바질 소스)를 뿌리면 이탈리아인 취향에 맞는 베이글이 된다.

재료(1인분) **Recipe**

[빵] 베이글: 1개
[속재료] 리코타 치즈: 2큰술 /
으로 자른 체리 토마토: 5~6개분 /
로스트 한 잣: 적당량
[소스] 페스트: 1큰술

Memo

미국적인 식사 방법으로는 훈제 연어를 끼워 먹기도 한다. 하지만 이탈리아식으로 먹고 싶다면 프로슈토(돼지 다리살 햄)와 루콜라가 필요하다. 치즈는 일본에서도 구입하기 쉬운 리코타 치즈를 쓰면 되지만, 본래는 스트라키노 치즈 혹은 우유를 사용한 프레시 치즈를 사용한다. 크리미하고 부드러운 치즈로 잼이나 벌꿀과 함께 빵에 발라 먹는 일이 많다. 포카치아나 치즈 케이크의 재료로 사용하기도 한다.

Bruschetta al Pomodoro

브르스게타 아르 포모도로

향긋한 갈릭 토스트와 토마토의 단맛이 절묘한 샌드위치

프랑스나 이탈리아의 빵처럼 겉이 바삭한 빵을 흔히 크러스티 브레드라 한다. 바게트나 토스칸 브레드는 그 전형적인 빵이다. 이런 빵은 토스트한 다음 토스트 표면에 마늘을 문질러 바른다. 이것이 브르스케타(갈릭 토스트)의 본래 의미다. 이 샌드위치는 완숙해서 단맛이 증가한 토마토와 바질 잎을 올리기만 하면 되는 간단한 샌드위치다. 버터는 바르지 않는다. 그 대신에 엑스트라 버진 올리브 오일을 듬뿍 바른다. 맛은 소금과 후추만으로 충분히 간을 맞출 수 있다. 재료를 잘 알고 사용하는 이탈리아인답게 심플하면서도 맛의 깊이가 있는 샌드위치다.

재료(1인분) Recipe

[빵] 토스칸 브레드 같은 크러스티 브레드(표면이 바삭한 빵): 1장
[속재료] 토마토 한 입 크기: 1개
잘게 썬 마늘: 1쪽
손으로 찢은 바질 잎: 2~4장
엑스트라 버진 올리브 오일: 2큰술
소금과 후추: 약간

Memo

다진 블랙 올리브나 케이퍼를 토마토와 섞어도 좋다. 바질 이외에도 오레가노 등이 이 샌드위치에는 어울린다. 바질은 칼로 자르지 않고 손으로 찢는 것이 좋다. 재료가 적으므로 그 질에는 신경을 쓰는 것이 좋다. 특히 토마토는 완숙한 단맛 나는 것을 선택한다.

이탈리아

Schiacciata

스키아챠타

토스카나와 시실리에서 많이 먹는 이탈리아 플랫브레드

스키아챠타는 포카치아 비슷한 플랫브레드의 일종이다. 토스카나 지방에서는 그대로 먹는 외에도 햄이나 참치 샐러드 등을 끼워 샌드위치로 만드는 경우가 많다. 시실리의 스키아챠타는 토스카나 지방의 스키아챠타와 좀 다르다. 빵 반죽 자체는 비슷하지만 조리한 야채나 고기를 반죽에 끼워 굽는 일이 많다. 속재료를 싸고 있는 빵은 아주 얇아 파이 같은 느낌이다. 속에 넣는 재료에는 여러 가지가 있지만, 여기서 소개하는 브로콜리가 들어간 스키아챠타는 늘 잘 팔리는 샌드위치다. 이 샌드위치에는 양젖으로 만든 토마, 프리모사레 치즈 같은 프레시 치즈가 꼭 필요하다.

재료(4~6인분) **Recipe**

[빵] 스키아챠타 또는 스키아챠타 반죽 1개
[속재료] 삶은 후 볶은, 잘게 썬 브로콜리: 300~400g / 토마, 프리모사레 또는 페코리노 토스카노 프레스코 치즈: 200~300g / 블랙 올리브 슬라이스: 40~50g / 스캘리언 잘게 썬 것: 2개 / 다진 마늘: 1알 / 엑스트라 버진 올리브 오일: 3큰술 / 소금과 후추: 약간

Memo

조리한 속재료를 사용할 때는 반죽에 끼워 굽는다. 하지만, 참치 샐러드처럼 차가운 속재료를 사용할 때는 빵을 구운 다음에 수평으로 잘라 보통 샌드위치로 만드는 것이 좋다.

이탈리아

Muffoletta || 무포레타

무포레타는 시실리의 빵으로 크러스트가 얇고 속이 부드럽다. 위에 참깨가 박혀 있는 것이 많다. 이 레시피는 간단해서 무포레타 자체의 맛을 충분히 맛볼 수 있다.

재료(2인분)
[빵] 무포레타(p.286): 1장
[속재료] 엑스트라 버진 올리브 오일: 2큰술
소금과 후추: 약간 / 오레가노와 흰 참깨: 각 1줌
오일 절임 앤초비 필레: 3~4장
카쵸 카발로 치즈: 2큰술

이탈리아

Panelle || 파넬레

병아리콩가루로 만든 프리터, 파넬레를 무포레타에 끼운 샌드위치. 시실리의 파레르모에서 인기가 있는 길거리 음식이다. 파넬레를 취향에 따라 2~3장 쌓아올린다. 냉장고에 며칠 보관할 수 있으므로 만들어 두어도 괜찮다.

재료(2~3인분)
[빵] 무포레타(p.286): 2~3개
[속재료] 파넬레: 4~9장* *병아리콩가루: 100g / 물: 150ml / 소금: 1/4작은술 / 후추: 적당량 / 잘게 썬 이탈리안 파슬리: 2큰술 / 튀김용 샐러드유: 적당량
●기름 이외의 재료를 섞어 튀긴다.

이탈리아

Panino con la Frittata con la Rucola || 파니노 콘 라 프리타타 콘 라 루콜라

이탈리아의 오믈렛은 화려하다. 프로슈토 같은 햄이나 폰티나, 파르메산 치즈 외에 루콜라, 시금치 같은 야채를 추가하기도 한다.

재료(2인분)
[빵] 크러스티 브레드(토스칸 브레드 등) 슬라이스: 4장
[속재료] 오믈렛: 1개*
*달걀: 3개 / 루콜라: 2컵
파르메산 치즈 또는 페코리노 치즈: 2큰술
소금과 후추: 약간
무염버터: 2큰술

이탈리아

Pani ca Meusa || 파니 카 메우사

소의 비장(지라)을 사용한 대표적인 시실리 샌드위치다. 폐나 식도와 섞는 것도 있다. 비장은 간과 비슷하지만 간만큼 독특함이 없어 맛있다. 속는 셈 치고 먹어보길 권한다.

재료(4인분)

[빵] 무포레타(소)(p.286): 4개

[속재료] 소고기 내장 소테: 500g*

리코타 치즈: 8큰술 / 강판에 간 카쵸 카발로, 혹은 파르메산 치즈: 4큰술 / 레몬 주스: 적당량

*삶은 소 비장 슬라이스 혹은 폐, 식도와 믹스한 것: 500g / 라드 혹은 버터: 2큰술 / 소금과 후추: 약간

이탈리아

Panino al Lampredotto || 파니노 알 람프레도토

시실리인들은 음식을 함부로 버리지 않는다. 파니노 알 람프레도토는 소의 위장을 사용한 샌드위치로, 일본으로 치면 내장탕 같은 것이다. 네 개 있는 소의 위 중 네 번째가 가장 맛있다고 한다. 이탈리안 파슬리로 만든 살사 바르데를 듬뿍 뿌린다.

재료(4인분)

[빵] 무포레타(소)(p.286): 4개 [속재료] 람프레도토(소 내장탕) 소테: 600~800g* [소스] 살사 베로체 베르아르 프레체모로(p.295): 2~3큰술 *소의 위: 500g / 당근 작게 썬 것: 1개분 / 셀러리 작게 썬 것: 2개분 / 토마토 잘게 자른 것: 2개분 / 적양파 잘게 자른 것: 1/2개분

이탈리아

Panino Salsiccia e Broccoletti || 파니노 살시챠 에 브로코레티

소시지는 껍질을 벗겨 조리한다. 조금 매콤한 브로코레티와 이탈리안 소시지와의 궁합이 뛰어나다. 심플하지만 독특함이 있다. 사실 브로코레티는 일본에서 개발된 야채다.

재료(2인분)

[빵] 치아바타 롤: 4개 [속재료] 데친 브로코레티: 1~2다발 / 회향 씨: 1작은술 / 핫 페퍼 조각: 1작은술 / 껍질을 벗긴 핫 이탈리안 소시지: 2개 / 엑스트라 버진 올리브 오일: 2큰술 / 소금: 적당량 ●브로코레티와 소시지는 같은 프라이팬에서 볶는다.

이탈리아

Pane Cunzato || 파네 쿤챠토

야채나 샐러드를 좋아하는 사람이라면 "바로 이거야" 하고 외치고 싶을 정도로 야채를 듬뿍 올린 샌드위치다. 앤초비, 케이퍼, 올리브의 짭짤한 맛을 믹스해 절묘한 밸런스를 만들어낸다.

재료(4인분)

[빵] 둥근 빵(라운드, 토스칸, 엔나, 블루 등): 1개

[속재료] 엑스트라 버진 올리브 오일: 2~3큰술 / 올리브: 5알 / 드라이 토마토: 5개 / 절반으로 자른 체리 토마토: 10~15개분 / 바질 잎: 3~4장 / 케이퍼: 2작은술 / 적양파 슬라이스: 1/4개분 / 오일절임 앤초비: 4~6장 / 프리모사레 또는 모차렐라 치즈: 4장

이탈리아

Puccia Salentina || 푸챠 살렌티나

푸챠는 이탈리아 남부 풀리아 지방의 전형적인 샌드위치용 빵이다. 거리에는 푸챠 샌드위치를 파는 가게가 점재해 있고, 손님은 수많은 것 중에서 좋아하는 것을 골라 푸챠에 끼워 먹는다.

재료(1인분)

[빵] 푸챠(p.287): 1개

[속재료] 프로슈토 고토: 1장 / 그뤼에르 혹은 프로볼런 치즈: 20g / 로스트한 가지 슬라이스: 2~3장 / 로스트 한 주키니 슬라이스: 4장 / 로스트 한 베이비 아티초크(작은 흰꽃엉겅퀴): 1~2개 / 토마토 슬라이스: 2~3장 / 루콜라: 1/2컵 / 엑스트라 버진 올리브 오일: 적당량 / 소금과 후추: 약간

이탈리아

Panino Caprese || 파니노 카프레제

세계적으로 가장 많이 알려진 이탈리아의 샌드위치다. 모차렐라 치즈, 토마토를 두껍게 자르고, 바질은 큰 잎을 자르지 않고 그대로 올린다. 속재료를 끼워 파니니 프레스에 구우면 치아바타의 향긋함을 더할 수 있다. 치즈도 알맞게 녹인다. 크림이 안에 든 모차렐라 치즈를 사용하는 것도 좋다.

재료(4인분)

[빵] 치아바타 롤: 4개

[속재료] 토마토 슬라이스: 3~5장 / 프레시 모차렐라 치즈: 3~4장 / 소금과 후추: 약간 / 엑스트라 버진 올리브 오일: 1큰술 / 드라이 오레가노: 1/2작은술 ●속재료를 모두 끼워 파니니 프레스에 굽는다.

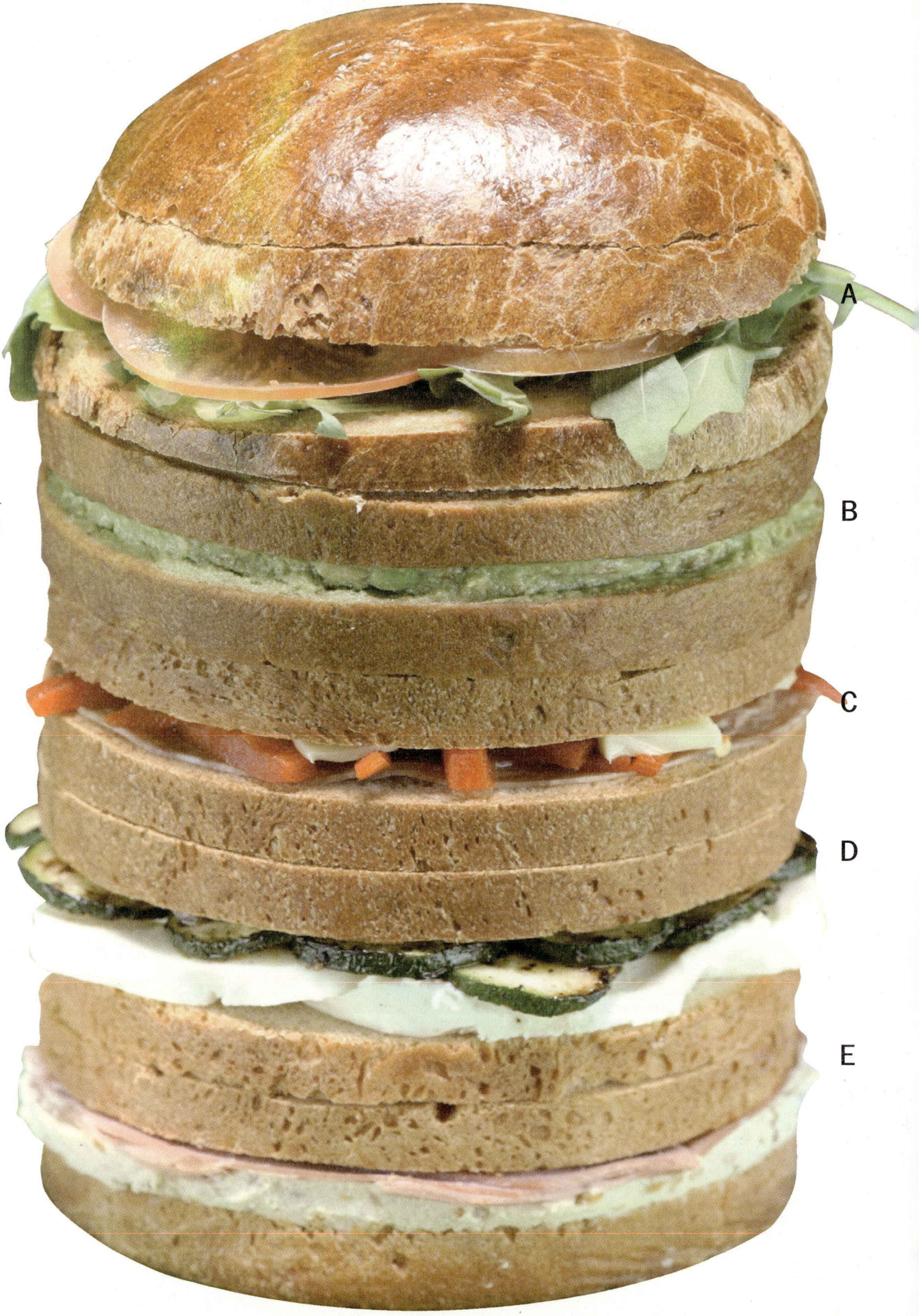
A
B
C
D
E

Panettone Gastronomico

파네토네 가스트로노미코

높이가 30cm나 되는 호화로운 샌드위치

파네토네는 밀라노를 발상지로 하는 케이크로 크리스마스에는 빼놓을 수 없는 샌드위치다. 하지만 여기서 소개하는 파네토네는 솔티 파네토네라고 하는 높이가 높은 빵 브리오슈다. 케이크 파네토네처럼 종이나 다른 것으로 만든 틀에 반죽을 넣고 틀에서 비어져 나올 정도로 발효시키고 나서 오븐에 굽는다. 구운 직후에 꼬치를 몇 개 밑에 꽂고, 거꾸로 해서 식히는 점이 재미있다. 모양이 일그러지지 않게 하기 위해서다. 파네토네를 슬라이스한 다음 그 사이에 좋아하는 재료를 끼운다. 정해진 레시피는 없다. 모두 풍부한 상상력을 발휘해서 독자적인 샌드위치를 만들어내면 된다. 그런 재미도 이 샌드위치만의 매력이다. 세계에서도 가장 호화로운 샌드위치라 할 수 있다.

Recipe

재료(4~6인분)

[빵] 솔티 파네토네: 1개*
*(1인분) 강력분 밀가루: 400g / 우유: 120g
무염 버터: 80g / 설탕: 40g / 드라이 이스트: 2작은술 / 소금: 1작은술 / 벌꿀: 1작은술

[속재료]

A. 토마토와 루콜라
토마토 슬라이스: 4~6장 / 루콜라: 1컵
바질 잎: 4장 / 엑스트라 버진 올리브 오일: 1큰술 / 소금과 후추: 약간

B. 아보카도 크림
아보카도: 1개 / 엑스트라 버진 올리브 오일: 1큰술 / 레몬 또는 라임 주스: 1큰술
소금과 후추: 약간

C. 살라미와 피망, 에멘탈 치즈
제노아 살라미 또는 다른 이탈리아 살라미: 6~8장 / 병에 든 로스트 페퍼: 1개분 / 에멘탈 치즈 슬라이스: 40g

D. 모차렐라와 주키니, 앤초비
주키니 슬라이스: 1개분 / 엑스트라 버진 올리브 오일: 1큰술 / 프레시 모차렐라 치즈: 1개분
오일절임 앤초비 필레: 2장 / 소금: 적당량

E. 파나소스와 모르타델라
마스카포네 치즈: 100g / 파나소스(p.297): 4큰술 / 모르타델라 슬라이스: 100g / 잘게 부순 피스타치오: 1큰술

Memo

속재료는 모든 빵 슬라이스 사이에 끼우는 것이 아니라 2장 걸러 끼운다. 그러면 독립된 샌드위치를 꺼낼 수 있으므로 무너뜨리지 않고 각 샌드위치의 맛을 즐길 수 있다.

A
B

D
C

Tramezzino

트라메찌노

점심과 간식으로 인기가 있는 이탈리아 티 샌드위치

트라메찌노는 베네치안 티 샌드위치라고도 한다. 이 샌드위치는 지금도 토리노에서 가게를 운영하고 있는 카페 무라사노가 1926년에 개발한 것이다. 이 카페에서는 지금도 30종에 이르는 트라메찌노를 제공하고 있다. 트라메찌노는 샌드위치라는 말을 피하기 위해 만든 조어로, 트라메츠는 '안에 끼웠다'는 뜻이고, 이노는 작은 것을 표현하는 말이다. 원래는 가장자리를 잘라내고 세모 혹은 네모난 모양으로 제공했다. 그러나 지금은 빵을 둥글게 자른 것, 김밥처럼 만 것, 작은 카나페 스타일로 만든 것 등 다양한 모양이 나오고 있다. 그래도 카페 등에서 나오는 트라메찌노는 전통적인 삼각형, 혹은 사각형이 주류를 이루고 있다. 이탈리아는 물론 오스트리아에서도 대중적인 샌드위치이지만 북부가 발상지이다. 베니스 등에서는 인기가 많은 샌드위치이다. 빵은 전립분 빵인 것도 있지만 대부분 일본의 식빵과 비슷한 흰 식빵으로 아주 부드럽다. 끼우는 속재료는 영국 것과는 달리 이탈리아 독자적인 것이 많다.

재료(각 1인분) **Recipe**

[빵] 식빵: 각 2장

[속재료]

A. 포르마지오 디 카프라 에 마루메라타 디 후키

포르마지오 카프라, 가로챠 또는 다른 숙성시킨 고트 치즈: 4장 / 무화과 설탕조림(슬라이스): 1~2개분 / 잣: 적당량

B. 메란자네 에 로비올라

가지 소테: 1/2~ 1/3컵* / 로비올라 치즈: 100g / 바질 잎: 2~3장 / 소금과 후추: 약간

*가지(소) 자른 것: 1개분 / 양파 잘게 자른 것: 1/2개분 / 다진 마늘: 1쪽 / 엑스트라 버진 올리브 오일: 1큰술 / 물: 2큰술

C. 트라메찌노 크라스시치 브레사올라 에 루콜라

브레사올라(드라이 비프): 50g / 프레시 고트 치즈 또는 리코다 치즈: 40g / 루콜라: 적당량

D. 모차렐라와 스루 파테 디 포모도리 세키

프레쉬 모차렐라 치즈: 4장 / 드라이 토마토: 4~6개 / 엑스트라 버진 올리브 오일: 2~4큰술 / 소금: 적당량

Memo

여기에 등장하는 포르마지오 카프라는 이탈리아, 가로챠는 스페인의 고트(산양) 치즈. 브레사올라는 프로슈토의 쇠고기, 로비올라는 브리 치즈와 비슷하다.

이탈리아

Barchette di Pane Ripiene

|| 바르케테 디 파네 리피에네

연못에 떠 있는 작은 보트 같은 샌드위치

여러 곡물을 넣은 작은 빵을 도려내고, 볶은 가지와 주키니, 치즈 등으로 채운 다음, 180℃로 달군 오븐에서 25분 정도 굽는다. 치즈가 녹고 달걀이 굳으면서 맛있는 샌드위치가 완성된다. 빵 속의 치즈와 야채로 만든 오믈렛이 어우러진 샌드위치다. 바르케테는 보트를 의미하는 말로, 작은 보트 같은 이 샌드위치를 잘 표현하고 있다. 손으로 집어 그대로 입에 넣어도 좋지만, 슬라이스하면 통째로 입에 들어가는 크기가 된다. 오후 간식, 파티의 사이드 요리나 후식으로 딱 좋다. 어린이도 좋아할 만한 귀여운 샌드위치다.

재료(4인분) **Recipe**

[빵] 멀티 그레인 시리얼 롤: 4개
[속재료] 가지(소)와 주키니를 작게 자른 소테: 각 1개분 / 잘게 자른 프로슈토 고트: 50g
판체타(생 베이컨): 35g
강판에 간 파르메산 치즈: 1큰술
리코타 치즈: 2큰술 / 달걀: 3개
올리브 오일: 1작은술 / 소금과 후추: 약간
[코팅] 물에 푼 달걀: 1개분

Memo

볶은 속재료를 빵에 채울 때 각 재료가 균등하게 배분되도록 주의를 기울인다. 수분은 필요하지만 수분이 너무 많으면 빵이 축축해진다.

Panino con il Polpo || 파니노 콘 일 포르포

해산물을 좋아하는 이탈리아 사람들은 낙지도 샌드위치로 만들어 먹는다. 낙지는 마늘, 양파 등 야채와 함께 볶고 레몬주스로 맛을 낸다. 참신한 조합이 의외로 맛있다.

재료(2인분)
[빵] 치아바타 롤: 4개
[속재료] 낙지 소테: 500g* / 매시트 포테이토(곱게 다져 이긴 감자): 2개분 / 루콜라: 1컵 / 강판에 간 페코리노 로마노 치즈: 2큰술
*한입 크기로 자른 데친 낙지: 500g / 다진 마늘: 1쪽 / 이탈리안 파슬리(마늘과 소테): 10g / 소금과 후추: 약간 / 엑스트라 버진 올리브 오일: 2큰술

이탈리아

Panino Parmigiana di Melanzana || 파니노 파르미지아나 디 멜란자나

가지를 토마토 소스와 치즈로 구워 치아바타에 끼워 먹는다. 속재료가 빵에서 삐져나올 수 있으나 이것이 식욕을 돋우기도 한다.

재료(4~6인분)
[빵] 치아바타 롤: 4~6개 [속재료] 가지, 치즈, 토마토 소스 구이: 4~6인분* *튀긴 가지 슬라이스: 4~6개분 / 프로볼런 치즈: 300g / 파르메산 치즈: 200g / 토마토 슬라이스: 750g / 볶은 양파 자른 것: 1개분(토마토소스를 넣어 끓인다) / 바질 잎: 4~6장 / 올리브 오일: 2큰술 / 소금과 후추: 약간 / 튀김용 샐러드유: 적당량

이탈리아

Panino al Tonno || 파니노 알 톤노

이탈리아식 참치 샌드위치에는 마요네즈를 사용하지 않는다. 짭짤한 올리브와 질 좋은 올리브 오일이 맛을 내는 주역이다. 부드러운 삶은 콩, 빳빳한 로메인 레터스가 적당한 액센트가 되어 상큼함을 주는 샌드위치다.

재료(2인분)
[빵] 치아바타 롤: 2개 [속재료] 참치 샐러드: 500g*
*참치 캔: 180g / 잘게 자른 로메인 레터스 또는 다른 녹황색 채소: 200g / 키드니 빈즈 캔(붉은 강낭콩): 120g / 그린 올리브와 블랙 올리브 슬라이스: 각 4개분 / 엑스트라 버진 올리브 오일: 2큰술 / 소금과 후추: 약간 ●모두 섞는다.

이탈리아

Panino Prosciutto e Fichi

파니노 프로슈토 에 피키

프로슈토의 짭짤함과 무화과의 단맛이 어우러진 샌드위치

이 샌드위치를 먹고 싶다고 생각하면서 오랜 겨울을 보낸다. 무화과의 계절은 여름이다. 프리저브(과일 설탕 절임)나 마른 무화과로 대신하는 사람도 있으나 역시 신선한 생 무화과 맛과는 비교되지 않는다. 봄이 찾아오면 슈퍼마켓에 매일 같이 나가 무화과가 있는지 확인한다. 5월 중순에 겨우 햇 무화과를 구할 수 있었다. 갓 구운 로즈마리 포카치아를 사러 빵가게에 뛰어 들어갔다. 다른 재료는 프로슈토 데 파르마, 프레시 모차렐라 치즈, 루콜라, 민트만 있으면 된다. 끈끈한 프로슈토의 짭짤한 맛, 무화과의 단맛, 크리미한 치즈, 그리고 견과류의 풍미가 있는 자극적인 루콜라, 각각의 맛과 식감이 어우러지는 절묘한 샌드위치다.

재료(6~8인분) **Recipe**

[빵] 로즈마리 포카치아: 1개
[속재료] 프로슈토 산 다니엘 또는 데 파르마(생 햄): 6~8장 / 무화과 슬라이스: 4~6개 / 프레시 모차렐라 치즈 슬라이스: 2개분 / 루콜라: 2~3컵 / 신선한 민트 잎: 20장

Memo

재료에는 신경을 쓰는 것이 좋다. 신선한 무화과를 구입하고, 가능하면 햄은 프로슈토 데 파르마나 산 다니엘을 쓴다.

이탈리아

Panino con la Porchetta || 파니노 콘 라 포르케타

포르케타는 고급스런 맛의 돼지고기 구이이다. 돼지고기는 껍질이 붙은 고기를 사용하는데, 날카로운 칼로 지방 부분까지 전체에 칼집을 넣는다. 다 구워지면 자른 부분에 크래킹이라 하는 호박색 눌은 자리가 생긴다. 이 크래킹도 고기와 함께 접시에 담는다. 포르케타는 라찌오 지방의 명산물인데, 이탈리아 중부에서는 이 포르케타를 끼운 파니니를 곳곳에서 판매한다.

재료(1인분)
[빵] 치아바타 롤: 1개
[속재료] 포르케타: 150~200g / 살사 베로체 베르아르 프레체모로(p.295): 2큰술

이탈리아

Piadina con Cotto e Carciofini

|| 피아디나 콘 코토 에 카르쵸피니

피아디나는 이탈리아 북부 로마냐 지방의 플랫브레드이다. 이탈리아에서는 이색적인 빵이라 할 수 있다. 지중해 피타와 달리, 이스트를 쓰지 않고 대신 베이킹 소다(중조)를 사용하며, 프라이팬에 굽는다. 좀 씹히는 느낌의 두꺼운 로티와 같은 느낌이다. 이 플랫 브레드에 고기와 코르도컷(햄 등), 야채를 올려 반으로 접은 샌드위치가 길거리 음식으로 매우 인기가 있다.

재료(2인분)
[빵] 피아디나: 2장*
[속재료] 프로슈토 고트: 2장 / 오일절임 아티초크 하트 슬라이스: 2개분 / 프레쉬 치즈: 4장 / 로메인 레터스: 4장
*(4~6장의 재료) 밀가루: 320g / 라드, 버터 또는 올리브 오일: 50g / 베이킹 소다: 2작은술 / 소금: 1작은술 / 물: 160ml

Brioche con Gelato

브리오슈 콘 젤라토

빵에 끼운 젤라토는 시실리 사람들이 좋아하는 샌드위치

젤라토는 일본에서도 익숙한 이탈리아 아이스크림이다. 지방분은 아이스크림보다 적지만 공기 함유량이 적기 때문에 끈끈하며 독특한 맛이 난다. 미국에서는 쿠키에 아이스크림을 끼워서 먹는다. 그런데 시실리에서는 젤라토를 빵 브리오슈에 끼워 먹는다. 빵과 아이스크림이라는 기묘한 조합이다. 아이스크림을 단맛이 나는 빵 브리오슈와 조합하면 쿠키와 아이스크림 조합보다도 훨씬 먹기 좋다. 시실리에서는 브리오슈 콘 젤라토를 아침 식사로 먹는 사람도 있다. 다양한 맛의 젤라토가 있으나 시실리 특산인 아티초크 젤라토는 다른 곳에서 맛볼 수 없다. 젤라토를 먹을 기회가 있다면 한번 맛보기를 권하고 싶다.

Recipe

재료(1인분)

[빵] 브리오슈 빵: 1개

[속재료] 젤라토: 2스쿱(여기서는 피스타치오와 초콜릿 젤라토를 사용) / 와플: 1장(취향에 맞게)

Memo

자신이 즐긴다면 젤라토일 필요도 빵 브리오슈일 필요도 없다. 버터 롤에 아이스크림을 끼워 먹는 것도 좋은 아이디어다.

Panino au Nutella

파니노 오 누텔라

가정마다 1병, 누텔라는 식탁에 없어서는 안 되는 이탈리아 명작

누텔라는 초콜릿과 헤이즐넛을 조합한 크림 상태의 스위트 스프레드다. 누텔라가 시장에 소개된 것은 1946년이다. 당시는 코코아가 시장에 적어, 풍부한 헤이즐넛을 이용해 현재의 누텔라 같은 기본 레시피를 만들었다. 지금은 이탈리아뿐 아니라 미국, 아시아에도 널리 보급된 히트 상품이다. 하지만 이탈리아에서 생산되는 누텔라는 다른 나라에서 생산되는 것과는 좀 다른 느낌이다. 미국에서 파는 것은 캐나다산, 일본에서 파는 것은 오스트레일리아산이다. 일본의 누텔라는 잘 모르지만, 이탈리아의 누텔라가 미국 누텔라보다 부드럽고 크리미한 맛이 난다.

재료(1인분) **Recipe**

[빵] 전립분 빵 또는 잡곡빵: 2장
[속재료] 버터: 1큰술
누텔라: 2큰술
가루설탕: 1큰술

Memo

미국에서는 바나나에 누텔라를 발라 먹는 습관이 있다. 어린이도 어른도 그렇게 먹는다. 누텔라는 피넛버터 옆에 두는 식탁의 필수 아이템이다.

Ftira with Tomato and Olive

프티라 위드 토마토&올리브

지중해에 떠 있는 작은 나라 몰타에 전승된 빵과 샌드위치

지중해에 떠 있는 섬나라 몰타는 그 지리적인 이유에서 이탈리아 문화뿐 아니라 아랍과 아프리카 영향을 받았다. 1964년에 독립하기까지 영국이 지배했기 때문에 저절로 영국의 영향도 강하게 받았다. 이런 복잡하게 얽힌 문화 탓인지 식문화에도 독특한 스타일이 구축되어 있다. 시실리로부터 가장 많은 영향을 받은 것일까. 그런 문화와 전통 속에서 전승된 몰티즈 브레드의 하나, 프티라는 플랫브레드로 분류된다. 한가운데에 구멍이 뚫린 이 빵을 수평으로 잘라 올리브 오일을 뿌리고, 토마토나 올리브를 끼워 샌드위치를 만든다. 몰타의 하늘과 바다를 떠올리게 하는 크리미한 맛의 샌드위치이다.

재료(1인분) **Recipe**

[빵] 20cm의 둥근 프티라: 1/2개
[속재료] 한입 크기로 자른 토마토: 2개분 / 케이퍼: 1큰술 / 블랙 올리브 슬라이스: 6개분 / 바질 잎: 6장 / 민트 잎: 6장 / 엑스트라 버진 올리브 오일: 4큰술 / 소금과 후추: 약간

Memo

몰타에는 프티라라 불리는 피자가 있어 이 피자로 착각하는 일도 있다. 몰타 피자와 이 빵은 완전히 다르다. 한번은 시도해볼 만한 일품 샌드위치라 할 수 있다.

Hobz Biz-Zejt || 홉즈 비제이트

잊을 수 없는 맛, 맛있는 빵이 주역

홉즈 비제이트는 몰타를 대표하는 빵이다. 앞에서 소개한 프티라는 홉즈 비제이트의 변형이라 할 수 있다. 지금도 전 세계 각지에 이스트를 사용하지 않고 사워종을 사용한 빵이 있다. 그러나 반죽을 발효시키기 위해 이스트를 사용하는 경우가 훨씬 많다. 몰타의 제빵사는 지금도 이스트를 거부하고 전통적인 방법으로 빵을 굽는다. 이렇게 구운 빵은 크러스트가 얇고 사박사박하지만 속은 아주 부드럽다. 구멍이 많은 것도 이 빵의 특징이다. 이 빵을 두껍게 슬라이스 한 다음, 쿤세르봐라 불리는 몰타 특산의, 단맛이 강한 토마토 페이스트를 바른다. 그리고 그 위에 참치 또는 앤초비나 토마토를 올리고, 올리브 오일을 뿌려 먹는다. 이 맛은 세계에서도 최고 수준이다.

재료(1인분) **Reeipe**

[빵] 홉즈 비제이트 슬라이스: 1장
[속재료] 케이퍼: 1작은술 / 참치 캔: 4~6큰술 / 소금과 후추: 약간 / 엑스트라 버진 올리브 오일: 1큰술 / 이탈리안 파슬리: 적당량
[소스] 쿤세르봐(몰타 토스트 페이스트) 또는 보통의 토마토 페이스트: 1큰술

Memo

홉즈 비제이트로 샌드위치를 만들 때는 가능하면 간소하게 한다. 그렇게 하면 홉즈 비제이트의 맛이 보다 두드러진다. 쿤세르봐는 구입하기 어려우므로 보통 토마토 페이스트를 대신 사용한다.

Pan Bagnat

팡바냐

프랑스의 샌드위치 중에 가장 많이 알려진 샌드위치

팡바냐는 프로방스 지방의 샌드위치로 니스 주변에서는 빵가게나 마켓 등 곳곳에서 팔고 있다. 길거리 음식으로도 인기가 있다. 사용하는 빵은 전립분 빵인 드 캉파뉴나 뵈르. 수평으로 자른 빵 사이에는 사랏드 니소와즈라고 하는 니스 주변 특산 야채로 만든 샐러드를 끼운다. 주요 재료는 토마토, 올리브, 참치, 앤초비, 마늘 등이지만, 이외에도 아티초크, 루콜라, 바질, 고트 치즈 등을 더하기도 한다. 팡바냐란 흠뻑 젖은 빵이라 의미다. 실제로 먹어보면 그 의미를 충분히 알 수 있다.

Recipe

재료(1인분)

[빵] 직경 약 20cm의 드 캉파뉴나 뵈르: 1개(절반으로 자른 후 속을 조금 파낸다)
[속재료] 엑스트라 버진 올리브 오일: 4큰술 / 백포도주 식초: 2큰술 / 소금과 후추: 약간 / 토마토 슬라이스: 3개분 / 레드 래디시 슬라이스: 4~6개분 / 삶은 누에콩: 8~10개/피망 슬라이스: 1개분 / 양념장에 담근 베이비 아티초크 슬라이스: 4개분 / 잘게 썬 스캘리언: 1개분 / 삶은 달걀 슬라이스: 2~3개분 / 오일절임 앤초비 필레: 6~8장 / 참치 캔: 120g / 블랙 올리브 슬라이스: 4~6개분 / 바질 잎: 4~6장

Memo

샌드위치를 만든 후 바로 먹지 않고, 가능하면 하룻밤 냉장고에 넣어둔다. 그렇게 하면 각 재료의 맛이 혼합되어 더욱 맛있다.

Jambon Beurre

장봉 뵈르

특별한 재료 맛을 맛볼 수 있는 샌드위치

일본인에게 밥이 최고이듯이 프랑스인은 바게트를 최고로 여긴다. "바게트를 귀에 갖다 대고 엄지손가락과 집게손가락으로 살짝 눌러 본다. 맛있는 바게트는 바삭한 가벼운 소리가 난다"고 한다. 이 샌드위치는 그런 프랑스인이 자랑스러워하는 바게트에 버터를 듬뿍 바르고, 파삭한 햄, 장봉 드 파리를 끼워 먹는다. 자랑스러워하는 햄이라 해서 몇 장을 끼워 먹는 것은 아니다. 장봉 뵈르는 특히 파리에서 가장 인기 있는 샌드위치다. 재료가 없다고 다른 것으로 대체할 수는 없다. 맛을 망쳐놓을 뿐인 경우가 많기 때문이다. 장봉 뵈르도 최고의 재료를 조합해야 비로소 그 맛을 낼 수 있는 샌드위치다.

재료(1인분) **Recipe**

[빵] 미니 바게트 또는 바게트(20cm): 1개
[속재료] 버터: 적당량 / 장봉 드 파리: 2장

Memo

이탈리아의 프로슈토 산 다니엘, 디 파르마, 스페인의 하몽 세라노나 이베리코로도 맛있는 샌드위치를 만들 수 있다. 그러나 이 재료로 만든 것을 장봉 뵈르라고 할 수는 없다.

프랑스

Croque Monsieur

크로크무슈

치즈가 듬뿍 들어간 일본에서도 인기 있는 샌드위치

크로크무슈는 햄과 치즈로 만든 샌드위치로 일본에도 잘 알려져 있다. 하지만 본가의 크로크무슈는 일본에서 맛보는 것과는 좀 다르다. 빵은 식빵과 비슷하지만 전통적으로는 팡드미라 불리는, 버터와 우유가 많이 들어가고, 좀 단맛 나는 빵을 사용한다. 치즈는 대부분의 경우 그뤼에르 치즈나 에멘탈 치즈, 콩테 치즈를 사용한다. 큰 차이는 치즈를 빵 사이뿐 아니라 위에도 올린다는 것이다. 베샤멜 소스를 사용한 크리미한 변형 샌드위치도 인기가 있다. 포치드 에그나 달걀 프라이를 올린 것은 크로크마담이라 한다. 그밖에도 다른 치즈와 소시지, 소스를 사용한 것 등 의외로 종류가 많다.

재료(1인분) **Recipe**

[빵] 팡드미 또는 보통 식빵: 2장
[속재료] 버터: 2큰술 / 잘게 썬 에멘탈 치즈 또는 그뤼에르 치즈: 40g / 햄: 2장 / 드라이 바질: 약간

Memo

빵 위에도 치즈를 올리기 때문에 프라이팬에서 만들기는 좀 어렵다. 프랑스에는 크로크 무슈 전용 그릴이 있는데, 전용 그릴이 없을 경우에는 오븐을 사용한다.

프랑스

Sandwich À l'Omelette

샌드위치 아 로무레트

세계의 정통 샌드위치인 오믈렛 샌드위치

프랑스의 오믈렛은 이탈리아나 스페인 오믈렛보다 심플하다. 이 오믈렛도 라르돈이라 하는 베이컨 같은 것이 사용될 뿐 야채도 치즈도 들어가지 않는다. 물론 달걀만 들어가는 오믈렛도 있다. 일본의 오믈렛에 가깝다. 하지만 샌드위치로 만들 때는 일본의 오믈렛처럼 속이 반숙 상태가 아니라 오믈렛 자체를 얇게 해서 완전히 익힌다. 그렇다고 지나치게 익혀서는 안된다. 그 밖의 재료로는 토마토가 들어간다. 하지만 오믈렛에는 섞지 않고 생으로 슬라이스해서 바게트에 끼우고 그 위에 갓 구운 오믈렛을 올린다. 바게트와 함께 먹기 힘들다면 좀더 부드러운 빵을 골라도 된다.

재료(1인분) **Recipe**

[빵] 바게트(20cm): 1개
[속재료] 오믈렛: 1개*
토마토 슬라이스: 3~4장
*달걀: 2개 / 잘게 썬 라르돈(프렌치 베이컨) 또는 판체타: 2큰술 / 버터: 2큰술 / 소금과 후추: 약간

Memo

라르돈을 구하기 어려울 때는 판체타(생 베이컨)를 사용한다. 둘 다 베이컨과 비슷하지만 판체타는 그대로 먹기도 한다. 라르돈은 가열해 조리해야 한다.

B
A

D
C

Tartine

타르틴

지금도 새롭게 발전하고 있는 프랑스의 오픈 샌드위치

오픈 샌드위치는 유럽 각지에 존재한다. 그 중에서도 덴마크로 대표되는 북유럽의 오픈 샌드위치는 유명하다. 동유럽에도 많고 이탈리아에는 브르스케타나 애피타이저로 알려진 크로스치니가 있다. 오픈 샌드위치는 중세부터 먹었던 것으로 전해진다. 타르틴용 빵으로 현재 가장 많이 사용하는 것은 바게트이다. 이것을 슬라이스해서 치즈나 햄, 야채를 올린다. 타르틴이란 뭔가를 위에 올린 한 장의 빵이란 의미다. 독일과 마찬가지로 버터를 발랐을 뿐인 빵도 타르틴이라 하기도 한다. 프랑스인은 아침 식사 때 타르틴을 많이 먹는다. 바게트를 세로가 아닌 수평으로 슬라이스한 다음, 거기에 버터를 바르고 잼을 덧발라 먹는가 하면 그것을 카페오레나 핫코코아 등에 찍어 먹는 경우도 있다. 타르틴은 말하자면 스타일을 말하는 것으로, 토핑의 종류는 무한하다.

재료(각 1인분) **Recipe**

[빵] 바게트 슬라이스: 각 1장
[속재료]

A. 소몬 퓨메 에 콘코무브르
쉐브르 치즈: 2큰술 / 훈제 연어: 1장
오이 슬라이스: 1장

B. 코무테 에 라 크림
햄: 1장 / 콩테 라페 치즈: 2큰술
크렘 프레슈(사워크림 같은 것): 1큰술
루콜라와 그린 페퍼: 적당량
●햄과 치즈를 올려 토스토한 다음 다른 재료를 올린다.

C. 포와르 오 로크포르
버터: 1큰술 / 작게 썬 배: 1/2개분
파슬리 잘게 썬 것: 3cm분
로크포르 또는 다른 블루 치즈: 적당량

D. 리코타 토마토 세리제 올리브
리코타 치즈: 2큰술
체리토마토 슬라이스: 1개분
블랙 올리브 슬라이스: 1개분
엑스트라 버진 올리브 오일: 1큰술
●리코타 치즈를 바르고, 토마토, 올리브를 올려 토스트 한다. 마지막으로 오일을 뿌린다.

Memo

여기서 소개하는 타르틴은 치즈 이외에 일본에서도 간단히 구입할 수 있는 재료를 사용했다. 콩테 라페는 그뤼에르 비슷하다. 라페는 가루로 만든 것을 의미한다.

Sandwich au Saucisson || 샌드위치 오 소시송

재료(1인분)
[빵] 미니 바게트 또는 바게트(18cm): 1개
[속재료] 버터: 1큰술 / 코르니션: 3개 / 소시송 슬라이스: 4~6장 / 양상추: 1장 / 잘게 부순 헤이즐넛: 1큰술

소시송은 돼지고기로 만든 소시지로 살라미의 일종이다. 살라미가 소시송의 일종이라고 하는 사람도 있으나 살라미처럼 먹는 것은 확실하다. 예컨대 그대로 슬라이스해서 먹는다. 소시송은 돼지고기에 각종 향신료를 넣어 만들지만 와인을 사용하는 일도 있어 독특한 풍미를 갖고 있다. 코르니션이라는 작은 오이를 사용한 피클은 샤프한 신맛이 있어 치즈나 파테, 햄, 살라미 등과 아주 잘 어울린다.

Tacos à la Lyonnaise || 타코 아 라 리요네즈

재료(2인분)
[빵] 플랫브레드(라바슈 또는 피타 브레드): 2장
[속재료] 양념장에 담근 닭고기 소테(볶음): 250g*
한입 크기로 썬 삶은 감자: 2개분
베르잔 엔다이브 슬라이스: 1/4개분
한입 크기로 썬 토마토: 1/2개분 / 잘게 썬 양파: 1큰술(취향에 맞게)
[소스] 그뤼에르 소스(p.295): 4큰술
*(양념장 재료) 헤비 크림: 20ml / 인디안 카레 페이스트: 1작은술

프랑스 토르티야(옥수수 가루 반죽을 얇게 펴서 구운 멕시코 요리), 멕시칸 타스코이다. 하지만 멕시코 요리와는 거의 관계없는 듯 실제로 터키나 레바논의 플랫 브레드 대신 토르티야를 사용하는 것 같다. 그런데 피타나 라바슈를 사용하는 것이 정통파라 할 것이다. 이름을 봐도 알 수 있는 것처럼 리용에서 탄생한 것으로 10년 전에 소개된 새로운 샌드위치다. 카레 페이스트를 사용하는 점은 특이하지만 그뤼에르 소스를 사용하는 점은 프랑스 샌드위치답다.

프랑스

Pâté à Pain || 파테 아 팡

파테라 하면 푸아그라(거위의 간에 포도주와 향신료를 넣고 조린 식품)를 연상시키지만 여기서 사용하는 것은 파테 드 캉파뉴라는 돼지고기가 메인인 파테이다. 가정에서도 간단히 만들 수 있다. 사도 그리 비싸지 않으므로 듬뿍 올린다.

재료(1인분)

[빵] 바게트(20cm): 1개
[속재료] 버터: 2큰술 / 파테 드 캉파뉴 슬라이스(두껍게): 4장 / 레드 래디시 슬라이스: 4~6장 / 절반으로 자른 코르니션: 2개분 / 소금과 후추: 약간
[소스] 디종 머스터드: 2큰술

프랑스

Sandwiches de Poulet || 샌드위치 드 프레

프랑스에서는 모두 그런 것은 아니지만 이 샌드위치에는 로스트 치킨에 타르타르 소스를 뿌린다. 카레가루를 섞어 좀 맵게 해도 맛있다.

재료(1인분)

[빵] 바게트(18cm): 1/3개
[속재료] 닭 가슴살 로스트: 50~80g / 양상추: 1장 / 적양파 둥글게 썬 것: 4~6장 / 토마토 슬라이스: 3~4장 / 오이 슬라이스: 3~5장
삶은 달걀 슬라이스: 1개분
[소스] 디종 머스터드: 1큰술
타르타르 소스: 1큰술

프랑스

Sandwiches de Canard || 샌드위치 드 카나르

오리고기 콩피를 사용한 고급스런 샌드위치다. 오리고기는 과일이나 단맛이 있는 브리오슈와 잘 어울린다. 쉐브르의 순한 신맛이 특징이다.

재료(6인분)

[빵] 햄버거 빵 또는 브리오슈 빵: 6개 [속재료] 오리 콩피: 6개* / 프레시 고트 치즈: 150g / 얇게 슬라이스 한 사과: 적당량 / 양상추: 6장 / 적양파 둥글게 썬 것: 적당량 *오리고기: 6장 / 소금과 후추: 약간 / 오리 지방: 1kg / 마늘: 4쪽 / 타임: 2장 ●오리고기에 소금, 후추를 뿌린 다음 냄비에 오리고기와 기타 재료를 넣고, 오븐에서 1시간 굽는다. 오리고기를 뒤집고 다시 1시간 굽는다. 다시 고기만 눌은 자국이 생길 때까지 굽는다.

스위스

Schnitzel Cordon Bleu Burger

슈니첼 코르돈 블루 버거

커틀릿 사이에 치즈가 숨어 있는 황홀한 샌드위치

코르돈 블루란 앙리 2세 때 최고위 기사가 몸에 붙인 폭이 넓은 리본이다. 그것이 높은 수준의 요리나 요리사에게 부여하는 말이 되었다. 슈니첼 코르돈 블루는 두드려 얇게 만든 고기로, 치즈를 두르고 빵가루를 묻혀 튀긴 커틀릿이다. 오리지널은 스위스로 1940년대에 개발되었다고 한다. 닭 다리살을 사용한 것이 오리지널이지만 부드러운 송아지를 사용하기도 한다. 치즈에는 스위스산 에멘탈이나 그뤼에르 외에 가우다 치즈 등도 사용된다. 마요네즈나 케첩을 뿌리기도 하는데, 케첩은 개인적으로 권하고 싶지 않다. 레몬과 머스터드만으로도 충분히 맛있다.

재료(4인분) **Recipe**

[빵] 카이저 롤: 4개
[속재료] 슈니첼 코르돈 블루: 4장* / 토마토 슬라이스: 8장 / 양상추 잘게 썬 것: 8장분 [소스] 디종 머스터드: 4큰술 / 케첩: 4큰술(옵션) / 마요네즈: 4큰술(취향에 맞게) / 레몬: 1/4개
* 커틀릿용 닭고기 또는 송아지 고기: 4장
햄: 8장 / 에멘탈 치즈 또는 가우다 치즈 슬라이스: 4장 / 달걀: 1개
우유: 2큰술 / 빵가루: 1컵
소금과 후추: 약간
프라이용 샐러드유: 적당량

Memo

이 커틀릿에는 치즈 외에 햄을 말았다. 곁들이는 것으로는 포테이토 샐러드, 파슬리 포테이토가 잘 어울린다.

Rohschinken Birne Honig Senf Sandwich

스위스

로신켄 비루네 호니그 센프 샌드위치

조리해도 맛있는 두꺼운 서양배를 올린 샌드위치

혀가 꼬이는 좀 복잡한 이름이 붙은 샌드위치지만, 간단히 말하자면 허니 머스터드를 뿌린 햄과 서양배를 올린 샌드위치다. 이 레시피에서는 허니 머스터드 대신 서양배로 만든 소스를 사용했다. 서양배는 스위스에서 가장 친근한 과일 중 하나다. 빈브로트라는 말린 서양배나 사과를 넣은 페이스트리는 스위스의 대표적인 디저트이다. 햄은 분도나라는 프로슈토 비슷한 쇠고기 햄이다. 치즈는 알프스 지방에서 보호, 사육한 소의 젖으로 만든 파스차 치즈가 원래 사용되는데, 그뤼에르 치즈가 이 치즈에 가깝다.

재료(4인분) **Recipe**

[빵] 다크 호밀빵: 8장
[속재료] 서양배 조림: 8장*1 / 분도나: 8장
[소스] 치즈 소스: 400~500*2
서양배잼: 1큰술
*1 서양배 슬라이스: 2개분 / 물: 200ml
서양배 농축 주스: 2큰술 / 레몬주스: 1큰술
*2 가루로 만든 그뤼에르 치즈: 250g / 달걀: 2개 / 백포도주: 4~6큰술 / 소금, 후추, 육두구, 파프리카: 적당량 / 다진 마늘: 1쪽

Memo

레시피에서는 다크 호밀빵을 사용했지만 가능하면 초프라라는 스위스 빵을 사용하는 것이 좋다.

C
B
D
A

Montadito

몬타디토

스페인의 주점에서 빼놓을 수 없는 서민적인 오픈 샌드위치

스페인의 바에서 나오는 타파스는 지금은 각국에 알려져 있다. 맥주든 와인이든 주문하면 무료로 나온다. 일본으로 말하면 서비스 음식 같은 것이다. 단 1회에 한하는 경우가 많은 일본과는 달리 스페인에서는 술을 주문하면 몇 번이든, 더구나 다른 타파스가 나온다. 하지만 최근에는 돈을 내야 하는 곳이 많다. 한 마디로 타파스라고는 해도 프라투(접시), 핀초스(꼬치에 꽂은 음식), 타파(스낵) 등 몇 종류가 있다. 몬타디토도 그 하나다. 슬라이스한 바게트 위에 치즈나 햄, 야채 등을 올린 오픈 샌드위치로 스페인에서는 100종류나 되는 몬타디토를 마련해 두고 있는 전문점도 있다.

15세기부터 먹었다는 몬타디토는 몬타르라고 하는 '오르다' 또는 '타다' 등을 의미하는 스페인어가 어원이라고 한다. 바게트 이외의 빵이 사용되는 일도 있고, 오르되브르(수프 전에 나오는 가벼운 요리) 크기부터 점심 식사용 샌드위치까지 그 크기도 다양하다. 그 상황에 따라 크기나 그 위에 올리는 재료도 바뀐다. 프랑스의 타르틴과 마찬가지로 아이디어에 따라 무한한 변형을 생각해낼 수 있어 만드는 것도 즐거운 샌드위치다.

재료(각 2인분) Recipe

[빵] 바게트 슬라이스: 각 2장
[속재료]
A. 카라바신 콘 살사 데 아르바아카
볶은 주키니 슬라이스: 4개
토마토 슬라이스: 2장
숙성시킨 고트 치즈: 20g
[바질 소스 재료(절구에 간다)] 바질 잎: 4~6장 / 샐러드유: 1큰술
소금: 적당량
B. 로모 이 보케론
볶은 돼지고기 등심 슬라이스: 2장
토마토 슬라이스: 2장
오일에 절인 앤초비 필레: 2장
엑스트라 버진 올리브 오일: 4작은술
C. 하몽 이 케소
고토 치즈: 2장
하몽 세라노 또는 이베리코: 1장
바질 잎: 2장
엑스트라 버진 올리브 오일: 1작은술
D. 아루카초하스
양념한 아티초크 슬라이스: 1개분
가루로 만든 파르메산 치즈: 2큰술
허브솔트: 약간
[소스] 마요네즈: 2큰술

Memo

소개한 레시피로도 알 수 있는 것처럼 위에 올리는 것은 스페인산이 많다. 그러나 다른 나라 재료를 사용해도 좋다. 100종류를 마련한 전문점이 있다는 데 수긍이 간다.

스페인

Setas en Tostada

세타스 엔 토스타다

버섯을 버터에 볶아 올리는 심플한 샌드위치

아무래도 스페인 사람들은 버섯을 좋아하는 모양이다. 버섯을 슈퍼마켓에서 사먹을 뿐 아니라 버섯을 따러 가는 사람도 적지 않다. 일본으로 말하면 농수성에서 '야생 버섯 위험'이라는 책자가 출판되었다. 이 책에는 약 50종류의 독버섯과 함께, 그 위험성을 호소하는 내용이 실렸다. 스페인에서는 적어도 10종류 이상의 야생 버섯을 먹고 있다. 야생 버섯에 한하지 않고 어떤 버섯이라도 상관이 없다. 버터로 볶아서 두껍게 슬라이스한 컨트리 브레드 위에 올려 먹는다. 말하자면 흰 양송이만으로는 허전하다. 외국의 버섯일 필요도 없다. 잎새버섯, 표고버섯, 팽이버섯, 느타리버섯 등 좋아하는 버섯을 섞어 시도해도 좋을 듯하다.

재료(4인분)

Recipe

[빵] 컨트리 브레드 슬라이스: 4장
[속재료] 양송이 볶음: 800~1000g*
*양송이 슬라이스: 800g
올리브 오일: 1큰술
양파 슬라이스: 1개분 / 다진 마늘: 2쪽
무염버터: 80g
소금, 후추, 갈릭 파우더: 적당량

Memo

어려운 것은 없다. 재료만 봐도 어떤 것인지 상상이 갈 것이다. 간장을 좀 넣어 일본식으로 만들어도 좋을 듯하다. 채식주의자들에게 권할 만한 일품요리다.

Bocata de Tortilla de Patatasy Tomate

보카타 데 토르티야 데 파타타시 토마테

재료(2~3인분)
[빵] 바게트: 1개 [속재료] 토르티야: 1개* / 엑스트라 버진 올리브 오일: 2큰술 / 토마토 슬라이스: 1개 *올리브 오일: 1큰술 / 달걀: 2개 / 매시트 포테이토: 1개분 / 갈색이 될 때까지 볶은 양파: 1개분 / 다진 마늘: 1쪽 / 소금과 후추: 약간 ●모두 섞어 굽는다.

같은 스페인어권인 멕시코에서 tortilla(토르티야)라 하면 타고스나 부리토에 사용하는 플랫브레드를 말하지만, 스페인에서는 오믈렛을 가리킨다. 양파를 타지 않도록 시간을 들여 갈색으로 볶고, 삶은 감자와 달걀로 두툼한 오믈렛을 만든다. 토마토나 햄을 넣기도 하지만 기본은 이 세 가지 재료다. 이것을 안쪽에 토마토를 문지른 바게트에 끼우면 스페인식 오믈렛 샌드위치가 된다.

스페인

Sándwich de Chocolate, Crema de Cacahuete y Plátano

샌드위치 데 초코라테, 크레마 데 카카우에테 이 플라타노

재료(2인분)
[빵] 바게트 슬라이스: 4개
[속재료] 노시야 또는 누텔라: 4큰술 / 피넛버터: 4큰술
바나나 슬라이스: 1개분

스위트 스프레드, 피넛버터, 그리고 바나나 샌드위치라 하면 아무래도 미국 느낌이 든다. 하지만 이것은 스페인 샌드위치이다. 헤이즐넛 스프레드로서는 이탈리아 누텔라가 유명하지만 스페인에도 비슷한 것이 있다. 이름은 노시야. 스페인에서는 노시야가 매출면에서 누텔라를 압도하고 있다. 그러니까 이 샌드위치에는 노시야를 사용하는 것이 옳다고 할 수 있다.

스페인

Bocadillo de Calamares

보카디요 데 깔라마레스

오징어 튀김이 샌드위치가 되었다

이탈리아가 파니니라면 스페인은 보카디요이다. 보카디요는 스페인이 자랑하는 대표적인 샌드위치로, 카페나 타파스(식사 전에 술과 곁들여 간단히 먹는 소량의 음식) 바에서 흔히 볼 수 있다. 커피와 함께 먹을 뿐 아니라 맥주나 와인을 마시면서 먹기도 한다. 보카디요에는 바게트와 비슷한 빵 루스티코 등이 사용된다. 구분하기 어려울 만큼 비슷해 바게트를 사용해도 전혀 상관없다. 이것은 오징어 튀김 보카디요다.

재료(2~3인분) **Recipe**

[빵] 바게트: 1개
[속재료] 오징어 튀김: 500g*
엑스트라 버진 올리브 오일: 2큰술
*오징어 링: 500g / 소금과 후추: 약간
레몬즙: 1개분 / 달걀: 1개 / 우유: 50ml
밀가루: 100g / 튀김용 샐러드유: 적당량
●오징어 링은 레몬과 소금, 후추로 간을 하고, 우유에 푼 달걀 속에 넣었다가 밀가루를 묻혀 튀긴다.

스페인

Bocadillo de Jamón

보카디요 데 하몽

스페인이 자랑하는 햄을 끼운 샌드위치

프랑스의 장봉 뵈르와 비슷하지만 이 샌드위치에는 스페인만의 특징이 있다. 스페인에서는 믿을 수 없을 만큼 맛있는 완숙 토마토를 구입할 수 있다. 이 토마토로 절반으로 자른 빵 안쪽을 문지른다. 그러면 토마토의 즙이 빵에 스며들어간다. 그 위에 올리브 오일을 뿌린다. 그리고 나서 프로슈토에 결코 뒤지지 않는다고 말할 수 있는 하몽 세라노나 초고급 햄인 이베리코를 끼우면 일급 샌드위치가 완성된다.

재료(1인분) **Recipe**

[빵] 바게트(약 20cm): 1개
[속재료] 토마토: 1개(빵 안쪽에 문지른다)
엑스트라 버진 올리브 오일: 2큰술
드라이 오레가노: 약간
하몽 세라노 또는 이베리코: 2~3장

스페인

Coca de San Juan de Chocolate y Naranja

코카 데 산 후안 데 초코라테 이 나란하

6월 23일, 성 요한 전야제로 알려진 피에스타 데 산 후안이 스페인에서 대대적으로 개최된다. 바르셀로나를 중심으로 한 카타로니아 지방에서는 이 밤에 코카 데 산 후안을 식탁에 올린다. 이스트로 발효한 빵 디저트로, 설탕절임 과일 등을 화려하게 장식한다. 커스터드 크림이 더해지는 경우도 있다. 이것은 초콜릿 가나슈를 사이에 끼운 샌드위치다.

재료(10~12인분)
[빵] 코카 데 산 후안(p.288): 1개
[속재료] 초콜릿 가나슈: 800~900g*
*헤비 크림(생크림): 500g / 블랙 초콜릿: 350g / 무염 버터: 2큰술 / 오렌지 와인 또는 오렌지 블라썸 워터: 30ml / 다크 럼 또는 브랜디: 2큰술

스페인

Coca de Sardinas con Salmorreta

코카 데 사르디나스 콘 살모레타

코카는 포르투갈어로 페이스트리, 케이크라는 의미다. 단것부터 보통의 빵 같은 것까지 여러 코카가 있는데, 여기서 소개하는 것은 플랫 브레드 타입의 코카로, 오픈 샌드위치로 만들어 먹는다. 이 샌드위치에서 베이스가 되는 빵 이상으로 중요한 것은 살모레타이다. 이 소스의 주재료에 사용되는 뇨라는 말린 피망을 말한다. 가루로 만들기 전의 파프리카 같은 것으로, 파에리아 등에도 없어서는 안 되는 재료다.

재료(4인분)
[빵] 코카: 1개*
[속재료] 소테 정어리: 16마리 / 엔다이브, 메인 레터스: 각 8장 / 블랙 올리브 슬라이스: 12개분 / 엑스트라 버진 올리브 오일: 8큰술
[소스] 살모레타(p.296): 1/2컵
●소스를 빵에 바르고 나서 재료를 올린다. *강력분: 220g / 드라이 이스트: 2작은술 / 위트브랜(밀기울): 30g / 물: 100ml / 올리브 오일: 75ml / 소금: 1큰술 / 설탕: 1작은술 / 흰깨: 30g

Sandes de Panado || 샌디스 드 파나두

재료(2인분)
[빵] 파포 세코 또는 프렌치 롤: 2개
[속재료] 생선 튀김: 2개* / 로메인 레터스: 2장
[소스] 타르타르 소스: 4큰술
*메를루사: 2토막 / 소금과 후추: 약간 / 레몬주스: 4큰술 / 밀가루: 1/4컵 / 달걀: 1개 / 빵가루: 1/2컵 / 튀김용 샐러드유: 적당량

샌디스 드 파나두는 빵가루를 묻혀 튀긴 튀김을 끼운 샌드위치다. 고기를 사용하는 일이 많지만 포르투갈에서는 스페인, 이탈리아와 마찬가지로 어패류도 잘 튀겨 먹는다. 여기서 사용하는 것은 유럽에서 가장 소비가 많은 생선의 하나, 메를루사(대구목의 심해어)다. 이번에는 포르투갈인이 경영하는 생선가게에서 산 신선하고 두툼한 메를루사 토막을 사용했다. 메를루사는 대구 비슷한 흰살 생선인데 신선한 것은 대구보다 훨씬 맛있다.

포르투갈

Sandes de Presunto e Queijo da Serra

|| 샌디스 드 프레즌토 에 케이조 다 세라

재료(2인분)
[빵] 크러스티 브레드(컨트리 브레드 등) 슬라이스: 2장
[속재료] 프로슈토: 2장 / 토마토 슬라이스: 1개분
올리브 오일: 2큰술 / 발사믹 식초: 2큰술
소금, 후추, 드라이 오레가노: 적당량 / 케이조 다 세라: 4큰술
● 재료 순으로 빵에 올린 후 오븐에서 굽는다.

케이조 다 세라(케이조 세라 다 에스트렐라)는 포르투갈산 치즈의 왕이라 불린다. 에스트렐라 산맥의 산악지대에서만 생산되는 치즈로 아주 부드러워 그대로도 빵에 발라질 정도다. 크래커로 치즈를 직접 찍어 먹어도 맛있다. 고급스런 향과 단맛이 케이조 다 세라의 특징이다. 이 양젖으로 만든 치즈를 듬뿍 사용해 만든 것이 이 샌드위치다.

Francesinha || 프란세지냐

맥주로 만든 소스를 듬뿍 뿌려 먹는 샌드위치

프랑스에서 이민온 셰프 다니엘 다 시르바는 포르투갈식 크로크무슈를 만들 수는 없을까 생각했다. 생각 끝에 완성한 것이 작은 프랑스라는 뜻의 프란세지냐 샌드위치다. 이 샌드위치가 지금은 포르투갈 명물요리가 되었다. 이 샌드위치의 맛을 좌우하는 것은 맥주를 베이스로 한 프란세지냐 소스다. 기본적인 재료는 같지만 다양한 궁리를 해서 그 가게 독자의 소스를 만들어낸다. 소스의 재료나 만드는 법은 외부에 알리지 않는 경우가 대부분이다. 하지만 만들어진 소스를 슈퍼마켓에서 구입할 수 있으므로 일반 가정에서도 가볍게 만들어 먹을 수 있다.

Memo

소스로 사용되는 하리사나 피리피리 소스는 포르투갈이나 북아프리카에서 흔히 사용하는 핫 페이스트, 핫 소스를 말한다. 피리피리는 일본어인 듯하지만, 사실 일본어와 전혀 관계가 없다.

재료(1인분) **Recipe**

[빵] 식빵: 2장 / 햄: 1장
[속재료] 얇은 스테이크: 1장 / 링귀사(포르투갈식 소시지) 슬라이스: 4~6장 / 에멘탈 또는 프로볼런 치즈: 2장
[소스] 프란세지냐 소스: 듬뿍*
*올리브 오일: 1큰술 / 양파 잘게 썬 것: 1/2개분 / 송아지 고기 또는 쇠고기: 50g / 월계수 잎: 1장 / 포트와인: 1큰술 / 토마토: 15g / 라거 맥주: 250ml / 소금과 후추: 약간 / 하리사 또는 피리피리 소스: 1큰술 / 콘스타치 또는 녹말가루: 2큰술
●야채, 고기, 월계수 잎을 볶은 다음, 콘스타치를 제외한 나머지 재료를 넣어 1시간 끓인다. 믹서로 섞어 소스 상태로 만든다. 걸쭉할 필요가 있는 경우에는 콘스타치를 넣는다.

Sandes de Carne Assada || 샌디스 드 카르네 아사다

카르네 아사도는 로스트비프를 말한다. 두툼하게 슬라이스한 재료를 빵 사이에 끼워 먹는다. 바비큐 소스가 옵션이지만 리스본 등에서는 로스트비프를 사용했을 때 생긴 육즙을 빵에 스며들게 해서 먹는다. 이상하게 단맛이 나는 바비큐 소스보다 훨씬 맛있게 먹는 방법이다. 빵은 포르투기스 롤(Pourtuguese roll)이라 불리는 파포 세코를 사용한다.

재료(2인분)
[빵] 파포 세코: 2개
[속재료] 로스트비프: 250g / 토마토 슬라이스: 4장
로메인 소스: 1장 / 소테 양파 슬라이스: 2큰술
[소스] 바비큐 소스: 2큰술(취향에 맞게)

Bifana || 비파나

재료(1인분)
[빵] 파포 세코: 1개 [속재료] 양념장에 절인 돼지고기 등심 슬라이스 소테(두께 3mm, 올리브 오일로 소테): 100g* / 볶은 적양파 슬라이스: 1/2개분 [소스] 머스터드: 1큰술 *(양념장 재료) 다진 마늘: 1쪽 / 소금: 적당량 / 플레이크 상태의 붉은 고추: 1/2작은술 / 피리피리 소스: 1큰술 / 월계수 잎: 1장 / 백포도주 식초: 2큰술 / 백포도주: 1/2컵

포르투갈 남부 알렌테조의 벤다스 노바스가 비파나가 탄생한 곳이다. 벤다스 노바스에서는 매년 비파나 축제가 열린다. 비파나는 돼지고기 등심 샌드위치로 두껍게 썬 돼지고기 등심을 여러 장의 빵 사이에 끼워 먹는다. 현지에서는 퐁 비주라 불리는 크러스티 롤이 사용되지만 파포 세코가 사용되기도 한다. 포르투갈의 다른 샌드위치와 마찬가지로 피리피리 소스는 없어서는 안 된다.

Sandes de Couratos || 샌디스 드 코라토스

재료(1인분)
[빵] 파포 세코 또는 프렌치 롤: 4~6개
[속재료] 양념장에 절인 돼지고기 껍질: 500g*
[소스] 머스터드: 4~6큰술
*돼지고기 껍질: 500g / 마늘: 1쪽 / 올리브 오일: 2큰술
소금과 후추: 약간 / 백포도주: 2큰술 / 월계수 잎: 1장 / 물: 적당량

돼지고기 껍질은 포르투갈 외에 남미에서도 잘 먹는다. 파삭하게 튀긴 돼지고기 껍질은 포테이토 칩 비슷한 간식으로 잘 팔린다. 마늘, 월계수 잎, 소금, 후추와 함께 올리브 오일로 돼지고기 껍질을 볶은 후 백포도주로 끓여 부드럽게 만든다. 시간이 걸리므로 보통은 압력솥을 사용한다. 끓인 돼지고기 껍질은 샌드위치에 넣기 전에 그릴에서 가볍게 굽는다. 일본의 닭고기 껍질과 좀 비슷하다. 파삭거리며 단맛이 난다.

The World's Sandwiches

Chapter 2

북유럽

핀란드/스웨덴/노르웨이/덴마크

재료(1인분) **Recipe**

스에니보이레이빠

[빵] 호밀빵: 1장

[속재료] 버터: 1큰술 / 버터로 볶은 버섯: 200g / 잘게 썬 에담 치즈: 1큰술 / 파슬리 잎: 몇 장

[소스] 마요네즈: 1큰술 / 레몬주스: 1큰술

●버터를 바르고, 파슬리를 제외한 나머지 재료를 올린 다음, 오븐에서 굽는다. 마지막으로 파슬리를 뿌린다.

Voileipä

보이레이빠

생선을 많이 사용하는 핀란드의 오픈 샌드위치

핀란드어로 샌드위치를 보이레이빠라 한다. 보이는 버터, 레이빠는 빵이라는 의미다. 그러니까 독일과 마찬가지로 버터를 바른 빵을 말한다. 오픈 샌드위치든 보통 샌드위치든 보이레이빠이지만, 핀란드에서는 오픈 샌드위치인 경우가 많다. 종류는 많지만 표준 보이레이빠라 하면 이런 느낌이다. 빵은 호밀빵을 사용하였으며, 아주 조밀하고 무거운 것이 특징이다. 대표적인 빵은 루이스레이빠이다. 위에 올리는 토핑은 청어, 훈제 연어 같은 생선인 경우가 많다.

재료(1인분) **Recipe**

란피맛토 스림나레이바토

[빵] 푼파니케르: 1장

[속재료] 버터: 2큰술 / 청어와 삶은 달걀 믹스: 1/2컵* / 체리 토마토 슬라이스: 4장 / 잘게 썬 생 딜: 2큰술

●버터를 바르고 청어와 삶은 달걀 믹스를 올린 다음, 오븐에 굽는다. 나머지 재료를 올린다.

*잘게 썬 청어 필레 머스터드 소스 절임: 3장분 / 청어 절임 소스: 1큰술 / 삶은 달걀: 1개분 / 잘게 썬 리크(파) 소테 / 가루치즈: 2큰술

Memo

둘다 핫 샌드위치이지만 모든 보이레이빠가 그런 것은 아니다. 버섯은 핀란드 사람에게 있어 중요한 식재료다. 버섯을 따러 다니는 사람도 있을 정도다.

핀란드

Porilainen

포리라이넨

포리 지역의 학생에게 인기가 있는 핀란드 대표 길거리 음식

사타데이 소시지라고도 하는 라우안타이마카라는 1920년대 후반에 등장한 소시지다. 원료, 생김새가 볼로냐 소시지와 비슷하다. 특히 식감과 색이 아주 흡사하다. 맛도 비슷하지만 라우안타이마카라 쪽이 더 부드럽다. 포리라이넨의 포리란 핀란드의 서해안에 있는 거리 포리를 가리킨다. 특히 포리에 사는 학생에게 인기가 있어 길거리 음식의 상징이 되었다. 빵에 끼우는 소시지는 두꺼워 보통 1cm 정도 된다. 그 외의 재료를 보면 소시지를 사용한 햄버거라고도 할 수 있다. 식빵이 사용되는 것이 보통이나 여기서는 그램 롤을 사용했다.

재료(1인분) Recipe

[빵] 둥근 호밀빵 혹은 그램 롤: 1개
[속재료] 샐러드유로 볶은, 두껍게 썬 라우안타이마카라(볼로냐 소시지로 대체 가능): 1장
적양파 둥글게 썬 것: 4~6장
오이 슬라이스: 4~5장
잘게 썬 차이브: 1큰술
[소스] 머스터드: 1큰술 / 케첩: 1큰술

Memo

라우안타이마카라는 일본에서는 구입하기 어려운 소시지이므로 볼로냐 소시지를 사용하면 된다. 구입 시에 두껍게 썰어 달라고 하면 보다 라우안타이마카라와 비슷해진다.

핀란드

Silakkaleipä || 실라카레이빠

식초 절인 청어를 처음 먹어보았을 때 초밥에 사용하는 전어가 떠올랐다. 청어 쪽이 새콤하지만 실제 와사비장을 찍어 밥반찬으로 먹은 적도 있다. 전어는 영어로 gizzard shad다. shad는 청어의 일종이다. 전어로 만든 샌드위치라고 생각하면 좀 상상하기 쉬울 것이다. 이 샌드위치는 오븐에서 구운 청어를 사용했다.

재료(1인분)

[빵] 호밀빵: 1장
[속재료] 오븐에서 구운 식초절임 청어 필레: 2장 / 삶은 달걀 슬라이스: 1개분 / 토마토 슬라이스: 1~2장 / 피망 슬라이스: 4장
[소스] 사워크림: 25ml / 레몬주스: 1큰술 / 마늘(소) 다진 것: 1쪽
소금과 후추: 약간 ●모두 섞는다.

핀란드

Kalaisat Kolmioleivät || 칼라이사트 콜로미오레이바트

실라카레이빠가 초절임이라면 이 칼라이사트 콜로미오레이바트는 훈제 청어이다. 핀란드뿐 아니라 유럽에서는 청어라 하면 식초절임이나 훈제다. 그리고 둘 다 맛있다. 다만 훈제가 보관식으로서의 역할이 커서 상당히 짭짤한 경우가 많다. 샌드위치를 만들기 전에 한입 먹어보고 그 후 어떻게 할지 정하는 것이 좋을 것이다. 경우에 따라서는 소금을 빼야 할 필요도 있다. 청어 대신 훈제 연어를 사용한 고급 버전도 있다.

재료(1인분)

[빵] 식빵: 2장
[속재료] 생선 샐러드: 100g* / 양상추: 1장
*잘게 썬 훈제 청어 혹은 연어: 30~40g / 잘게 썬 적피망: 1큰술 / 사워크림: 60ml / 레몬 페퍼: 1/2작은술 / 호스래디시(양고추냉이): 1큰술

A

B

스웨덴

Smörgås || 스모르고스

특산품은 오픈 샌드위치의 가장 중요한 재료

스웨덴에 한한 것은 아니지만 샌드위치에는 그 나라의 식문화가 녹아 있다. 그 나라에서 잘 먹는 재료를 사용한 샌드위치가 반드시 있다. 이 두 오픈 샌드위치도 스웨덴 사람들에게 친근한 재료를 사용했다. 마크릴은 고등어를 말한다. 고등어잡이는 레크리에이션으로서 스웨덴에서 인기가 있다. 고등어 훈제는 청어와 함께 곧잘 식탁에 오른다. 서양배는 사과와 나란히 스웨덴에서 가장 많이 먹는 과일이다. 주스, 과자, 케이크에 이르기까지 모든 것에 배가 사용된다.

재료(1인분) **Recipe**

A. 마크릴 포아 브라드 메드 아그로라
[빵] 호밀빵: 1장
[속재료] 버터: 1큰술 / 달걀 샐러드: 1/3~1/2컵*
양상추: 1장 / 적양파 둥글게 썬 것: 4~6장
체리 토마토 슬라이스: 2장분
고등어 훈제 페퍼 풍미: 1장 / 딜: 적당량
*삶은 달걀: 1개 / 잘게 썬 이탈리안 파슬리: 1/4컵
소금과 후추: 약간 / 요구르트: 1큰술

B. 분덴스 스모르고스 메도 스킹카
[빵] 호밀빵: 1장
[속재료] 버터: 1큰술 / 샐러드: 100~120g*
잘게 썬 차이브: 1큰술 / 스모크햄: 1장
서양배: 1/4개 / 딜: 적당량
*잘게 썬 서양배: 1/4개 / 잘게 썬 회향 뿌리: 1/8개 / 코티지 치즈: 60g / 디종 머스터드: 1큰술 / 소금과 후추: 약간

스웨덴

Mjukkaka med Äpple Och Morot

|| 미유카카 미아 애플레 옥 모로토

미유카카도 스웨덴에서 매우 인기 있는 플랫브레드이다. 여기서 소개하는 것은 야채를 많이 올린 상큼한 샌드위치로 아침 식사 등에 가장 적합하다. 미유카카는 두께가 회뇌카카의 두 배 이상이나 되기 때문에 부드럽고 회뇌카카 이상으로 많이 사용한다. 미유카카를 사용해 샌드위치 케이크라고도 하는 스모르고스토르타를 만들기도 한다. 반죽에 사용하는 가루의 절반은 호밀빵으로 시럽이 들어 있으므로 단맛이 있고 케이크와 같이 잘라 그대로 먹어도 좋다. 잼이나 크림과도 잘 어울린다.

재료(1인분)
[빵] 미유카카(p.289): 1장
[속재료] 햄: 3장 / 리코타 치즈: 1큰술 / 채썬 당근: 1/4개분 / 사과 슬라이스: 1/4개분 / 크레송(물냉이): 적당량 / 잣: 1큰술 / 엑스트라 버진 올리브 오일: 1큰술 / 소금과 후추: 약간

Smörgåstårta || 스모르고스토르타

예술 감각이 필요한 파티에 적합한 호화 샌드위치

케이크 위에 훈제 연어나 새우가 올려져 있다면 뭔가 잘못됐다고 생각하는 사람이 있을지도 모르겠다. 그러나 걱정 마시길. 이 케이크는 달지 않다. 빵을 덮고 있는 크림은 휘핑 크림도, 버터 크림도 아니다. 여기서 소개하는 샌드위치 코팅에는 사워크림 비슷한 크렘 프레슈가 사용하여 달지 않다. 샌드위치 케이크라 불리는 스모르고스토르타는 가장자리를 잘라낸 식빵과 재료가 여러 층을 이루고 있다. 모양은 사각도 아니고 둥근 모양도 아니다. 이렇다 할 규칙이 있는 것도 아니어서 얼마든지 변형 가능한 샌드위치라 할 수 있다.

재료(8~12인분) Recipe

[빵] 식빵: 12장

[속재료(위) (모두 잘 섞는다)] 참치 캔 또는 연어: 350g / 사워크림: 1컵 / 크림치즈: 1컵 / 잘게 썬 적양파: 1개분 / 잘게 썬 셀러리: 1/2컵 / 마요네즈: 1/2컵

[속재료(아래) (모두 잘 섞는다)] 데친 새우: 400g / 잘게 썬 삶은 달걀: 3개분 / 마요네즈: 1컵 / 크렘 프레슈: 1컵 / 잘게 썬 딜: 3큰술 / 레몬주스: 2큰술

[코팅] 크렘 프레슈: 1컵

[토핑] 오이 슬라이스: 1개분/체리 토마토 슬라이스: 6~8개분 / 레드 래디시 슬라이스: 4~6개분 / 레몬 슬라이스: 4개분 / 데친 새우(소): 6마리 / 삶은 달걀 슬라이스: 3개분 / 훈제 연어: 4장 / 딜: 적당량

Memo

크림 종류, 치즈, 훈제 연어, 새우, 청어, 삶은 달걀, 오이 등이 이 샌드위치의 기본 아이템이다. 보통 식빵을 사용하지만 큰 빵을 구워 슬라이스해서 사용해도 재미있다. 크렘 프레슈는 사워크림과 비슷하나 신맛이 거의 없다.

Varm Smörgåstårta med Hönökaka

바르므 스모르고스토르타 미아 회뇌카카

스웨덴 남쪽에 있는 작은 섬이 기원인 플랫브레드

스웨덴 남쪽에 있는 요텐보리에 그리 멀지 않은 섬 호나는 회뇌카카가 탄생한 곳이다. 스웨덴에서는 이와 같은 플랫브레드를 잘 먹는다. 베이킹파우더와 이스트 양쪽을 사용한 희한한 빵으로 원래는 베이킹파우더가 아닌 사슴 뿔을 가루로 만들어 사용했다. 예전에는 어촌이나 농촌에서 만들어먹던 빵이었으나 지금은 전국적으로 인기가 있어 이 빵을 전문으로 생산하는 업체도 있다. 슈퍼마켓에서 판매하는 것은 반달형인 경우가 많고 가정에서 만든 것보다 부드럽다. 이 빵은 오픈 샌드위치에 안성맞춤이지만 여기서는 몇 장 겹쳐 보통 샌드위치처럼 만들었다.

Recipe

재료(2~3인분)

[빵] 절반으로 자른 회뇌카카(p.289): 3장
[속재료] 잘게 썬 베이컨: 140g
잘게 썬 리크: 1/4개분
잘게 썬 적피망: 1/2개분
잘게 썬 스모크햄: 60g / 사워크림: 1컵
가루치즈: 1컵

●야채와 베이컨을 볶은 다음, 가루치즈를 제외한 나머지 속재료를 섞는다. 빵, 속재료, 치즈, 빵 순으로 겹쳐 쌓아 오븐에 굽는다.

Memo

피타나 토르티야만큼 얇지 않기 때문에 둥글게 말 수는 없다. 약간 단맛이 있어, 특히 어린이들은 잼이나 크림치즈를 올려 먹기 좋아한다.

Smørbrød

스뫼르브르

순록은 물론 전통적인 재료 이외의 것도 등장한다

오픈 샌드위치에는 보통 나라에 따라 이름은 다르지만 호밀빵이 사용된다. 빵의 조직이 조밀하고 묵직한 경우가 많다. 그러나 노르웨이에서는 호밀빵이 아니라 전립분 빵인 그라우브로트를 사용하는 일이 많다. 노르웨이에서는 순록, 무스(말코손바닥사슴)라는 야생 동물이 중요한 단백질원이 되고 있다. 수렵으로 포획한 것을 식탁에 올리는 일도 있으나 순록은 일본에서 반 가축으로 취급하고 있다. 오른쪽의 샌드위치는 순록을 사용한 오픈 샌드위치이다. 위의 샌드위치는 새우에 비교적 참신한 재료인 아보카도를 겹친 것이다.

재료(1인분) **Recipe**

레케스뫼르브르 마요네즈 에그 오 아보카도

[빵] 그라우브로트: 1장

[속재료] 버터: 1큰술 / 새우: 6~8마리 / 아보카도 슬라이스: 4장 / 양상추 또는 루콜라: 1/2컵 / 레몬주스: 1큰술 / 생 딜(장식용)

[소스] 마요네즈: 1큰술

Memo

순록은 재료를 구입하기 어려우므로 오른쪽 샌드위치에서는 육질과 맛이 비슷한 사슴고기를 사용했다.

재료(1인분) **Recipe**

샌드위치 메 레인스카프

[빵] 그라우브로트: 1장

[속재료] 버터: 1큰술 / 순록 고기 소테: 60g* / 허브가 든 크림치즈: 1큰술 / 루콜라: 1/4컵 / 둥글게 썬 적양파: 1장 / 삶은 감자 슬라이스: 1장 / 여린 오이: 1개

*순록 고기: 60g / 샐러드유: 조금 / 드라이 로즈마리: 1/2작은술 / 소금과 후추: 약간

Lefse

레프세

노르웨이 식문화에서 가장 중요한 음식의 하나

노르웨이에서 감자가 소개된 것은 250년 정도 전의 일이다. 이후 감자는 노르웨이 식문화의 중심적인 존재가 되어 다양한 요리에 사용되었다. 1800년대 중반에는 아이슬란드와 마찬가지로 감자 기근을 만나 많은 사람들이 신천지를 찾아 조국을 떠났다. 레프세에도 다른 노르웨이 요리처럼 감자가 사용된다. 전날 먹다 남은 삶은 감자를 사용해 만든 것이 레프세의 시작이다. 베이킹파우더도 이스트도 사용하지 않은 심플한 플랫브레드이지만, 감자가 들어 있어 아주 부드럽다. 빵이라기보다 빵 케이크나 크레이프(철판에 얇게 구운 과자)처럼 사용하기에 적합하다. 야채에 싸먹어도 맛있다.

재료(3~4인분) **Recipe**

[빵] 레프세: 3~4장*
[속재료] 크렘 프레슈: 2큰술 / 취향에 맞는 잼: 2큰술
*으깬 삶은 감자: 1컵 / 녹인 버터: 1큰술 / 소금: 약간 / 설탕: 1작은술 / 달걀: 1개 / 밀가루: 1/4컵
●밀가루를 제외한 나머지를 볼에 넣은 다음 잘 섞고, 체에 거른 밀가루를 넣어 다시 한번 섞는다. 반죽을 달걀 크기로 나누고, 얇고 둥글게 펴서 기름 없이 프라이팬에 굽는다.

Memo

부드러운 레프세를 만들기 위해서는 감자를 정성껏 걸러야 한다. 이 작업을 위한 전용 도구도 있다. 포크 등으로 이기기만 해서는 좀 부족한 느낌이 든다.

Flæskestegs Sandwich

플래스크데그스 샌드위치

코펜하겐의 곳곳에서 볼 수 있는 샌드위치

소시지, 루루포루사(덴마크 햄 같은 것), 베이컨, 파테 등 덴마크 사람들은 돼지고기를 잘 먹는다. 세계에서도 가장 돼지고기를 많이 소비하는 나라라고 한다. 그뿐 아니라 사실 돼지의 수가 인구보다 많은 세계 유일의 나라이기도 하다. 이렇게 돼지고기를 좋아하는 덴마크 사람은 여름이 되면 밖에서 바비큐를 시작한다. 가장 인기 있는 것은 뭐니뭐니해도 로스트 포크다. 덴마크에서는 껍질째 돼지고기를 굽는다. 파삭파삭해진 껍질은 덴마크 사람들에게 있어 그냥 넘어갈 수 없는 훌륭한 요리다. 이 포크를 손으로 찢어 적양배추와 함께 끼운, 코펜하겐에서 가장 인기 있는 샌드위치가 플래스크데그스 샌드위치이다.

재료(1인분) **Reeipe**

[빵] 프렌치 롤 또는 햄버거 빵: 4~6개
[속재료] 포크: 700g*[1] / 로도코르(적양배추 찐 것): 1/5~2컵*[2] / 사과 슬라이스: 1개분 / 피클 슬라이스: 20장 [소스] 그리스 요구르트: 5큰술 / 마요네즈: 5큰술 / 거칠게 빻은 머스터드: 5큰술 / 백포도주 식초: 3큰술 / 벌꿀: 1큰술 / 소금과 후추: 약간

*[1] 껍질이 붙은 돼지 앞다리살: 700g / 소금: 1큰술 / 알 후추: 1/2작은술 / 월계수 잎: 5장
*[2] (2~3컵분) 적양배추 채썬 것: 1개분/양파 슬라이스: 1개분 / 버터: 3큰술 / 설탕: 3큰술 / 백포도주 식초: 3큰술 / 라임: 조금 / 월계수 잎: 1장 / 물: 1/4컵 / 슬라이스한 사과: 2개분 / 소금과 후추: 약간

Smørrebrød

스뫼레브뢰

속재료 배치를 신경 쓴 오픈 샌드위치

오픈 샌드위치는 유럽 각지에 있지만, 덴마크 오픈 샌드위치는 딴 세계다. 보통은 간단히 먹는 음식이지만 덴마크는 다르다. 반드시 나이프와 포크를 사용해 먹는다. 위에 올린 재료에는 먹는 순서가 있다. 빵은 얇게 슬라이스한 루브뢰. 데니시 라이 브레드라고도 하는 다크 호밀빵으로 반드시 사워 반죽이 사용된다. 속에는 해바라기 씨, 단호박 씨, 호밀가루 등이 들어간다. 덴마크에서는 어릴 때부터 이 샌드위치 먹는 법을 교육한다. 이것이 세계에 널리 알려진 덴마크 오픈 샌드위치다.

재료(1인분) **Reeipe**

스티에르네스쿠드(데니시 슈팅스타)

[빵] 루브뢰(p.284) 슬라이스: 1장

[속재료] 버터: 1큰술 / 생선 튀김: 1장* / 식초절임 청어: 1장/훈제 연어: 1장 / 익힌 새우(소): 4~5마리 / 캐비어 등 생선 알: 1큰술 / 체리 토마토 슬라이스: 2개분 / 양상추: 1장 / 삶은 그린 아스파라거스: 3~4개 / 딜: 적당량 / 레몬: 1/8개

[소스] 레물라드(p.297: 마요네즈에 겨자와 채썬 피클, 향신료를 넣어 만든 냉소스): 2큰술

*해독(대서양산 대구류의 일종)의 훈제품: 1장 / 밀가루: 적당량 / 달걀: 1/2개 / 빵가루: 적당량 / 튀김용 샐러드유: 적당량

재료(1인분) **Recipe**

레이베르포스타이

[빵] 루브뢰(p.284) 슬라이스: 1장

[속재료] 버터 : 1큰술 / 잘게 썬 판체타 : 50g / 하바티 치즈 슬라이스 : 4장 / 볶은 양송이 슬라이스 : 1개분 / 거킨 슬라이스 : 2~4장 / 시나몬 스틱 : 1개 / 레이베르포스타이(덴마크식 간 파테) : 50g / 채썬 적채 : 1/4컵 / 채썬 차이브 : 적당량

●판체타는 시나몬과 함께 볶는다.

Lamb Cheese Burger

램 치즈 버거

보통 햄버거에서는 맛볼 수 없는 복잡한 맛을 가진 샌드위치

돼지고기와 비교한다면 덴마크의 양고기 소비는 미미하지만 로스트, 스튜, 커틀릿 등 덴마크에서도 다양한 양고기 요리가 있다. 여기서 소개하는 것은 어린 양고기 햄버거이다. 햄버거라 해도 양고기를 사용할 뿐 아니라 다른 재료도 색다르다. 터닙은 순무의 일종으로 이탈리아나 북유럽에서는 대중적인 야채다. 셀러리 루트는 이름 그대로 셀러리 뿌리다. 다만 보통 먹는 셀러리와는 다른 것으로 셀러리 루트에는 전용 품종이 있다. 둘 다 생으로 먹을 수가 있으나 여기서는 볶았다. 케일은 미국에서도 매우 인기가 있는 맛있는 야채다.

재료(1인분) **Recipe**

[빵] 브리오슈 롤 또는 전립분 햄버거 빵: 1개
[속재료] 버터: 1큰술 / 어린 양고기 햄버그: 1개(180g)* / 터닙(순무) 슬라이스(소테): 1장 / 셀러리 루트 슬라이스(소테): 1장 / 케일(소테): 1장 / 고트 치즈(쉐브르 등): 20g
[소스] 머스터드: 1큰술 / 크렌베리 또는 레드 커런트(붉은 까치밥나무 열매) 잼: 1큰술
*램(어린 양고기) 다진 것: 180g / 오레가노, 타임, 소금, 후추: 조금

Memo

독특한 풍미가 있는 어린 양고기, 볶아도 상큼함을 잃지 않는 야채, 잼, 크리미한 가우다 치즈와 다양한 맛이 혼합된 것을 맛볼 수 있다.

The World's Sandwiches

Chapter 3

동유럽

헝가리/폴란드/체코/에스토니아/크로아티아/세르비아/러시아
그리스/아르메니아

헝가리

Hortobágyi Palacsinta

호르토바지 팔라친타

크리미한 소스를 뿌린 의외로 간단한 요리

팔라친타는 팬케이크를 말한다. 사진을 봐도 팬케이크라는 걸 알 수 있다. 호르토바지는 헝가리 최초의 국립공원으로 유럽 최대 규모를 자랑한다. 1900년에는 유네스코 자연유산으로 지정되었다. 하지만 이와 같이 호르토바지의 설명을 해도 실제 그다지 의미가 없다. 이 요리와 호르토바지와는 아무런 관계가 없기 때문이다. 호르토바지 팔라친타는 1958년 벨기에의 브뤼셀에서 행해진 만국박람회에서 처음으로 발표되었다. 하지만 이전부터 같은 요리가 헝가리에 있었던 것은 확실하다. 볶은 고기와 야채, 양송이를 얇은 팬케이크에 잘 말아 사워크림 소스를 뿌린다. 보기에도 맛있을 듯한 매력적인 요리다.

재료(4인분) **Recipe**

[빵] 팔라친타(얇은 팬케이크): 4장*

[속재료] 샐러드유: 2큰술 / 잘게 썬 양파: 1개분 / 한입 크기로 썬 송아지 고기: 400g / 파프리카: 1큰술 / 밀가루: 2큰술 / 치킨 브로스: 280ml / 드라이 셰리(쓴 맛의 백포도주) 또는 백포도주: 4큰술 / 사워크림: 60ml

●양파를 볶고 고기와 파프리카, 치킨 브로스(240ml), 드라이 셰리를 넣어 20분간 끓인다. 고기를 잘게 썬다. 남은 수프에 사워크림, 40ml의 브로스로 갠 밀가루를 넣어 끓인다.

*달걀: 3개 / 밀가루: 1과 1/4컵 / 소금: 약간 / 탄산수: 1컵 / 버터: 적당량

●달걀, 밀가루, 소금을 넣어 잘 섞은 후 1~2시간 둔다. 부치기 전에 탄산수를 넣고, 달걀을 얇게 부치는 식으로 버터를 달군 프라이팬에서 요령껏 부친다.

Szilveszteri || 실베스테리

재료(1인분)
[빵] 식빵 또는 크러스티 브레드: 2장 [속재료] 버터: 2큰술 / 랑고르트 코르바스(헝가리안 소시지): 30~50g / 삶은 달걀: 1~2개분 / 거킨: 2개분 / 가루치즈: 20g / 핫페퍼 페이스트: 2큰술

실베스테리는 새해 전날, 즉 섣달 그믐날을 말한다. 헝가리의 섣달 그믐날 밤은 바쁘다. 주부는 새해 첫날에 먹을 로스트 포크와 블랙 아이피(검정콩) 요리를 한다. 새해에 먹는 이런 음식을 헝가리에서는 럭키 푸드라 부를 만큼 아주 중요하게 여긴다. 새해 음식 준비로 바쁜 와중에도 주부가 어린이들에게 먹이는 샌드위치가 있는데, 그게 바로 실베스테리다. 위에 올리는 랑고르트 코르바스는 좀 매콤한 소시지다.

Túróval Töltött Zsemle || 투로발 톨퇴트 젬레

재료(3인분)
[빵] 젬레 또는 일반 롤: 3장
[속재료] 우유: 150ml / 설탕: 50g / 코티지 치즈: 250g / 바닐라 에센스: 1큰술 / 달걀: 2개 / 사워크림: 4큰술 / 건포도: 2큰술
[토핑] 버터: 2큰술 / 가루설탕: 1큰술 ●빵 윗부분을 잘라내고 속을 파낸다. 우유에 10g의 설탕을 넣고 한번 끓인다. 설탕 40g과 다른 속재료를 섞는다. 빵 안쪽을 설탕 넣은 우유로 적시고 치즈 믹스를 채운다. 파낸 빵으로 뚜껑을 하고 버터를 올려 180도의 오븐에서 20분 굽는다. 마지막으로 가루설탕을 뿌린다.

유럽에서는 빵을 당일 사거나 구워 그날 중에 먹는다. 그리고는 아침에 다시 마음에 드는 빵가게에 가서 빵을 사온다. 그날 안에 모두 먹지 못하는 날도 있으나 하루 지나면 오래 되었다고 생각한다. 그런 먹다 남은 빵을 사용해 만드는 것이 이 디저트이다. 프렌치 롤 같은 빵을 파내고 단맛이 나는 코티지 치즈를 채워 넣어 오븐에서 굽는다. 그러면 어린이들이 좋아하는 맛있는 디저트가 완성된다.

Reform Szendvics Borsos Szalámival

레포롬 샌드위치 보르셔슈 살라미발

헝가리안 살라미는 맛있는 살라미의 대표격이다. 이 살라미를 젬레라는 헝가리안 롤에 끼워 먹는다. 헝가리 살라미는 종류가 많다. 이것저것 시도해 보는 것도 좋을 듯하다.

재료(1인분)

[빵] 젬레 또는 다른 롤: 1개

[속재료] 버터: 1큰술 / 양상추: 1장 / 보르셔슈 케르규 같은 항가리안 살라미: 8~10장 / 적피망 슬라이스: 10장 / 오이 슬라이스: 2~4장

헝가리

Langos || 랑고슈

랑고슈는 헝가리의 명물 플랫브레드로 지금은 동유럽뿐 아니라 오스트리아에서도 인기가 있다. 이스트로 발효시킨 반죽을 기름에 튀긴 것으로 간식이나 가벼운 점심으로 먹기에 좋다.

재료(4인분)

[빵] 랑고슈: 4장* [속재료] 마늘(랑고슈에 문지른다): 2알 / 사워크림: 4큰술 / 에멘탈 치즈, 그뤼에르 치즈 등 가루 치즈: 4큰술 / 소금과 후추: 약간 *매시트 포테이토: 1개분 / 드라이 이스트: 2작은술 / 설탕: 밀가루: 1과 3/4컵 / 샐러드유: 1큰술 / 소금: 1작은술 / 우유: 1/2컵 / 튀김용 샐러드유: 적당량

헝가리

Nyers Gombás Szendvics

네르슈 곰바슈 샌드위치

미국에서도 양송이를 생으로 먹는다. 샐러드에 넣으면 더 맛있다. 일본에서도 최근에는 생 양송이를 샐러드 등에 사용한다. 생 양송이가 주역인 카나페 스타일의 오픈 샌드위치다.

재료(4인분)

[빵] 카나페용 호밀빵: 4장 [속재료] 튜너 믹스: 380g* / 양상추: 4장 / 생 양송이 슬라이스: 3개분 / 체리 토마토 슬라이스: 2개분 / 소금과 후추: 약간 / 잘게 썬 차이브: 적당량 *참치 캔: 125g / 크림치즈: 250g / 허브 믹스(딜, 바질, 차이브 등): 조금 / 레몬주스: 1큰술

폴란드

Kanapka z Kaszanką || 카나푸카 즈 카샨카우

영양 만점! 블러드 소시지의 오픈 샌드위치

카샨카우는 폴란드 소시지로, 이름은 나라에 따라 다르지만 동유럽이나 중앙 유럽에서도 자주 먹는 소시지이다. 영국이나 아일랜드의 블랙 푸딩도 기본적으로는 카샨카우와 같다. 돼지 피를 원료로 사용하고 있어 이렇게 부르지만 카샨카우에는 돼지 내장과 메밀가루 등이 들어간다. 폴란드에서는 그대로 생으로 먹는 일도 있으나 일반적으로 다른 소시지와 마찬가지로 그릴에 굽든가 양파 등과 함께 볶아서 먹는다. 이 샌드위치에서는 껍질을 벗기고 알맹이를 양파 등과 섞어 볶았다. 폴란드 소시지는 맛이 농후해서 호불호가 확실히 갈리지만 좋아하는 사람에게는 아주 그만이다.

재료(1인분) Recipe

[빵] 호밀빵: 1장
[속재료] 블러드 소시지 볶음: 60~80g* / 버터: 1큰술 / 소테 양파 슬라이스: 1/4개분 / 잘게 썬 차이브: 적당량

●빵에 버터를 바르고 블러드 소시지, 양파, 차이브를 올린다.

*카샨카우의 속재료(1개분) / 잘게 부순 호두: 2큰술 / 타임: 1/2작은술 / 잘게 썬 올리브: 1큰술 / 소금과 후추: 약간 / 치즈 슬라이스: 1장 ●소시지는 볶으면서 따로따로 만든다. 다른 재료를 넣고 치즈가 녹을 때까지 볶는다.

Memo

블러드 소시지뿐 아니라 버터, 치즈도 넣기 때문에 맛이 더욱 농후하다. 너무 맛이 짙을 경우에는 빵에 버터를 바르지 않고 신선한 치즈로 바꾼다.

Twarożek na Kanapki || 트바로젝 나 카나프키

신선한 치즈가 상큼한 폴란드 샌드위치

트바로젝은 화이트 치즈라고도 부르는 프레시 치즈로 커드 치즈, 코티지 치즈로 분류되기도 하지만 맛이 좀 독특하다. 폴란드에서도 가장 많이 먹는 치즈로, 잼이나 벌꿀과 함께 먹기도 하지만 단맛을 넣지 않고 딜이나 차이브와 섞어 먹기도 한다. 가격이 아주 싸서 많은 사람이 찾는지도 모른다. 아무튼 폴란드에서는 특히 아침 식사에서 빼놓을 수 없는 아이템이다. 여기서는 와사라고 하는 폴란드의 크래커에 오이와 알팔파 같은 상큼한 야채를 올린 샌드위치를 소개한다. 아침 식사나 간식에 딱 좋은 샌드위치다.

재료(3인분) Recipe

[빵] 와사(크래커): 3장
[속재료] 치즈 믹스: 220g* / 알팔파: 3큰술 / 절반으로 자른 체리 토마토: 3개분
*트바로젝 또는 코티지 치즈: 200g / 오이 잘게 썬 것: 1큰술 / 부추 또는 잘게 썬 파: 1큰술 / 다진 마늘: 1쪽 / 볶은 아마씨: 2큰술 / 소금과 후추: 약간

폴란드

Schabowa Kanapka

|| 스하보바 카나푸카

폴란드의 전통 요리를 올린 오픈 샌드위치

코틀레트 스하보봐는 폴란드의 전통적인 요리로 19세기 요리책에도 등장한다. 말하자면 폴란드 돈가스(포크 커틀릿)로 흔히 사용하는 고기는 돼지고기 안심이다. 만드는 과정은 일본 돈가스와 거의 같다. 좀 다른 점이 있다면 오스트리아에서 소개한 슈니첼처럼 두드려 얇게 만든다는 것이다. 얇게 만든다고는 해도 슈니첼처럼 얇은 것이 아니라 두께가 대체로 5mm 정도이다. 코틀레트 스하보봐는 매시트 포테이토나 코울슬로와 함께 접시에 담아낸다. 여기서 소개하는 것은 코틀레트 스샤보봐로 만든 오픈 샌드위치다. 물론 돈가스 소스는 사용하지 않는다. 소스는 일반적으로 마요네즈를 사용한다.

재료(1인분) **Recipe**

[빵] 호밀빵 또는 전립분 빵: 2장
[속재료] 코틀레트 스하보봐(돈가스): 2장* / 피클 슬라이스: 4장 / 잘게 썬 차이브: 적당량
[소스] 마요네즈: 1큰술
*돼지고기 안심: 2장 / 소금과 후추: 약간 / 달걀: 1개 / 밀가루: 1큰술 / 빵가루: 5큰술 / 튀김용 샐러드유: 적당량
●만드는 법은 일본의 돈가스와 거의 같다.

Memo

돼지 등심살 등을 사용할 경우에는 두드려 고기를 부드럽게 하는 것이 좋지만 안심살이라면 두드릴 필요가 없다. 곁들이는 매시트 포테이토나 코울슬로와 함께 먹는다. 이 경우에는 마요네즈를 생략해도 된다.

Kanapka ze śledziem || 카나푸카 제 슈레지엠

발트해에 인접한 나라답게 폴란드에서도 청어는 빠뜨릴 수 없는 식재료다. 이 샌드위치는 폴란드인들이 열광하는 청어를 사용한 것으로 애피타이저나 가벼운 간식으로 딱 좋다. 캔이나 병에 든 청어에는 훈제, 식초절임, 단식초절임 등이 있다. 어느 것이든 이 샌드위치에는 잘 어울리므로 다양하게 시도해보면 좋을 듯하다.

재료(4인분)
[빵] 토스트 한 바게트 슬라이스: 4장
[속재료] 버터: 4큰술 / 오일절임 청어: 4장 / 볶은 양파 슬라이스: 1/4개분 / 이탈리안 파슬리: 1개 / 크레송(물냉이): 적당량

Kanapki z Kiszona Kapusta

|| 카나푸키 즈 키쇼나 카프스타

카프스타 키쇼나, 여기서는 키쇼나 카프스타와는 반대로 되어 있는데, 채썬 양배추 절임, 사워크라우트를 말한다. 이 사워크라우트는 독일이 유명하긴 하지만 폴란드에서도 매우 중요한 요리다. 양배추는 소금에 절이기만 해도 간단히 발효시킬 수 있어, 신맛이 있는 절임을 만들 수 있다. 이것이 사워크라우트다. 사워크라우트는 그냥 먹기도 하지만, 비고스라고 하는 스튜나 피에로기라 불리는 폴란드식 만두 속으로도 사용한다.

재료(2인분)
[빵] 호밀빵: 2장
[속재료] 버터: 2큰술 / 스모크햄: 2장 / 사워크라우트: 1/2~1컵 / 즙을 낸 당근: 1개 / 토마토 슬라이스: 2장 / 엑스트라 버진 올리브 오일: 2작은술 / 커민과 카옌 고추: 적당량 / 루콜라나 파슬리 또는 모두: 적당량

폴란드

Kanapka z Twarogiem i Dżemem

카나푸카 즈 트바로기엠 이 제멤

트바로젝은 코티지 치즈처럼 잼이나 벌꿀을 위에 올려 먹는 일이 많다. 이 샌드위치의 경우 호밀빵뿐 아니라 보통의 식빵으로 만들어도 맛있다. 치즈에 올리는 것으로 가장 인기가 있는 것은 잼이다. 폴란드에서는 아침 식사에 잼이나 설탕에 절인 과일, 마멀레이드(오렌지나 귤껍질로 만든 잼)를 먹는다. 까치밥나무열매, 체리, 서양 자두, 무화과 등 종류도 다양하다.

재료(1인분)
[빵] 식빵 또는 호밀빵: 1~2장
[속재료] 트바로젝: 50g / 설탕: 1, 2작은술 / 우유: 1, 2작은술 / 잼, 크랜베리 소스, 벌꿀, 초콜릿 리큐어 등: 2큰술

폴란드

Kanapka z Kotletem Mielonym

카나푸카 즈 코틀레템 미에로눔

돈가스 비슷한 음식은 유럽 각지에 있으나 이와 같이 저민 고기에 빵가루를 묻혀 튀기는 것은 많지 않다. 일본에는 민스 커틀릿(다진 고기에 잘게 다진 양파 등을 넣고 빵가루를 묻혀 튀긴 요리)이 있어 이상하게 느껴지지는 않는다. 고기에는 돼지고기와 소고기를 섞거나 혹은 쇠고기를 사용하는 것이 일반적이지만 다른 고기로 해도 상관없다. 실제로 폴란드에서는 닭고기나 칠면조 고기도 사용한다. 취향에 맞는 샐러드, 마요네즈, 머스터드 등을 함께 올려 먹어도 맛있다.

재료(3~4인분)
[빵] 크러스티 브레드 또는 식빵: 6~8장
[속재료] 코토레타: 3~4개* / 토마토 슬라이스: 6~8장 / 오이 피클 슬라이스: 2개분 [소스] 홀스래디시(양고추냉이): 4큰술
*저민 돼지고기: 250g / 저민 쇠고기: 250g / 식빵: 60g / 우유: 1큰술 / 저민 양파: 50g / 달걀: 1개 / 딜: 1큰술 / 소금과 후추: 약간 / 다진 마늘: 1쪽 / 빵가루: 1/2컵 / 튀김용 샐러드유: 적당량

Zapiekanka ‖ 자피에칸카

재료(4인분)

[빵] 바게트: 1개 [속재료] 햄 소테: 80~100g* / 강판에 간 오스츠이페크(산양 젖) 치즈: 4큰술 [소스] 케첩: 4큰술 / 마요네즈: 4큰술(취향에 맞게) / *올리브 오일: 1큰술 / 잘게 썬 햄: 4장 / 양송이 슬라이스: 4큰술 / 자른 노랑 피망: 4큰술

자피에칸카는 바게트를 베이스로 한 오픈 샌드위치로 폴란드를 대표하는 길거리 음식이다. 여기서 소개하는 것은 전형적인 예지만, 사실 얼마든지 변형할 수 있다. 치즈에는 에담 치즈, 이즈, 에멘탈 치즈, 가우다 치즈 등이 적합하다. 폴란드에서는 오스츠이페크라는 산양 젖으로 만든 치즈 훈제도 종종 사용된다. 아무튼 고형 치즈를 직접 갈아 사용하는 것이 가장 좋다.

Zapiekanki z Białą Kielbasą

‖ 자피에칸키 즈 비아용 킬리바소

재료(4인분)

[빵] 바게트 슬라이스: 4장

[속재료] 버터: 1큰술 / 키오바스키 비아용 스로베의 알맹이: 2개분 / 토마토 슬라이스: 2~4장 / 가루치즈: 4작은술 / 잘게 썬 차이브 또는 야생 파: 1큰술

●속재료를 빵에 올려 180℃의 오븐에서 구운 후 잘게 썬 차이브를 뿌린다.

자피에칸키 중에서도 인기가 있는 변형 샌드위치다. 키오바스키 비아와 스로베는 폴란드의 화이트 소시지이다. 생것이어서 보통 데치거나 그릴에서 구워 먹는다. 이 샌드위치는 껍질을 벗겨 알맹이만을 사용한다. 알맹이를 손바닥으로 햄버그처럼 만들어 프라이팬 혹은 그릴에서 굽는다.

Obložené Chlebíčky s Hlívami

|| 오블로제네 슐레비치키 스 리바미

재료(4인분)
[빵] 바게트 슬라이스: 4장 [속재료] 버터: 1작은술 / 앤초비 페이스트: 4작은술 / 절반으로 자른 올리브: 4개 / 오이 피클 슬라이스: 4장 / 로스트 레드페퍼 슬라이스: 4장 / 식초절임 오이스터 버섯(느타리): 8개 / 잘게 썬 차이브와 가루치즈: 적당량

체코 사람은 버섯을 좋아한다. 연간 수확되는 버섯의 양이 2만톤이나 된다. 그 만큼 먹는 버섯의 종류도 많다. 수많은 버섯 중에서도 가장 많이 먹는 버섯의 하나가 이 레시피에 나오는 오이스터 머시룸이다. 일본의 느타리버섯이 오이스터 버섯에 가깝다. 오이스터 버섯은 독특한 맛이나 냄새가 없어 다양한 요리에 이용된다. 레시피에서도 알 수 있는 것처럼 캔으로도 팔고 있다.

체코

Smazeny Syr || 스마제니 시르

재료(1인분)
[빵] 프렌치 롤 또는 햄버거 빵: 1개
[속재료] 치즈 프라이: 1개*
[소스] 타르타르 소스 또는 마요네즈: 2큰술
*두껍게 썬 에담 치즈: 250g / 밀가루: 1큰술 / 달걀: 1개 / 빵가루: 1/4컵 / 튀김용 샐러드유: 적당량

보기에는 모 햄버거 체인점의 생선 프라이 버거와 같다. 하지만 알맹이는 치즈 덩어리로, 체코에서 인기 있는 길거리 음식이다. 미국에서도 모차렐라 치즈 프라이가 인기 있어, 바나 레스토랑에서 내놓는 경우가 많다. 하지만 스마제니 시르는 미국의 모차렐라 치즈 프라이와는 볼륨이 다르다. 두께가 15mm나 된다. 고기와 달리 빵가루로 치즈 전체를 덮기가 의외로 어렵다. 빵가루가 벗겨지면 거기서 치즈가 흘러나온다.

에스토니아

Kiluvõileib

킬루브이리브

에스토니아의 명물인 작은 물고기 오픈 샌드위치

이 샌드위치에 사용하는 작은 청어는 보기에는 다르지만 일본의 샛줄멸에 가깝다. 몸길이는 커야 12cm인 작은 물고기다. 발트해에서 가장 많이 잡히는 물고기 중 하나다. 발트해 주변에서 앤초비로 팔리고 있는 것의 대부분은 이 작은 청어인 듯하다. 에스토니아 사람들은 작은 청어를 더없이 좋아한다. 킬루브이리브는 연중 먹을 수 있지만, 특히 크리스마스 때에는 빼놓을 수 없는 샌드위치다. 2014년 타린 다운홀 스퀘어에서 세계 최장의 킬루브이리브가 만들어졌다. 전체 길이는 20m. 모인 사람들은 샌드위치를 순식간에 먹어치웠다.

재료(1인분) Recipe

[빵] 카나페용 호밀빵: 4장
[속재료] 버터: 4큰술 / 오일절임 작은 청어 필레: 8장 / 적양파 잘게 썬 것: 4작은술 / 삶은 달걀 슬라이스: 1개분 / 파르메산 가루 치즈: 1큰술 / 딜, 바질, 루콜라: 조금 / 엑스트라 버진 올리브 오일: 1큰술

Memo

빵을 작게 자르지 않고 만든다면 가장자리를 잘라내지 않는 것이 좋다. 오이나 토마토 슬라이스, 올리브, 케이퍼 등을 추가하기도 한다.

Seljački Sendvič || 세리아치키 샌드위치

크로아티아인의 전형적인 아침 식사는 빵과 우유, 벌꿀, 그리고 사과이다. 여기서 소개하는 세리아치키 샌드위치는 크로아티아의 아침 식사를 그대로 샌드위치로 만든 것이다. 빵에는 메밀가루를 사용한다. 메밀가루가 유럽에 들어온 것은 상당히 오래 전이지만 정착한 것은 크로아티아뿐이다. 빵을 살 수 없는 사람들이 메밀가루를 섞어 빵을 만들었다. 건강에 대한 의식이 높아지면서 메밀빵이 주목을 받았고 지금은 가치관이 변해 메밀빵이 고가의 빵이 되었다.

재료(1인분)
[빵] 메밀빵: 2장* [속재료] 리코타 치즈: 50g / 소금과 후추: 약간 / 차이브 또는 엑스트라 버진 올리브 오일: 1큰술 / 사과 또는 서양배 슬라이스: 3~4장 / 벌꿀: 1큰술 / 잘게 부순 호두: 1큰술 / 각종 생 허브와 계절 야채: 적당량 *(약 1200g) 메밀가루: 400g / 뜨거운 물: 400ml / 전립분: 400g / 물: 400ml / 드라이 페이스트: 2작은술 / 우유: 200g / 소금: 1작은술 / 올리브 오일: 4큰술

크로아티아

Topli Sendviči || 토플리 샌드위치

토플리 샌드위치는 따뜻한 샌드위치라는 의미다. 핫 샌드위치라는 말은 곧잘 듣지만 웜(따뜻한) 샌드위치라는 말은 새롭다. 이 샌드위치는 편하게 먹을 수 있는 패스트푸드라는 점에서 그 지방 사람들은 물론 여행자들에게 인기가 있다. 크로아티아 남부 달마시아 지방에 있는 크로아티아 최대의 도시 스프리트에는 이 샌드위치를 제공하는 레스토랑이 도처에 있다. 재료인 베게타는 동유럽식 시즈닝 솔트이다.

재료(4인분)
[빵] 이탈리안 베이에나: 8장
[속재료] 치즈 믹스: 380g*
*잘게 썬 프로볼런 치즈: 150g / 잘게 썬 햄 또는 프로슈토: 150g / 파르메산 치즈: 20g / 베게타(야채 부용과 같은 조미료): 적당량 / 사워크라우트: 1큰술 / 우유: 50ml / 소금과 후추: 약간

Kobasica Sendvič || 코바시차 샌드위치

재료(2인분)
[빵] 키후리, 미니 바게트 또는 프레첼 스틱: 2개
[속재료] 야채 소테: 1컵* / 버터: 1큰술 / 코바시차 또는 취향에 맞는 소시지: 2개 / 체다 치즈: 2장 / 잘게 썬 파슬리: 1큰술
[소스] 디종 머스터드: 1큰술
*올리브 오일: 1큰술 / 양파 슬라이스: 1/2개 / 적피망: 1/4개 / 사과: 1/4개 / 타임: 1작은술

동유럽의 식문화는 서로 영향을 주고받아 특정 나라를 한정하기가 어렵다. 코바시차는 동유럽을 대표하는 소시지로 세르비아뿐만 아니라 크로아티아에서도 잘 먹는다. 키후리는 원래는 헝가리 빵 같은 것이나, 똑같은 빵이 동유럽 각국에 있다. 키후리는 크루아상 비슷하지만 이스트를 사용한 빵이다. 이슬람 문화의 영향도 받았다. 이렇게 복잡하게 문화가 얽힌 샌드위치이다.

세르비아

Komplet Lepinja || 콤플레트 레피냐

재료(1인분)
[빵] 큼직한 햄버거 빵 또는 피타 브레드: 1개 [달걀 믹스 속재료] 카이맥(클로티드 크림 비슷한 것) 또는 대체품(사워크림 2: 체다 치즈 1: 크림치즈 2의 비율): 1큰술 / 푼 달걀: 1개 / 잘게 썬 햄: 2장분
●빵을 자르고, 달걀 믹스를 빵 안쪽에 바른다. 빵은 잘라낸 윗부분으로 뚜껑을 덮지 않고, 둘 다 안쪽을 위로 해서 오븐에서 굽는다.

세르비아 서부 우즈이체의 명물 요리가 이 콤플레트 레피냐다. 컴플리트 빵, 즉 완벽한 빵이라고 해야 할까. "고칼로리에 콜레스테롤 덩어리 같은 빵이니까 채식주의자에게는 맞지 않아요"라고 지역 사람들은 농담조로 말한다. 먹는 법에는 룰이 있다. 먼저 손으로 먹어야 한다. 빵의 뚜껑을 열고 손으로 찢어 속재료에 찍어 먹는다. 그리고 나서 본격적으로 먹기 시작한다. 마실 것은 요구르트 드링크다.

세르비아

Cevapcici Sendvič || 세바프치치 샌드위치

세바프나 세바피로 불리는 이 요리는 보스니아에서 유래되었으나 세르비아나 크로아티아에서도 인기가 많은 길거리 음식이다. 맛있는 길거리 음식으로는 세계 최고 수준이다.

재료(4~6인분)

[빵] 피타 브레드: 4~6장

[속재료] 세바프치치: 8~12개* / 적양파 슬라이스: 1개분 [소스] 사워크림: 8~12큰술 / 아이바르(가지가 들어간 핫소스): 8~12큰술 *저민 어린 양고기: 450g / 저민 쇠고기: 450g / 달걀: 1개 / 다진 마늘: 4쪽 / 베이킹파우더: 1큰술 / 카엔 고추와 파프리카 파우더: 각 1큰술 / 잘게 썬 양파: 1개분 / 소금과 후추: 약간

세르비아

Pljeskavica || 피에스카비차

세르비아의 베오그라드 스타일 햄버거다. 저민 쇠고기와 돼지고기로 만든 납작한 햄버거인데 레피냐(피타)에 끼워 먹는다. 다른 속재료로는 양파와 양배추 샐러드가 들어가는 경우가 많다.

재료(2인분)

[빵] 피타 브레드: 2장

[속재료] 피에스카비차: 2개* / 다진 양파: 적당량

[소스] 카이맥(p.122): 4큰술 / 아이바르: 2큰술

*저민 쇠고기: 300g / 저민 돼지고기: 300g / 양파: 100g / 베게타(p.121): 2작은술 / 칠리 고추: 1/2작은술 / 소금과 후추: 약간 / 베이킹 소다: 1작은술 / 샐러드유: 1큰술

세르비아

Shopska Salata || 쇼프스카 살라타

쇼프스카 살라타는 오이와 토마토, 양파, 피망, 페타 치즈 비슷한 치즈로 구성된다. 불가리아 샐러드라고 하는데 동유럽 전 지역에서 먹는다. 세르비아 샐러드도 재료는 쇼프스카 살라타와 거의 같다.

재료(3인분)

[빵] 피타 브레드: 3장 [속재료] 샐러드: 3컵* / 시렌 치즈 또는 페타 치즈: 100g / *로스트 레드페퍼 잘게 자른 것: 2개분 / 토마토 한 입 크기: 3개분 / 오이 한 입 크기: 1개분 / 스캘리언 또는 잘게 썬 파: 3개분 / 잘게 썬 파슬리: 1/4컵 / 소금: 적당량 / 엑스트라 버진 올리브 오일: 2큰술 / 적포도주 식초: 2~3큰술 / 엑스트라 버진 올리브 오일: 적당량(마무리용)

러시아

Blini || 블리니

전통적인 요리일뿐 아니라 문화적, 종교적으로도 중요한 팬케이크

기원전 슬라브인(동유럽에 분포하는 민족)은 둥근 블리니를 태양의 심볼이라고 생각했다. 블리니는 전통적으로 겨울의 끝자락에 개최되는 마슬레니차(매년 러시아 정교회의 사순절 직전 일주일 동안 열리는 봄맞이 축제로, 버터 위크, 팬케이크 위크라고도 한다) 기간 동안 준비된다. 블리니는 팬케이크를 통틀어 이르는 말로 크레이프처럼 얇은 것은 블린츠라고 한다. 러시아에서는 매우 대중적인 음식으로 블린츠 위에 여러 재료를 올린 다음, 말아서 먹기 좋은 크기로 잘라 식탁에 올린다. 미국에서도 러시아인이 경영하는 슈퍼마켓에 가면 양송이나 잘게 썬 닭고기, 치즈 등을 블린츠에 말아 큰 접시에 산더미처럼 쌓아 놓고 판다. 구운 블린츠는 서로 붙지 않도록 버터를 발라 접시에 올려놓는다.

재료(5인분)

Recipe

[빵] 블리니 팬케이크: 10장*
[A. 치즈 속재료(섞는다)] 코티지 치즈: 350g / 달걀: 1개 / 설탕: 1큰술
[B. 양송이 속재료(소테)] 버터: 2큰술 / 잘게 썬 양송이: 800g / 다진 양파와 다진 마늘: 각 1개분 / 달걀: 1개 / 소금과 후추: 약간
*(15~20장 분) 밀가루: 1컵 / 설탕: 1큰술 / 달걀: 2개 / 우유: 1과 1/2컵 / 샐러드유: 적당량

●볼에 밀가루와 설탕을 섞는다. 달걀과 우유를 섞고 조금씩 볼의 재료에 넣어 묽은 반죽을 만든다. 프라이팬에 소량의 기름을 두르고 크레이프처럼 얇은 팬케이크를 굽는다.

Memo

이전에는 이스트로 발효시킨 반죽을 사용했으나 지금은 베이킹파우더를 사용한다. 베이킹파우더조차 사용하지 않은 것도 있다. 반죽을 지단처럼 얇게 부치면 된다.

그리스

Souvlaki || 수블라키

지금은 세계 어디서나 즐길 수 있는 세계적인 패스트푸드이다. 기원전 17세기에 이미 패스트푸드가 존재했다니 놀랍기만 하다.

재료(2~4인분)

[빵] 피타 브레드: 2~4장 [속재료] 수블라키: 400g* / 잘게 썬 토마토: 2개분 / 잘게 썬 오이: 1개분 / 잘게 썬 적양파: 1/2개분 / 잘게 썬 이탈리안 파슬리: 2큰술 / 양상추: 1장 / 소금과 후추: 약간 [소스] 차지키(p.295): 2큰술 *한입 크기로 썬 양고기, 쇠고기 또는 닭고기: 400g / 엑스트라 버진 올리브 오일: 50ml / 레몬주스: 1큰술 / 드라이 오레가노: 1큰술 / 소금과 후추: 약간 / 꼬치: 4개 ●양념장에 고기를 절인 후 꼬치에 꽂아 굽는다.

그리스

Gyro || 기로

기로는 자이로, 즉 '빙빙 돈다'는 것을 의미한다. 로티세리라 하는, 천천히 돌리면서 고기를 굽는 특별한 그릴이 기로에 사용된다.

재료(3~4인분)

[빵] 피타 브레드: 3~4장 [속재료] 기로: 500g* / 잘게 썬 토마토: 2개분 / 잘게 썬 오이: 1개분 / 잘게 썬 적양파: 1/2개분 / 잘게 썬 이탈리안 파슬리: 2큰술 / 양상추: 2~3장 / 소금과 후추: 약간 [소스] 차지키(p.295): 2큰술 *슬라이스 한 닭고기: 500g / 다진 마늘: 2쪽 / 백포도주 식초: 1큰술 / 레몬주스: 2큰술 / 엑스트라 버진 올리브 오일: 1큰술 / 그리스 요구르트: 1/4컵 / 드라이 오레가노: 1큰술 ●고기를 양념장에 담갔다가 고온의 오븐에 굽는다.

그리스

Horiatiki || 호리아티키

호리아티키는 미국 등에서 그릭 샐러드로 알려져 있다. 표준적인 재료 외에 이 샌드위치에 없어서는 안되는 것으로써 페타 치즈와 칼라마타 올리브가 사용된다.

재료(2인분)

[빵] 피타 브레드: 2장

[속재료] 샐러드 1~1과 1/2컵* / 체다 치즈: 2큰술

[소스] 차지키(p.295): 2큰술

*양파 슬라이스: 1/4개(물: 250ml / 백포도주 식초: 3큰술에 넣는다) / 잘게 썬 토마토: 1개 / 잘게 썬 오이: 1/2개 / 피망: 1/4개 / 설탕: 1작은술 / 올리브 슬라이스: 6개 / 드라이 오레가노: 1/2작은술 / 소금과 후추: 약간

Lavash Roll || 라바시 롤

라바시는 아르메니아 생활에 빼놓을 수 없는 빵일 뿐 아니라 문화적, 종교적으로 중요한 역할을 담당한다. 라바시를 발효시키지 않는 라바시 브레드라고 소개하는 일이 많다. 그러나 실제로는 남은 반죽을 스타터(발효종)로 사용하거나 반죽을 휴지시켜서 발효시킨다. 이 빵에 다양한 재료를 말아놓은 것이 라바시 롤이다. 여기서는 화이트 피시 훈제를 사용했다.

재료(1인분)

[빵] 라바시(p.131): 1장 [속재료] 잘게 썬 화이트 피시 훈제: 150g / 잘게 썬 햄: 100g / 잘게 썬 피클: 2개분 / 잘게 썬 고수, 딜, 이탈리안 파슬리: 각 1큰술 ●모든 재료를 넣어 잘 섞는다.

아르메니아

Losh Kebab with Pita Bread

|| 로시 케밥 위드 피타 브레드

케밥이나 카밥이라 불리는 고기 요리는 중근동이나 카리브해 연안 국가에서 흔히 볼 수 있다. 보통은 꼬치에 고기를 꿰어 굽는 요리를 말한다. 그러나 아르메니아의 로시 케밥은 양고기를 사용한 햄버그와 같은 것이다. 일반적으로 바봐슈와 함께 먹지만 여기서는 피타 혹은 페다라는 아르메니아의 빵을 사용했다.

재료(2~3인분)

[빵] 피타: 1/4~1/3개 [속재료] 로시 케밥: 4~6개* / 토마토 슬라이스: 4~6장 / 오이 슬라이스: 8~12장 / 둥글게 썬 적양파: 4~6장 [소스] 그리스 요구르트: 4~6큰술 *돼지고기 또는 양고기와 반반으로 저민 고기: 450g / 잘게 썬 양파: 1/4개 / 잘게 썬 이탈리안 파슬리: 1/4컵 / 달걀: 1개 / 토마토 페이스트: 1큰술 / 핫페퍼 플레이크: 1큰술 / 고추가루, 올스파이스, 후추: 각 1/2큰술 / 소금: 1작은술 ●모든 재료를 잘 섞어 4~6개의 햄버그를 만든다.

The World's Sandwiches

Chapter 4

중근동

레바논/터키/이란/이스라엘/이라크/아프가니스탄
파키스탄/중근동 전반

레바논

Atayef Bil Ashta ‖ 아타이프 빌 아시타

레바논을 대표하는 팬케이크 디저트

부드러운 스폰지 케이크와 같은 팬케이크로, 레바논식 아시타라 불리는 커스터드 크림을 끼얹고, 달콤한 시럽을 뿌리거나 찍어 먹는다. 피스타치오의 풍미와 식감이 적당한 것이 특징이다. 시럽과 크림은 꽃 등의 즙으로 만든 로즈 워터나 오렌지 블라썸 워터를 사용한다. 이것이 이 디저트에 기분 좋은 향을 준다. 운이 좋게도 이런 것은 중근동이나 인도의 식재료를 파는 가게에서 손쉽게 구입할 수 있다. 이 중에는 자신이 직접 만들 수 있는 것도 있으므로 한번 도전해 보면 좋을 듯하다. 이국적이고 아주 맛있는 디저트다.

재료(4~6인분) **Recipe**

[빵] 전립분의 얇은 팬케이크: 4~6장*
[속재료] 아시타 커스터드(p.295): 2컵 / 잘게 부순 피스타치오: 1/4컵
[소스] 오렌지 로즈 시럽(p.295): 1컵
*(12장분) 밀가루: 1컵 / 전립분: 1/2컵 / 우유: 1컵 / 물: 1/2컵 / 베이킹파우더: 1작은술 / 소금: 1/2작은술 / 설탕: 2큰술

●속재료를 섞어 30분 그대로 둔다. 논스틱 팬을 달구고 3큰술의 반죽을 프라이팬에 편 다음 약한 불로 굽는다. 표면 전체에 기포가 생기면 완성. 뒤집지 않는다.

Memo

커스터드 크림이 많이 들어가므로 팬케이크는 10~12cm 정도의 크기로 한다. 시럽은 다른 디저트에 사용해도 좋고 아이스티 등에 넣어도 좋다.

레바논

Kofta Kebab Roll || 코프타 케밥 롤

요구르트 소스를 뿌린 미트볼 샐러드 샌드위치

코프테, 코프타, 카프타 등으로 불리는 저민 고기를 사용한 고기 요리는 레바논이 유명하다. 하지만 중근동뿐 아니라 북아프리카나 지중해, 발트해 연안 국가, 중앙아시아 등 상당히 넓은 지역에서 먹고 있다. 코프테는 미트볼 비슷한 것으로, 저민 양고기를 향신료, 허브 등과 섞어 동그랗게 만든 다음 꼬치에 꿴다. 이것을 손바닥 등으로 눌러 타원형으로 만든 다음 그릴에 굽는다. 꼬치에서 빼낸 코프테는 피타 위에 올려서 타브리(레바논의 샐러드)와 함께 먹는다. 양고기 특유의 풍미가 상큼한 샐러드와 잘 어우러진다. 소스는 하리사라는 얼얼한 고추를 사용한 핫페이스트, 민트, 파슬리 등으로 만든 요구르트 베이스 소스를 사용한다.

재료(1인분) Recipe

[빵] 피타 브레드: 1장
[속재료] 코프테 케밥: 2개*[1] / 토마토 슬라이스: 2장 / 적양파 슬라이스: 4장 / 타브리: 2큰술*[2]
[소스] 하리사 또는 다른 핫소스: 1작은술 / 요구르트 소스(p.297): 1큰술

*[1] 저민 양고기: 120g / 다진 마늘: 1쪽 / 잘게 썬 이탈리안 파슬리: 1큰술 / 코리앤더(고수풀): 1큰술 / 소금, 커민, 시나몬 파우더, 올스파이스, 칠리 고추, 후추: 각 약간 / 간 생강: 1큰술
●모든 재료를 섞어서 꼬치에 꿴 다음 오븐 또는 그릴에 굽는다.

*[2] (4컵분) 브루그라 밀가루(거칠게 빻은 밀가루): 1/4컵 / 물: 적당량 / 레몬주스: 2큰술 / 잘게 썬 이탈리안 파슬리: 3컵 / 잘게 썬 민트: 1/2컵 / 잘게 썬 토마토: 2개 / 잘게 썬 양파: 1/2개 / 올스파이스, 시나몬 파우더, 정향, 육두구, 페누그리크(호로파), 생강가루: 각 약간 / 엑스트라 버진 올리브 오일: 3큰술 / 소금과 후추: 약간

터키

Lahmacun with Gavurdağ Salatasl

라흐마준 위드 갸브루닥 살라타스

인기 급상승 중인 터키식 피자, 플랫브레드

라흐마준은 얇게 편 반죽 위에 저민 고기, 야채, 허브를 올려 오븐에 구운 것으로 외국에서는 터키식 피자 또는 아메리칸 피자라 한다. 하지만 피자와는 전혀 다른 것이다. 반죽이 얇은데다 치즈도 올리지 않는다. 크기가 큰 것도 20cm가 안 된다. 라흐마준은 단독 요리로서도 맛있지만, 샐러드나 가지 튀김 등을 올려 말아서 먹으면 더 맛있다. 여기서는 갸브루닥 살라타스(잘게 썬 토마토를 듬뿍 올린 터키 샐러드)를 올렸다. 라흐마준은 터키뿐 아니라 아르메니아, 레바논, 시리아에서도 인기 있는 패스트푸드다. 지금 세계적으로 명성이 급상승중인 주목할 만한 요리다.

재료(4인분) **Recipe**

[빵] 라흐마준: 4장
[속재료] 샐러드: 1과 1/2~2컵* / 베야즈 페이닐 또는 페타 치즈: 2큰술 *잘게 썬 토마토: 2개분 / 잘게 썬 피망: 1개분 / 잘게 썬 적양파: 1/2개분 / 이탈리안 파슬리: 50g / 호두: 2큰술 / 엑스트라 버진 올리브 오일: 2큰술 / 타임: 1큰술 / 수맥(p.136): 1작은술 / 자크로: 1큰술 / 소금: 적당량

터키

Lavaş Tost

|| 라바시 토스토

오븐에 구워도 맛있는 라바시

그냥 먹기도 하고, 수프를 뿌려 먹기도 하고, 고기나 야채를 싸서 먹기도 한다. 또한 스푼 대용으로 요리를 떠서 먹기도 하는 등 라바시를 먹는 방법은 다양하다. 피타나 토르티야처럼 두께가 얇은 특징을 다양하게 활용할 수 있다. 두 장의 라바시 사이에 치즈나 야채를 끼워 프라이팬에 라바시 표면을 살짝 굽거나 라바시 위에 오일을 발라 오븐에 굽는다. 갓 구운 것을 나이프로 자르면 녹은 치즈가 흘러내려 뜨거울 때 먹는 것이 좋다.

재료(2인분) **Recipe**

[빵] 라바시: 2장
[속재료] 잘게 썬 치즈: 1/2컵 / 잘게 썬 토마토: 1개분 / 잘게 썬 수영 또는 루콜라: 1/2컵 / 소금과 후추: 약간 / 올리브 오일: 2큰술
*(4~6장분) 밀가루: 4컵 / 드라이 이스트: 2와 1/4작은술 / 미지근한 물(40℃ 정도): 1/4컵 / 물: 1과 1/2컵 / 소금: 1/2작은술

Balık Ekmek || 발루크 에크멕

이스탄불 골든 혼의 갈라타 다리 양 끝에는 포장마차가 늘어서 있다. 이 주변에서 잘 팔리는 것이 고등어 샌드위치, 발루크 에크멕이다. 그릴에 고등어를 구워 빵에 끼우기만 하면 되는 심플한 샌드위치지만, 그 지역 사람들뿐 아니라 관광객에게도 인기가 있다. 오이나 토마토, 양상추 같은 야채를 넣고 레몬을 꾹 짜 넣는다. 그리고 어렴풋이 새콤함을 느낄 수 있는 붉은 열매 향신료 수맥으로 마무리한다.

재료(1인분)
[빵] 치아바타 롤 또는 바게트(20cm): 1개
[속재료] 야채식초절임: 1/2컵* / 구운 고등어 토막: 1장 / 로메인 레터스: 1장 / 토마토 슬라이스: 3장 / 수맥, 타임: 각 1작은술 / 소금: 적당량 / 올리브 오일, 레몬주스: 각 1큰술
*채썬 당근: 1/3개분 / 채썬 오이: 1/3개분 / 백포도주 식초: 1큰술 / 설탕: 20g / 물: 1/4컵

Sucuk Burger || 스주크 버거

스주크는 중앙아시아나 중근동에서 잘 먹는 소시지로 보통 두 개의 소시지 양끝이 연결된 상태로 판매한다. 쇠고기 소시지로 커민, 수맥, 갈릭, 레드페퍼 같은 향신료가 들어 있다. 약간 신맛이 난다. 슬라이스한 스주크를 볶은 다음, 그 위에 치즈를 올리고 녹기를 기다린다. 이것을 야채와 함께 빵에 끼운다. 진한 터키 커피가 마시고 싶어질 것이다.

재료(1인분)
[빵] 햄버거 빵: 1개
[속재료] 체리 토마토 슬라이스: 4개분 / 프로볼런 치즈 또는 모차렐라 치즈 슬라이스: 1장 / 볶은 스주크 소시지 슬라이스: 8장 / 타임: 약간 / 양상추: 1장

터키

Döner Kebab With Günlük Ekmek

도너 케밥 위드 균류크 에크멕

재료(2인분)
[빵] 균류크 에크멕: 2개 [속재료] 양념장에 절인 양고기 오븐 구이: 250g* / 토마토 슬라이스: 6장 / 그린 핫페퍼 슬라이스: 6장 / 양파 슬라이스: 1/4컵 / 양상추: 2장 / 수맥: 적당량 [소스] 요구르트 소스 (p.297): 2~4큰술
*양고기 슬라이스: 250g / 잘게 썬 양파: 1개분 / 레몬주스: 2큰술 / 마늘: 1쪽 / 드라이 오레가노: 1/2작은술 / 카레가루: 1/2작은술 / 소금과 후추: 1/2작은술 / 올리브 오일: 1/4컵

그리스에 기로가 있다면 터키에는 도너 케밥이 있다. 기로처럼, 양념장에 하루 절인 고기를 세로로 돌아가는 로티세리에 굽는다. 기로와 다른 점은 재료다. 그리스의 스페셜티 짜즈키는 사용하지 않는다. 보통 수맥이라는 열매를 건조시킨 부드러운 향신료를 사용한다. 터키에서도 피타를 흔히 사용하는데, 균류크 에크멕이라는 치아바타 같은 빵에 끼워 제공하기도 한다.

터키

Beyaz Peynirli Sandviç || 베야즈 페이닐리 샌드위치

재료(1인분)
[빵] 시미트: 1개
[속재료] 베야즈 페이닐 또는 페타 치즈: 40g / 오이 슬라이스: 10~12장 / 체리 토마토 슬라이스: 5개분 / 올리브 슬라이스: 2개분 / 엑스트라 버진 올리브 오일: 1큰술 / 타임: 약간

베야즈 페이닐 치즈와 시미트(터키의 전통 빵)로 만든 아침 식사에 적합한 샌드위치다. 시미트는 반죽을 방망이로 민 다음, 비틀어 고리 모양을 만들고 그 위에 참깨를 뿌린 빵이다. 아르메니아에도 같은 도넛 모양의 빵이 있지만 비틀지는 않는다. 베야즈 페이닐은 부드러운 치즈여서 나이프로 빵에 바를 수가 있다.

Isfahani Biryani with Taftoon

이스파하니 비리야니 위드 타프툰

양고기로 만들지만 의외로 무난하고 맛있는 플랫브레드

재료(6인분) **Recipe**

[빵] 타프툰(p.290): 1장*

[속재료] 이스파하니 비리야니: 4~6개* / 민트 잎: 조금 / 잘게 부순 아몬드와 호두: 적당량

*양고기: 400g / 양의 간: 400g / 샐러드유: 1큰술 / 양파: 1개 / 시나몬 파우더: 1큰술 / 물: 4~6컵 / 월계수 잎: 2장 / 소금: 적당량

●재료를 모두 냄비에 넣고 고기가 부드러워질 때까지 끓인다. 고기와 간을 믹서로 갈아 고기 모양 틀에 넣어 굽는다.

Memo

간이라 부르지만 실제로는 허파를 말한다. 구입하기 어려운 경우에는 양고기만으로 해도 상관없다. 햄버그 모양으로 만들었으나 정해진 것은 없다. 차오판(중국식 볶음밥)처럼 틀에 넣어 만들기만 하면 된다.

비리야니란 이란 등에서 먹는 피라프를 말하는데, 여기서 소개하는 이스파하니 비리야니는 양고기 요리로 피라프가 아니다. 피라프는 쌀을 야채나 고기, 향신료와 함께 조리하지만, 이스파하니 비리야니의 경우는 피라프 위에 올려 먹는다. 플랫브레드에 올려 먹기도 한다. 흔히 사용하는 빵은 산가크라는 전립분 플랫브레드이다. 여기서 소개하는 것은 타프툰으로 역시 이란의 플랫브레드이다. 타프툰에는 요구르트가 들어 있기 때문에 좀 신맛이 나고 강황으로 인해 노르스름하다. 니젤라 시드(블랙 커민)와 흰 참깨를 넣어 맛은 최고 수준의 플랫브레드이다.

Sabich

사빅흐

이스라엘의 인기 패스트푸드, 가지 튀김 피타 포켓

1940년~1950년대 이스라엘에 이주해온 이라크 유대인이 가져온 샌드위치다. 요리를 할 수 없는 안식일 때문에 그들은 튀긴 가지, 삶은 달걀, 삶은 감자를 그 전날 준비해 두고 먹었다. 이스라엘에서는 1950년경부터 이 재료를 피타 포켓에 넣은 사빅흐를 패스트푸드로서 판매하기 시작했다. 지금은 이스라엘에서 가장 인기 있는 길거리 음식이다. 피타 포켓에는 다른 야채를 잘게 썬 이스라엘 샐러드, 훔무스(병아리콩 페이스트), 타히니 소스, 안바라 부르는 망고 피클이 들어간다. 고기는 들어가지 않지만 튀긴 가지를 넣어서 상당히 볼륨감이 있다.

재료(4인분) Recipe

[빵] 피타 브레드: 4장
[속재료] 튀긴 가지(두께 15mm정도): 450g / 삶은 달걀 슬라이스: 4개분 / 잘게 썬 양파: 1/2개분 / 잘게 썬 이탈리안 파슬리: 1/4컵 / 잘게 썬 토마토: 1컵 / 잘게 썬 오이: 1컵 / 소금: 적당량
[소스] 타히니 소스(p296): 1/2컵 / 핫페퍼 소스와 안바(망고 피클): 적당량 / 훔무스(p.297): 적당량

Memo

안바는 인도의 망고 처트니와 비슷하다. 유대인은 아니라고 생각하겠지만 망고 처트니로 해도 충분히 맛을 낼 수 있다.

이라크

Musakhan on Laffa || 무사한 온 라파

뼈가 붙은 닭고기를 대담하게 플랫브레드 위에 늘어놓는다

무사한은 이라크에서 많이 먹을 뿐 아니라 팔레스타인이나 요르단의 전통적인 요리로서 알려져 있다. 사실 요르단이 이 요리의 발상지로, 팔레스타인에서는 이 무사한이 국제적인 음식이 되었다. 메인이 되는 재료는 양파와 뼈가 붙은 닭고기, 그리고 수맥이다. 완성된 무사한 이 보라색 빛이 나는 것은 수맥을 많이 사용했기 때문이다. 수맥은 신맛이 있으나 부드러워 많이 사용해도 맛에 나쁜 영향을 주지는 않는다.

고기 요리는 물론 생선 요리, 샐러드 등 여러 요리에 사용할 수 있다. 다른 향신료와는 다른 풍미를 갖고 있어 사용하기 시작하면 계속 사용하게 된다. 라파는 피타와 비슷하지만 크기가 두 배 이상이나 된다.

재료(4~6인분) **Recipe**

[빵] 라파: 1~2장 또는 피타 브레드: 2~3장 [속재료] 닭다리살 로스트: 4~6개 / 수맥: 적당량 / 잣 또는 잘게 부순 아몬드: 2큰술

●라파에 양파를 볶았을 때 남겨둔 올리브 오일을 바르고, 고기와 양파 믹스를 올린 다음 전체에 수맥을 뿌린다.

*잘게 썬 양파: 2~3개분 / 올리브 오일: 2큰술 / 수맥: 2큰술 / 뼈가 붙은 닭고기: 4~6개 / 카르다몬: 1/4작은술 / 소금과 후추: 약간

●올리브 오일로 양파가 투명해질 때까지 볶아 소쿠리에 담고 여분의 올리브 오일을 뺀다. 양파를 볼에 넣고, 수맥과 소금, 후추를 넣어 잘 섞는다. 고기에 카르다몬, 소금, 후추를 넣어 프라이팬에 볶는다. 180℃ 오븐에서 20~30분 완전히 익을 때까지 굽는다. 양파와 고기를 섞는다.

Betinjan Maqli on Laffa

베틴잔 마클리 온 라파

가지 튀김을 라파 위에 올린 간단한 샌드위치

이스라엘 샌드위치로서 등장한 사빅흐(p.135)에서는 그냥 슬라이스한 가지를 튀겨 사용했지만 이 샌드위치에서는 가지에 빵가루 옷을 입혀 튀겼다. 가지를 튀긴 요리는 이탈리아나 라틴 아메리카 등 여러 나라에도 있다. 그 이유는 가지가 기름과 음식 궁합이 맞는데다 기름이 스며들어가면 가지 맛이 더 좋아지기 때문이다. 하지만 두껍게 썰면 기름을 너무 많이 흡수하게 되므로 슬라이스한 가지를 소금물에 1시간 이상 담가 두면 수분이 방호벽이 되어 흡수하는 기름 양을 줄여준다. 바삭바삭하게 튀긴 가지는 그대로도 맛있다. 따로 맛을 낼 필요가 없다.

재료(4~5인분) **Recipe**

[빵] 라파: 2~3장
[속재료] 가지 튀김: 12~15개* / 잘게 썬 이탈리안 파슬리: 1/4컵 / 토마토 슬라이스: 1개분 / 칠리 고추: 1개
[소스] 레몬주스: 2큰술 / 그리스 요구르트: 1/2컵 / 수맥: 약간
*(4~5개분) 가지: 4~5개 / 소금: 1/2작은술 / 후추, 갈릭파우더: 1/4작은술 / 달걀: 1개 / 우유: 2큰술 / 빵가루: 1컵 / 튀김용 샐러드유: 적당량

Shish Kebab in Samoon ‖ 시시 케밥 인 사문

시시 케밥은 고기를 꼬치에 꿰어 구워낸 음식이다. 그리스의 수블라키와 비슷한데 이라크에서 인기가 있다. 원래는 터키 음식으로 시시는 꼬치를 의미한다. 보통 양고기로 만들지만 쇠고기나 송아지 고기, 닭고기는 물론 청새치를 사용하기도 한다. 사문은 이라크의 마름모꼴 빵으로 플랫브레드의 일종이라 할 수 있다. 하지만 다른 플랫브레드보다 두께가 있어 이탈리아의 치아바타와 맛과 식감이 비슷하다.

재료(2~3인분)
[빵] 사문(p.291): 2~3개
[속재료] 잘게 썬 양고기: 400g / 체리 토마토: 6~12개 / 잘게 썬 피망, 피망: 각 1개
[소스] 훔무스(p.297): 1/3컵 / 딜 요구르트 소스(p.297): 3~4큰술 / 수맥: 3큰술
●고기와 야채를 따로 꼬치에 꽂아 굽는다.

이라크

Bagila bil dihin ‖ 바기라 빌 디아힌

바기라 빌 디아힌은 이라크의 서민 음식으로 보통 아침 식사에 먹는다. 샌드위치의 범주에 넣는 데에 이견이 있을 수도 있다. 하지만 빵 위에 재료를 올린다는 관점에서 보면 어엿한 오픈 샌드위치이다. 값싸게 배를 채울 수 있고 칼로리도 충분히 섭취할 수 있다. 콩이 듬뿍 들어간 수프를 피타에 뿌린 듯한 것으로, 밥에 남은 재료를 올리고 된장국을 부어 먹는 느낌이다.

재료(2~3인분)
[빵] 피타 브레드: 4~6장 [속재료] 콩자반: 1~1과 1/2컵*1 / 오믈렛: 2~3개*2 / 레몬: 1/2개 *1삶은 누에콩: 400g / 콩 삶은 물: 적당량 / 소금: 1작은술 / 타임: 1작은술 ●모든 재료를 냄비에 넣고 따뜻할 때까지 끓인다. *2달걀: 4~6개 / 샐러드유: 2큰술 / 잘게 썬 양파: 1/2개분 / 잘게 썬 적피망: 1개분 / 잘게 썬 체리 토마토: 4개분

Afghani Burger || 아프가니 버거

재료(1인분)
[빵] 직사각형 라바시(p.131): 1 또는 1/2장 [속재료] 토마토 슬라이스: 2개분 / 둥글게 썬 양파: 1/4개분 / 삶은 달걀 슬라이스: 1개분 / 채썬 양배추: 1컵 / 프라이드 포테이토: 적당량 / 비프 또는 치킨 소시지: 1개 [소스] 토마토 처트니: 2큰술 / 코리앤더 민트 처트니: 2큰술 / 차트 마살라(p.296), 가람 마살라: 적당량
●재료, 소스, 향신료 순으로 라바시 위에 놓고 싼다.

아프가니 버거는 주재료가 프라이드 포테이토이고 그 밖에 양배추와 양파, 토마토 같은 야채가 들어간다. 햄버거 비슷한 것은 없고 대신에 소시지가 들어간다. 여기에 토마토나 민트 처트니(인도의 조미료. 망고 등의 과일과 야채를 식초와 설탕, 향신료를 넣고 조린 것), 그리고 차트 마살라(망고 가루와 각종 향신료로 만든 어렴풋이 신맛과 단맛이 나는 향신료)를 듬뿍 뿌린다. 재료를 30cm 가까이나 되는 라바시로 싼다. 직경 10cm 가까운 라파는 언제나 배가 고픈 학생에게 인기가 있다.

아프가니스탄

Bolani || 볼라니

재료(6인분)
[빵] 볼라니: 6장* [속재료] 잘게 썬 차이브: 6장 / 생 그린 핫페퍼: 적당량 / 소금: 1작은술 / 코리앤더: 1작은술 / 후추: 적당량 [소스] 아프간 스피니치 요구르트 딥(p.295): 1/2컵 *밀가루: 2컵 / 물: 3~4컵 / 소금: 약간 / 굽기용 올리브 오일: 적당량 ●반죽을 6등분해서 둥글게 늘린다. 3장 위에 믹스한 재료를 올리고 나머지 반죽을 덮은 다음, 가장자리를 눌러 봉한다. 올리브 오일로 양면을 굽는다.

이스트와 베이킹파우더를 사용하지 않은 반죽에 고기, 야채, 치즈 등을 끼워 프라이팬이나 오븐에 굽는 요리는 세계 각지에 존재한다. 이 볼라니도 그런 종류의 빵 요리로 생일이나 축제 때 먹는다. 아프가니스탄 요리는 인도 요리 등의 영향을 받았으나 인도 요리보다도 심플한 점이 많다. 반죽 사이에 끼우는 주된 재료는 차이브, 시금치, 단호박, 감자 같은 야채다. 시금치 요구르트 딥과 함께 제공한다.

파키스탄

Nizami Roll || 니자미 롤

플랫브레드로 만 처트니

아프가니 버거를 품위 있게 만든 듯한 랩이다. 프라이드 포테이토가 주된 속재료인 점은 아프가니 버거와 같지만 다른 재료가 적게 들어가고 심플하다. 소시지 대신 향신료를 넣은 닭고기가 들어간다. 하지만 이 샌드위치에서 가장 주목해야 할 것은 프라이드 포테이토다. 라차파라타라 불리는 프라이드 포테이토는 페이스트리와 같은 층이 되어 있어 층이 무수히 있는 것과는 다르다. 라차파라타는 층이 적고 소용돌이치는 나선형이다. 세계에서 가장 맛있는 플랫브레드 중 하나라고 생각한다. 그러나 속재료를 마는 일은 쉽지 않다.

재료(8~12인분) **Recipe**

[빵] 라차파라타: 4~6장*[1]
[속재료] 양념 닭고기 소테: 250g*[2] / 프라이드 포테이토: 적당량 / 양파 슬라이스: 1/2개분 / 잘게 썬 고수풀: 각 1/4컵 / 잘게 썬 생 그린 핫페퍼: 1개분
[소스] 머스터드 처트니, 그린 처트니: 적당량
*[1]밀가루: 2컵 / 미지근한 물 또는 우유: 3/4컵 / 기(버터 오일): 1/4컵 / 설탕: 1작은술 / 소금: 1작은술
*[2](양념장 재료) 진저 갈릭 페이스트: 2큰술 / 코리앤더(고수풀), 커민, 올스파이스, 칠리 파우더, 소금: 각 적당량 / 레몬주스: 1큰술 / 요구르트: 1/4컵

Memo

이 샌드위치의 맛을 내는 결정타는 단맛 나는 타마린드 처트니와 향신료가 들어간 그린 처트니와의 조합이다. 둘 다 이 샌드위치에 없어서는 안되는 재료다.

파키스탄

Bun Kebab || 번 케밥

재료(4인분)

[빵] 햄버거 빵: 4개 [속재료] 콩 패티: 4개* / 양파 슬라이스: 8장 / 토마토와 오이 슬라이스: 적당량 / 채썬 양배추: 적당량 [소스] 처트니 라이타(p.296): 8큰술 *렌즈콩: 1컵 / 매시트 포테이토: 2개분 / 레드 핫 페퍼: 1개 / 커민 시드: 1큰술 / 다진 마늘과 생강: 각 1큰술 / 잘게 썬 양파: 1개분 / 망고 파우더: 2작은술 / 가람 마살라: 1작은술 / 차트 마살라(p.296): 2작은술 / 달걀(파티 코딩용): 2개

번 케밥은 병아리콩 또는 렌즈콩(렌틸콩)으로 만든 햄버그 모양의 패티를 햄버거 사이에 끼운 것으로, 이탈리아의 파넬레와 비슷한 샌드위치다. 파넬레와 다른 점은 매시트 포테이토와 달걀, 향신료가 들어간다는 것이다. 만드는 과정도 간단하다. 파키스탄의 북부, 라호르가 발상지이나 지금은 전국 어디서나 먹는다. 파키스탄 남부 카라치에서는 가장 인기 있는 길거리 음식이 되었다. 고기를 전혀 사용하지 않아 채식주의자도 안심하고 먹을 수 있다.

파키스탄

Chatpata Paratha Roll || 챗파타 파라타 롤

재료(4인분)

[빵] 라차파라타(p.140): 4장 [속재료] 치킨 소테: 400g* / 적양파 슬라이스, 민트: 적당량 [소스] 갈릭 요구르트(p.295): 1/2컵
*요구르트: 1컵 / 그린 핫페퍼: 4장 / 마늘: 4쪽 / 닭고기: 400g / 버터: 1작은술 / 커민 시드, 차트 마살라(p.296): 각 1작은술 / 터메릭(강황 뿌리를 빻아 만든 향신료), 소금: 각 1/2작은술 / 레몬주스: 2큰술

챗파타는 양념 맛이 강하고 신맛이 있는 요리를 의미한다. 이 샌드위치에서는 그린 핫페퍼, 커민, 파파야, 요구르트, 레몬, 칠리 고추, 그리고 차트 마살라가 이 역할을 담당한다. 기본적으로는 요구르트 베이스의 향신료를 넣은 양념장에 닭고기를 담가두었다가 프라이팬에서 굽기만 하면 되는 요리다. 모든 재료가 균형 잡히게 고루 섞여 중앙아시아다운 맛을 낸다. 가벼운 라차파라타도 눈여겨볼 만하다.

Falafel || 파라펠

파라펠은 중근동이 자랑하는 세계적으로 유명한 요리다. 파라펠은 이집트에서 유래되었으나 다른 나라가 병아리콩을 사용하는 데 반해, 본가인 이집트에서는 누에콩을 사용한다. 갓 만들어 따끈따끈한 콩 경단(파라펠)을 한 입 물면 향신료와 허브 맛이 살짝 단맛 나는 콩과 어우러져 입 안으로 퍼져나간다.

재료(2인분)

[빵] 피타: 2장* [속재료] 파라펠: 8~10개* / 토마토 슬라이스: 4장 / 양상추: 2장 / 잣: 적당량
[소스] 요구르트 소스(p.297): 2큰술 / 타히니 소스(p.296): 2큰술
*물에 담근 건조 병아리콩 또는 누에콩: 120g / 양파: 1/4개 / 스캘리언: 1/2개 / 딜: 15g / 이탈리안 파슬리: 30g / 고수(팍치): 30g / 마늘: 3쪽 / 베이킹파우더: 1/2작은술 / 소금: 1작은술 / 커민: 1큰술 / 코리앤더: 1/2작은술 / 밀가루: 2작은술 / 카옌 고추: 약간 / 흰 참깨: 2큰술(취향에 맞게) / 튀김용 샐러드유: 적당량 ●재료를 믹서로 섞는다. 2~3cm 크기로 만들어 기름에 튀긴다.

Shawarma || 샤와르마

중근동 전반

그리스의 기로, 터키의 도너 케밥, 터키 이외의 중근동 여러 나라에서 먹는 샤와르마 모두 만드는 법과 먹는 법이 비슷하다. 터키에서 만들기 시작한 샤와르마가 그리스, 중근동으로 퍼져나갔다고 한다. 샤와르마는 고기를 양념장에 담그는 데 시간이 좀 걸린다. 주로 사용하는 고기는 닭고기이지만, 양고기나 염소고기를 사용하기도 한다.

재료(3인분)

[빵] 피타 브레드: 3장 [속재료] 양념장에 담갔다가 구운 한입 크기의 닭다리살: 450g* / 적양파 슬라이스: 1/4개분 / 잘게 썬 이탈리안 파슬리: 1큰술 / 양상추: 3장 / 다진 마늘: 3작은술 / 잘게 썬 토마토: 1/2개분 / 오이 피클 슬라이스: 6장 / 채썬 양배추: 1/2컵 [소스] 타히니 소스(p.296), 핫소스: 적당량
*(양념장 재료) 레몬주스: 3큰술 / 올리브 오일: 1/4컵+1큰술(구울 때 사용) / 잘게 썬 적양파: 1/2개분 / 다진 마늘: 3개분 / 소금: 1/2작은술 / 후추, 커민, 파프리카: 각 1작은술 / 터메릭: 1/4작은술 / 핫페퍼 플레이크: 약간

The World's Sandwiches

Chapter

5

북아메리카

미국/하와이/캐나다

Pulled Pork Sandwich

풀드 포크 샌드위치

품위 있게 먹을 생각은 버리고 소스를 듬뿍 넣어 먹는다

미국이라 하면 바비큐, 바비큐라 하면 사우스캐롤라이나, 텍사스, 루이지애나 같은 남부 지역이다. 이런 바비큐 천국에서 가장 잘 알려진 샌드위치라 하면 당연히 풀드 포크 샌드위치이다. 포크 배트라 불리는 목심 덩어리를 손으로 찢을 수 있을 때까지 시간을 들여 충분히 익힌다. 그런 다음 바비큐 고기를 햄버거 빵에 쌓아올리고 소스를 듬뿍 끼얹는다. 지역에 따라 조리법이나 소스에 차이가 있긴 하다. 하지만 샌드위치 옆에 냅킨을 준비해놓고 소스가 묻은 입을 닦으면서 먹는 점에서는 어느 지역이나 똑같다.

재료(1인분) **Recipe**

[빵] 햄버거 빵: 1개
[속재료] 풀드 포크: 100g* / 코울슬로: 2큰술
[소스] 취향에 맞는 바비큐 소스: 1큰술
*(20인분) 소금, 후추: 각 1작은술 / 브라운 슈거: 2큰술 / 파프리카: 1큰술 / 뼈 없는 돼지 목심: 2000g / 4등분한 양파: 2개분 / 백포도주, 식초: 3/4컵 / 우스터소스: 1큰술 / 칠리 고추 플레이크: 2작은술 / 설탕: 1작은술 / 가루 머스터드, 갈릭파우더: 각 1/2작은술

●소금 후추, 브라운 슈거, 파프리카를 섞은 다음 고기에 버무린다. 두툼한 냄비에 양파를 깔고 그 위에 고기를 놓는다. 나머지 재료를 섞은 다음 절반 정도를 고기에 끼얹는다. 뚜껑을 덮고 약한 불에 끓인다. 고기가 대충 익으면 식초에 버무린 나머지 것을 고기에 끼얹고 고기가 완전히 익을 때까지 끓인다. 고기를 꺼내 30분 정도 놔둔다. 익힌 양파는 잘게 썰고, 포크 등으로 찢은 고기와 섞는다. 취향에 맞게 바비큐 소스를 넣어 다시 섞는다.

French Dip

프렌치 딥

프렌치 딥의 기원도 고안자도 모르는 비밀투성이 샌드위치

“우리 것이 최고”라며 로스엔젤레스에 있는 두 레스토랑이 지금도 논쟁을 계속하는 샌드위치다. 얇게 자른 로스트비프를 끼운 프렌치 롤 또는 바게트를 로스트했을 때 나온 육즙과 비프 브로스로 만든 수프 형태의 딥에 찍어 먹는다. 프렌치 딥은 이름과 달리 프랑스와 전혀 관계가 없다. 프렌치 롤을 사용하기 때문에 프렌치 딥이라는 이름이 붙었다는 설, 고안자가 프랑스인이기 때문이라는 설, 맨 처음에 먹은 손님의 이름이 프렌치였기 때문이라는 설이 있다. 하지만 어느 것도 확실한 증거가 없다. 고안자 논쟁과 마찬가지로 진실은 아무도 모른다. 지금은 레스토랑 체인점 메뉴에도 있을 만큼 대중적인 샌드위치다.

재료(3인분) **Recipe**

[빵] 프렌치 롤: 3개
[속재료] 버터: 3큰술 / 로스트비프 슬라이스: 450g* / 프로볼런 치즈: 100g / 호스래디시 머스터드: 3큰술
[디핑 소스] 로스트했을 때 남은 육즙: 전부 / 비프 브로스: 1컵 / 소금과 후추: 약간
*쇠고기 등심 덩어리: 450g / 후추: 2큰술 / 소금: 1작은술 / 다진 마늘: 1작은술
●후추, 소금, 마늘을 고기에 바른 다음, 220℃ 오븐에 약 45분 굽는다.

미국

Reuben || 루벤

둥글게 만 마블 모양의 유대식 호밀빵이 잘 어울리는 샌드위치

이 샌드위치도 프렌치 딥과 마찬가지로 몇 사람이 고안자라고 주장하고 있다. 이 중 두 사람은 유대인으로, 이름이 루벤이다. 루벤은 콘비프 샌드위치다. 버터를 발라 토스트한 유대식 호밀빵 사이에, 빵보다도 몇 배 두껍게 콘비프(Corned Beef)를 쌓아올리고, 그 위에 녹은 스위스 치즈와 사워크라우트를 올린다. 콘비프는 옥수수의 콘과는 전혀 관계가 없다. 고기를 보존하기 위해 절이는 각종 향신료가 들어간 소금물을 콘이라 한다. 콘비프로 사용되는 부위는 소의 가슴에 붙은 양지머리다. 이 부위는 바비큐에도 많이 사용된다.

재료(1인분) **Recipe**

[빵] 마블의 유대식 호밀빵: 2장
[속재료] 버터: 1큰술 / 콘비프 슬라이스: 4~6장* / 사워크라우트: 3큰술 / 스위스 치즈: 2장
[소스] 사우전드 아일랜드 드레싱: 2큰술
*(재료는 p.16) 월계수 잎까지 모든 재료를 냄비에 넣고 끓으면 약한 불에서 2분 더 끓인 다음 식힌다. 고기 전체에 꼬치를 꽂은 다음, 튼튼한 비닐봉지에 고기를 넣고 식힌 육즙을 넣는다. 그것을 냉장고에 넣어 1주일 절인다. 봉지에서 고기를 꺼내 잘 씻은 다음 끈으로 전체를 묶는다. 마늘은 잘게 썰고 다른 야채는 큼직하게 썬다. 이것을 냄비에 넣고 고기를 넣은 다음, 고기가 잠길 정도로 물을 붓는다. 2시간 정도 고기가 부드러워질 때까지 약한 불로 끓인다.

미국

Chicken Sandwich || 치킨 샌드위치

미국인들이 각별히 좋아하는 치킨 샐러드 샌드위치

미국에는 여러 종류의 치킨 샌드위치가 있다. 가슴살을 그릴에서 구운 그릴드 치킨 샌드위치, 튀김옷을 입혀 튀긴 프라이드 치킨 샌드위치, 그리고 여기서 소개하는 치킨 샐러드 샌드위치가 있다. 미국의 치킨 샐러드는 마요네즈를 기본으로 해서 잘게 썬 셀러리와 양파가 들어간다. 미국에는 야채를 싫어하는 사람이 많아 야채 없이 만드는 경우도 적지 않다. 빵은 보통 흰 식빵으로 만든다. 미국의 마요네즈는 단맛이 강해서 개인적으로는 일본의 마요네즈를 사용한다. 모 프라이드 치킨 체인점에는 두 장의 프라이드 치킨을 빵 대신 사용한 것이 있는데, 이 또한 치킨 샌드위치이다.

재료(1인분) Recipe

[빵] 식빵: 2장
[속재료] 치킨 샐러드: 1/3~1/2컵* / 양상추: 1장
*잘게 자른 조리된 닭 가슴살: 50g / 셀러리, 양파 잘게 썬 것: 각 1큰술 / 캔 스위트콘: 1작은술(취향에 맞게) / 마요네즈: 1큰술 / 레몬주스: 1작은술 / 소금과 후추: 약간

Memo

닭고기는 삶은 것이든, 로스트한 것이든 구운 것이든 상관없다. 맛도 취향에 맞게 내면 된다.

Chopped Liver Sandwich

춥트 리버 샌드위치

유대식 호밀빵에 파테를 듬뿍 발라 먹는 샌드위치

"나는 뭐야? 춥트 리버(잘게 썬 간)인가?"

유대인은 이런 비유를 하기도 한다. 춥트 리버는 주로 사이드 디시(주요리에 곁들이는 요리)로 내놓는 경우가 많아 사이드 디시로 취급당하는 것에 대해 분개하는 표현으로 사용된다. 춥트 리버는 결코 메인 코스가 되지는 못한다 해도 유대인에게는 중요한 요리임에는 변함이 없다. 춥트 리버는 닭 간으로 만드는 파테 같은 것이다. 오리고기 요리에 덕 패트(fat)가 흔히 사용되는 것처럼 춥트 리버에는 깊은 맛을 내기 위해 슈몰츠라 하는 치킨 패트가 있어야 한다. 춥트 리버는 보통 2장의 유대식 호밀빵에 끼워 먹는다.

재료(1인분) **Recipe**

[빵] 유대식 호밀빵: 2장
[속재료] 리버 파테: 2~3큰술*
*(10인분) 닭 간: 450g / 키친 슈몰츠(치킨 패트) 또는 샐러드유: 5큰술 / 삶은 달걀: 4개 / 잘게 썬 양파: 1개분 / 다진 마늘: 1쪽 / 육두구: 1/2작은술

●간을 2큰술의 치킨 패트로 볶은 다음 다른 그릇에 옮긴다. 양파와 마늘을 3큰술의 치킨 패트로 볶는다. 나머지 재료와 간, 양파를 믹서에 넣어 고루 섞은 다음 냉장고에 넣어 하룻밤 식힌다.

Memo

슈몰츠를 구하기 어려울 때는 쇼트닝이나 샐러드유 또는 버터를 사용한다. 슈몰츠가 아닌 다른 것을 사용하면 깊은 맛이 없는, 맛이 전혀 다른 파테가 된다고 유대인은 말할 것이다.

미국

Italian Sub

|| 이탈리안 서브

뉴잉글랜드에 사는 이탈리아인이 만든 명품 샌드위치

이탈리안 서브는 메인 주 포틀랜드에서 이탈리아 이주민이 카트를 끌고 다니며 팔았던 것이 시초라고 한다. 기다란 이탈리안 롤에 제노아 살라미(이탈리아식 소시지), 프로슈토 코토, 모르타델라 같은 이탈리아의 콜드 컷, 프로볼런 치즈 그리고 토마토, 양상추, 양파를 끼운 것이다. 마요네즈를 사용하기도 하지만 식초와 엑스트라 버진 올리브 오일을 배합하는 쪽이 훨씬 맛있다. 이탈리안 서브에는 서브마린 샌드위치, 호기, 그라인더 등의 별명도 있다. 고기와 야채, 치즈, 빵의 멋진 조합으로 씹을 때마다 각 재료가 어우러진다. 미국 샌드위치의 걸작이라 할 수 있다.

재료(1인분) **Recipe**

[빵] 치아바타 롤: 1개
[속재료] 잘게 썬 로메인 레터스(양상추): 1/2컵 / 토마토 슬라이스: 3~4장 / 제노아 살라미, 카피콜로(생 햄의 일종): 각 3장 / 프로슈토 코토, 모르타델라: 각 1장 / 적포도주 식초: 2큰술 / 드라이 오레가노, 분말 머스터드: 각 작은술 1/2 / 소금과 후추: 약간 / 엑스트라 버진 올리브 오일: 1큰술 / 프로볼런 치즈: 2장

Memo

여기서는 체다 치즈를 사용했으나 바게트 같은 크러스티 브레드라면 뭘 사용하든 상관없다. 식초는 백포도주 식초로 만들어도 맛있고 발사믹 식초로 만들어도 맛있다.

미국

BLT

비엘티

미국에서 가장 인기가 많은 샌드위치

B는 베이컨(Bacon), L은 레터스(Lettuce), T는 토마토(Tomato)를 가리킨다. 즉, 베이컨과 레터스(양상추), 토마토, 그리고 빵 이 네 가지 재료로 만든다. 영국에 베이컨 버티라는 샌드위치가 있다. BLT의 기원은 거기에 있을 듯하다. 베이컨은 보통 바삭거릴 때까지 굽지만 살짝 볶은 베이컨을 좋아하는 사람도 적지 않다. 양상추는 아이스버그 레터스라 부른다. 일본에서도 흔히 볼 수 있는 둥근 상추가 사용된다. 토마토는 이 샌드위치의 핵심으로 여름 토마토가 가장 맛있는 시기에 먹는 것이 가장 좋다. 빵은 서브마린용 롤, 햄버거 빵 등 뭐든 상관 없다. 인기가 있는 샌드위치이므로 다양하게 응용하기도 한다.

BLAST: 슬라이스한 아보카도와 새우를 넣는다.
BLAT: 슬라이스한 아보카도를 넣고 그 위에 라임주스를 뿌린다. 좋아하는 새싹을 맨 위에 올린다.
BLOFT: 생 또는 슬라이스한 양파를 황갈색으로 볶은 것과 체다 치즈를 넣는다.
BLET: 슬라이스한 삶은 달걀을 올린다.

재료(1인분) Recipe

[빵] 치아바타 롤 또는 바게트: 1개
[속재료] 바삭하게 구운 베이컨: 3~4장 / 레터스 또는 로메인 레터스: 2장 / 토마토 슬라이스: 3~4장
[소스] 마요네즈: 1큰술

Memo

베이컨을 프라이팬에 바삭하게 굽는다. 하지만 베이컨이 자체 기름으로 인해 튀긴 상태가 되기 쉽다. 키친타월 사이에 베이컨을 끼워 레인지로 조리하면 간단할뿐 아니라 완벽하게 바삭바삭한 베이컨이 만들어진다.

Club Sandwich

클럽 샌드위치

빵을 두 장으로 할지 세 장으로 할지 망설여지는 샌드위치

클럽 샌드위치의 기원은 불분명하다. 신사 클럽으로는 뉴욕 맨해튼의 유니언클럽, 뉴욕의 새러토가 스프링에 있던 새러토가 클럽, 이 두 군데가 유명하다. 신사 클럽이라 하면 좋게 들리지만, 사실 도박꾼이 모이는 클럽을 말한다. 샌드위치는 BLT에 칠면조나 닭고기를 추가한 것으로, 드레싱은 마요네즈를 사용한다. 초기에는 2장의 빵을 사용하는 전통적인 방식이었으나 지금은 트리플 버거라 해서 3장을 사용한 것이 많다. 빵은 일반적으로 구워 사용한다.

재료(1인분) **Recipe**

[빵] 식빵(토스트): 3장
[속재료] 버터: 1큰술 / 로메인 레터스: 2장 / 토마토 슬라이스: 4장 / 바삭바삭하게 구운 베이컨: 4장 / 로스트 칠면조 슬라이스: 4장 / 소금과 후추: 약간
[소스] 마요네즈: 2큰술

Memo

빵은 재료를 끼우기 전에 굽는다. 칠면조 대용으로 닭고기도 많이 사용한다.

미국

Grilled Portobello Sandwich

그릴드 포토벨로 샌드위치

채식주의자가 아니어도 맛있게 먹을 수 있는 버섯 샌드위치

포토벨로라는 말을 듣고 이미지가 딱 떠오르지 않을지도 모르겠다. 포토벨로란 보통 우리가 먹는 양송이를 말한다. 작은 양송이는 다 자라지 않은 것이고, 포토벨로란 다 자란 것을 가리킨다. 양송이에는 흰색과 갈색이 있는데, 포토벨로는 갈색이며 안쪽은 거무스름하다. 큰 것은 직경이 10cm 정도 되며, 두께도 1cm가 넘는다. 두툼하고 식감이 있기 때문에 채식주의자는 이 버섯을 고기 대용으로 샌드위치를 만든다. 그릴드 포토벨로 샌드위치는 1990년대에 채식주의자들이 먹기 시작했다.

재료(1인분) Recipe

[빵] 네모난 치아바타 롤: 1개
[속재료] 양념장에 담근 포토벨로(대) 소테: 1장* / 프로볼런 또는 모차렐라 치즈: 1장 / 로스트 레드페퍼(고추): 1개 / 루콜라: 1/2컵
*(양념장 재료) 발사믹 식초: 2큰술 / 엑스트라 버진 올리브 오일: 1큰술 / 디종 머스터드: 1작은술 / 다진 마늘: 1쪽 / 소금과 후추: 약간

Memo

양송이는 생으로 먹을 수 있고 샐러드로 만들어도 맛있다. 그러므로 지나치게 익히지 않는 것이 좋다. 하지만 거꾸로 시간을 들여 조리하면 보다 깊은 맛이 나오는 것도 사실이다.

미국

Breakfast Biscuit Sandwich

|| 브렉퍼스트 비스킷 샌드위치

영국 스콘에 필적할 만큼 맛있는 부드러운 비스킷

비스킷에는 딱딱한 것과 부드러운 것 두 종류가 있다. 맛도 달콤한 것과 달지 않은 것이 있다. 영국이 기원인 다이제스트 비스킷은 달고 단단한 비스킷, 말하자면 쿠키다. 스콘은 부드럽고 달다. 미국 비스킷은 부드럽고 달지 않다. 특히 미국 남부에서 많이 먹는다. 비스킷에는 베이킹소다 또는 베이킹파우더가 사용된다. 여기서 사용하는 비스킷은 미국의 비스킷이다. 스콘처럼 따뜻할 때 버터를 발라 먹는다. 햄이나 소시지를 끼워 샌드위치를 만들어도 맛있다. 이 비스킷에 달걀 프라이를 올려놓으면 말할 것도 없이 호화로운 아침 식사를 할 수 있다.

재료(2인분) **Recipe**

[빵] 비스킷: 2개*
[속재료] 햄: 2장 / 이탈리안 소시지: 100g(껍질을 깐 다음 햄버거 모양으로 만들어 굽는다) / 달걀 프라이: 2개 / 좋아하는 잼 또는 설탕에 조린 과일: 2~4큰술
*(5인분) 밀가루: 2컵 / 소금: 1/2 / 베이킹파우더: 2작은술 / 무염 버터: 110g / 우유: 1과 1/2컵
●밀가루, 소금, 베이킹파우더를 섞어 상온에 둔 버터를 넣어 잘 섞는다. 우유를 넣고 잘 치댄다. 반죽을 다섯 개로 나눈 다음, 두께 2cm 정도의 원추형으로 만들어 200℃ 오븐에서 30분간 굽는다.

Muffuletta

|| 무플레타

뉴올리언즈에서 재탄생한 이탈리아 시실리의 맛

1900년대 초반, 이탈리아 시실리에서 루이지애나 주 뉴올리언스로 이주한 한 이민자가 고안한 샌드위치다. 이탈리안 서브 뉴올리언스판이라고 할 수 있는 무플레타는 무플레타 또는 머플레타라 하는 참깨가 붙어 있는 부드러운 빵을 사용한다. 이 빵에 이탈리안 햄이나 살라미, 그리고 올리브 샐러드라 불리는 가늘게 자른 야채와 올리브로 만든 샐러드를 끼운다. 최근에는 무플레타가 아닌 이탈리안 혹은 프렌치 브레드를 많이 사용한다. 이탈리안 서브와 마찬가지로 물리지 않는 균형 잡힌 샌드위치다. 시실리에는 완전히 같은 빵, 무포레타(p.286)가 있다. 무플레타는 철자를 잘못 쓴 것이라고 한다.

재료(4~6인분) Recipe

[빵] 무플레타: 3개
[속재료] 올리브 샐러드: 1~2컵* / 이탈리안 살라미: 10~12장 / 프로슈토 코토: 2~4장 / 프로볼런 치즈: 6~8장 / 엑스트라 버진 올리브 오일: 2~4큰술
*(2컵분) 자른 그린 올리브, 칼라마타 올리브: 각 2/3컵 / 로스트 레드페퍼: 1개 / 다진 마늘: 3쪽 / 잘게 썬 이탈리안 파슬리: 1/2컵 / 앤초비 가루: 2작은술 / 후추: 1/2작은술 / 엑스트라 버진 올리브 오일: 1/2컵

Memo

야채는 큼직하게 썬다. 만든 즉시 먹는 것보다 시간을 두고 먹는 것이 맛이 배어 맛있다.

미국

Deviled Ham Sandwich

데빌드 햄 샌드위치

악마가 트레이드마크인 맵게 양념한 샌드위치

요리에서 데빌드라는 말을 의외로 많이 쓴다. 처음으로 요리에 데빌드가 사용된 것은 1700년대이다. 혀가 탈 정도로 매운 향신료를 사용한 요리에 흔히 '데빌드'라는 이름을 붙인다. 이미 지난 이야기지만, 일본의 모 패밀리 레스토랑에도 데빌드 치킨이 있었다. 데빌드 햄은 1822년에 보스턴에서 창업한 윌리엄 언더우드 컴퍼니가 1868년에 내놓은 햄과 핫소스, 향신료를 섞은 스프레드(빵에 바르는 잼이나 젤리 같은 식품)로, 상상했던 것만큼 맵지는 않고 먹기 쉽다. 카나페(잘게 썬 빵이나 크래커에 치즈나 생선, 달걀 등을 얹은 것) 등 오르되브르(수프 전에 나오는 가벼운 요리)에 사용되기도 한다. 직접 만드는 사람도 있지만 슈퍼마켓에서 캔을 구입할 수 있다.

재료(1인분) Recipe

[빵] 식빵: 2장 / 마요네즈: 1작은술
[속재료] 데빌드 햄: 100g* / 물냉이 혹은 양상추: 적당량
*잘게 썬 피클: 1큰술 / 디종 머스터드: 1작은술 / 우스터소스: 조금 / 핫소스: 1큰술 / 파프리카: 1/2작은술 / 자른 햄: 100g / 양파 잘게 썬 것: 1큰술

Memo

사진의 샌드위치 왼쪽에 있는 것이 윌리엄 언더우드 컴퍼니의 데빌드 햄 캔이다. 데빌드의 로고는 현재도 사용되고 있는 미국에서 가장 오래된 등록상표다.

미국

Sloppy Joe

슬로피 조

한 손에 냅킨을 들고 먹는 것이 이 샌드위치를 먹는 격식이다

슬로피 조라는 색다른 이름이 붙은 샌드위치다. 슬로피 조는 빵 사이에 끼우는 재료가 삐져나와 줄줄 흘러나오기 때문에 슬로피 조라는 이름이 붙었다는 것을 모르는 것은 아니다. 조는 미국에서도 가장 흔한 이름이기 때문일까. 샌드위치 이름이야 어떻든 아이오와 주의 레스토랑에서 고안한 루스 미트 샌드위치가 기원이 아닐까 보고 있다. 달달한 미트 소스라 할까, 모양을 잃어버린 햄버거라 할까, 스튜 형태의 속재료를 햄버거 빵 사이에 끼운다. 미국에는 통조림을 판매하고 있으므로 레스토랑에 가지 않아도 이 통조림과 햄버거 빵만 있으면 누구나 간단히 만들 수 있다.

재료(8인분) Recipe

[빵] 햄버거 빵: 8개
[속재료] 슬로피 조: 3~4컵*
*샐러드유: 1큰술 / 양파, 피망, 당근, 셀러리 잘게 썬 것: 각 1/2컵 / 다진 마늘: 2쪽 / 저민 쇠고기: 450g / 토마토소스: 2컵 / 케첩: 1/2컵 / 브라운 슈거: 1큰술 / 우스터소스: 1큰술 / 소금과 후추: 약간

●야채와 저민 고기를 볶은 다음, 나머지 재료를 넣어 미트 소스 상태가 될 때까지 끓인다.

미국

Egg Benedict

에그 베네딕트

포치드 에그를 나이프로 잘라 노른자를 소스 대신 먹는다

이렇게 말하면 좀 이상할지 모르나 에그 베네딕트는 미국의 샌드위치 치고는 좀 화려하다. 이 샌드위치의 기원에 대한 설도 몇 가지가 있다. 출처가 호텔의 셰프라고 하기도 하고, 외국의 요리책이라고 하는 말을 들으니 흥미롭다. 아침 식사나 브런치로 먹기 적당하다고는 하지만 양이 상당하다. 캐나다식 베이컨 혹은 햄 위에 포치드 에그를 올린다. 그리고 달걀노른자가 들어간 네덜란드식 소스를 끼얹는다. 기본이 되는 빵은 둘로 자른 영국식 머핀이다. 두 개가 한 세트로 1인분이고, 달걀 2개, 햄 2장이 들어간다.

재료(2인분) Recipe

[빵] 잉글리시 머핀: 2개
[속재료] 버터: 1큰술 / 포치드 에그: 4개* / 캐나다식 베이컨 또는 햄: 4장
[소스] 네덜란드 소스(p.295): 4큰술 / 파프리카: 약간 / 잘게 썬 차이브: 4작은술
*달걀: 4개 / 물: 적당량 / 백포도주 식초: 1작은술

Memo

포치드 에그를 보기 좋게 만들기는 어렵다. 팔팔 끓는 물에 식초를 넣는 것이 포인트이다. 달걀은 끓는 물에 직접 깨 넣지 않는다.

Crab Melt || 크랩 멜트

고급 재료 게를 넣은 독특한 샌드위치

미국에서도 게는 고급 식재료다. 메인 주의 록 크랩, 메릴랜드와 버지니아 주에 걸쳐 있는 체서피크만의 블루 크랩, 알래스카 주의 킹 크랩 등 미국 각지에서 다양한 게가 나오고 있다. 이 게살로 샐러드를 만들어 빵에 끼운 것이 이 크랩 멜트 샌드위치다. 게 샐러드 위에는 치즈를 올리고 오븐에서 치즈가 녹아내릴 때까지 굽는 것이 포인트이다. 보통 식빵이 사용되지만 고급 식재료인 게에 걸맞게 하기 위해 여기서는 둥글게 자른 브리오슈를 대신 사용했다. 게살과 버터의 풍미가 특징인 브리오슈와의 조합이 뛰어나 고급스런 샌드위치로 완성된다.

재료(2인분) **Recipe**

[빵] 브리오슈 롤(둥글게 잘라 구운 것): 4장

[속재료] 게살 믹스: 500g*

*소금을 넣은 물에 데친 게살: 450g / 레몬주스: 2큰술 / 마요네즈: 1/4컵 / 거칠게 빻은 머스터드: 1작은술 / 셀러리 잘게 썬 것: 1/4컵 / 잘게 썬 차이브(골파), 잘게 썬 딜: 각 1큰술 / 가루 파르메산 치즈, 버터: 각 2큰술 / 소금과 후추: 약간

미국

Clam Roll

클램 롤

속재료를 튀겨 맛있는 샌드위치

클램(대합) 차우더는 뉴잉글랜드 지방의 명물요리다. 보스턴 주변의 바다도 최근 깨끗해져 로칸국제공항 주변에서도 어부가 커다란 조개를 잡는 광경을 볼 수 있다. 클램 롤도 명물요리의 하나다. 1916년 매사추세츠 주의 북쪽에 있는 해안선 마을인 입스위치에서 탄생했다고 한다. 지금은 뉴잉글랜드 해안선 곳곳에 대합을 튀겨 파는 가게가 있다. 튀긴 조갯살을 핫도그빵에 끼워 먹기도 한다. 심플한 샌드위치이지만 해물을 좋아하는 사람에게는 더없이 좋은 샌드위치다. 포인트는 대합을 너무 오래 튀기지 말고 고온에서 살짝 튀기는 게 요령이다.

재료(1인분)

Recipe

[빵] 뉴잉글랜드식 핫도그 빵: 1개
[속재료] 버터: 1작은술 / 조개 튀김: 1/2컵* / 양상추: 1장
[소스] 타르타르 소스: 1큰술
*신선한 조갯살: 100g / 헤비 크림: 80ml / 콘밀(거칠게 간 옥수수 가루): 1/4컵 / 밀가루: 2작은술 / 소금과 후추: 약간 / 튀김용 샐러드유: 적당량
●조갯살을 크림에 담가 30분 정도 둔다. 다른 재료를 섞은 다음 조갯살에 묻혀 튀긴다.

Memo

빵은 뉴잉글랜드식 핫도그 빵을 사용한다. 레몬을 짜 넣는 것만으로도 맛있다. 소스를 뿌린다면 타르타르 소스나 요구르트 소스(p.297)가 좋다.

미국

Mother in Law

머더 인 로

시카고의 슈퍼마켓에서도 파는 타말을 끼워 놓은 기묘한 샌드위치

핫도그에 대한 미국인의 집착은 상당하다. 각 지방마다 내세우는 핫도그가 있지만 시카고의 머더 인 로는 다른 핫도그를 압도하는 색다른 종이다. 머더 인 로는 시어머니를 의미한다. 왜 이 이름이 붙었는지 모른다. 확실한 것은 소시지 대신 콘밀로 만든 타말(옥수수를 갈아서 으깬 고기와 섞고, 옥수수 잎으로 싸서 익힌 것)을 끼운다는 점이다. 맛은 다르지만 식감은 대나무 껍질로 찐 감자경단과 비슷하다. 타말은 원래 라틴아메리카 음식인데, 멕시코에도 구아호로타라는 비슷한 샌드위치가 있다. 구아호로타와 다른 점은 머더 인 로에는 칠리를 뿌린다는 것이다.

재료(1인분) Recipe

[빵] 핫도그 빵: 1개
[속재료] 시카고식 핫 타말: 1개*
[기타 재료] 잘게 썬 핫 그린페퍼: 1개 분량 / 양파 잘게 썬 것: 1큰술 / 잘게 썬 치즈: 1큰술 / 핫 칠리: 1큰술
*(6개분) 저민 쇠고기: 250g / 커민, 카옌 고추, 어니언 파우더, 소금, 후추: 조금 / 칠리 파우더: 1작은술 / 설탕: 2작은술 / 갈릭 파우더: 1작은술 / 콘밀: 2큰술 / 토마토소스: 75g / 14×14cm 왁스 페이퍼(유산지: 재료를 싸기 위해): 6장 / 콘밀(코팅용): 1컵
●재료를 모두 섞어서 엽궐련 모양으로 만든다. 왁스 페이퍼에 싸서 찐다.

미국

Philly Cheesesteak Sandwich

필리 치즈스테이크 샌드위치

치즈스테이크를 먹어보지 않고는 필라델피아를 말할 수 없다!

필라델피아의 명물 샌드위치라 하면 역시 치즈스테이크이다. 얇게 자른 스테이크를 이탈리안 롤에 끼우고, 그 위에 스테이크가 보이지 않을 정도로 녹은 치즈를 끼얹는다. 유명한 가게가 두 군데 있는데 인기를 나눠 갖고 있다. 치즈스테이크 주문 방법에는 룰이 있다. 세 단어만 사용하면 된다. 첫 번째가 주문하는 개수, 두 번째는 치즈의 종류, 세 번째는 프라이드 어니언의 유무다. 샌드위치는 한 개, 치즈는 치즈 위즈(치즈 딥), 프라이드 어니언도 필요하다면 원(one) 위즈(Whiz) 위트(wit)가 된다. 그러나 치즈 비슷하게 만든 치즈 위즈는 입맛에 맞지 않을 수도 있다.

재료(1인분)

Recipe

[빵] 서브 롤 또는 프렌치 롤: 1개
[속재료] 로스트비프 슬라이스: 120g / 어니언, 피망 슬라이스: 각 1/4개분 / 갈릭 페이스트: 1작은술 / 프로볼런 치즈: 2장 / 올리브 오일: 1큰술 / 소금과 후추: 약간
[소스] 토마토소스 또는 케첩: 적당량

Memo

로스트비프는 먹기 좋은 크기로 잘라 프라이팬에 데우면 된다. 그리고 갈비처럼 지방이 많은 고기를 사용해도 좋다.

미국

American Taco || 아메리칸 타코

부드러운 콘 토르티야를 쓰는 멕시코 타코스와는 달리 아메리칸 타코에는 바삭한 타코셸을 사용한다. 여기에 고기, 야채, 살사, 잘게 썬 치즈 등을 올린다. 타코를 옆으로 하면 속재료가 떨어질 수 있으므로 얼굴을 옆으로 돌려 먹어야 한다.

재료(3인분)
[빵] 타코셸: 3장
[속재료] 칠리: 1/2~2/3컵* / 잘게 썬 체다 치즈, 양상추, 토마토, 살사 소스(취향에 맞게), 사워크림: 적당량
*저민 쇠고기: 100g / 양파 잘게 썬 것: 1/4개분 / 칠리 파우더: 1작은술 / 소금과 후추: 약간 / 토마토소스: 50g

미국

Barbecue Sandwich || 바비큐 샌드위치

얇게 찢은 조리한 고기를 바비큐 소스에 볶거나 고기에 소스를 뿌린다. 고기는 남은 것으로 해도 상관없다. 소스도 시중에 나오는 것으로 충분하다. 야채는 옵션. 바비큐 소스를 넣으면 뭐든지 바비큐 샌드위치가 된다.

재료(1인분)
[빵] 전립분 빵: 1개
[속재료] 고기 소테: 150g* / 크리미 코울슬로: 2~3큰술
[소스] 취향에 맞는 바비큐 소스: 2큰술
*닭고기, 포크 촙(돼지 갈비 구이), 또는 스테이크용 쇠고기: 150g / 소금과 후추: 약간

미국

Chow Mein Sandwich || 차우 메인 샌드위치

매사추세츠 주의 폴리버에 있는 중화요리점이 팔기 시작한 시골풍의 샌드위치다. 이 샌드위치 전용 중화면과 소스가 지역 주변 슈퍼마켓에서 팔리고 있다. 중국식 야키소바(튀김국수) 빵 같은 것이다.

재료(1인분)
[빵] 핫도그 빵: 1개 [속재료] 중화면: 1팩(기름에 튀긴 것) / 야채 볶음: 1~1과 1/2컵* *샐러드유: 1큰술 / 양파 슬라이스: 1/4개분 / 셀러리 잘게 썬 것: 2큰술 / 숙주나물: 1컵/후추: 조금 / 콘스타치: 1작은술 / 닭 수프: 1/2컵 / 당밀: 1큰술 ●절반으로 자른 빵 아래쪽을 접시에 놓는다. 튀긴 면을 빵 위에 놓는다. 야채볶음을 면 위에 얹고 그 위에 빵을 놓는다.

미국

Cudighi || 쿠디기

미시간 주의 어퍼 반도 주변의 샌드위치이다. 평평한 햄버거 같은 것을 프렌치 롤에 끼우고 모차렐라 치즈를 위에 올리고 토마토소스를 끼얹는다.

재료(1인분)

[빵] 프렌치 롤: 1개 [속재료] 쿠디기: 1개*[1] / 야채 소테: 1/3~1/2컵*[2] / 모차렐라 치즈: 2장 [소스] 토마토소스: 2큰술

*[1] 저민 돼지고기: 150g / 소금과 후추: 약간 / 시나몬, 육두구, 클로브(정향나무 꽃봉오리를 말린 것), 올스파이스: 조금 / 다진 마늘: 1작은술 / 적포도주: 1작은술 ● 섞어서 굽는다. *[2] 양송이 슬라이스: 3개분 / 양파, 피망 슬라이스: 각 1/4개분 / 샐러드유: 1작은술

미국

Dagwood || 대그우드

1930년대에 인기를 끈 ≪블론디(Blondie)≫라는 만화에 등장하는 샌드위치로, 만화가 딘 영이 생각해 낸 것이다. 대그우드에는 특정한 레시피가 없다. 냉장고를 열고 사용할 만한 재료를 찾아 식빵에 끼워 높이 쌓아올리면 된다.

재료(2~4인분)

[빵] 유대식 호밀빵: 5장 이상

[속재료(조합은 자유)] 각종 햄, 야채, 치즈 등: 적당량 / 올리브: 2개

[소스] 머스터드 또는 마요네즈: 1큰술

미국

Veggie Croissant sandwich || 베지 크루아상 샌드위치

크루아상은 프랑스의 페이스트리인데, 프랑스에서는 크루아상으로 샌드위치를 만들지는 않는 모양이다. 크루아상 샌드위치는 순수하게 미국 샌드위치이다. 커피 체인점에서 팔 정도로 대중적이다.

재료(1인분)

[빵] 크루아상: 1개

[속재료] 오이 슬라이스: 5장 / 토마토 슬라이스: 2~3장 / 아보카도 슬라이스: 3장 / 알파파: 1/2컵 / 페스트: 1큰술 / 프레시 고트 치즈: 2큰술

미국

Chili Burger || 칠리 버거

가장 인기 있는 햄버거. 햄버거 위에 칠리소스를 듬뿍 뿌린다. 칠리가 햄버거 옆에 혹은 따로 나오는 경우도 있다. 치즈를 올리기도 하나 야채는 보통 넣지 않는다.

재료(1인분)

[빵] 햄버거 빵: 1개

[속재료] 햄버그(p.167): 1개 / 칠리 빈즈: 적당량(p.297) / 양파 잘게 썬 것: 1큰술 / 체다 치즈: 1장

[소스] 머스터드: 1큰술

미국

Burrito || 부리토

멕시코 부리토와는 달리 미국 부리토는 고기나 라이스, 살사, 콩, 구아카몰레, 사워크림 등 생각할 수 있는 모든 재료를 토르티야에 넣는다. 미국에서 팔리는 부리토의 대부분은 텍사스풍 멕시코 요리다.

재료(1인분)

[빵] 플라워 토르티야: 1장 이상

[속재료] 삶은 닭 가슴살, 또는 로스트비프 등: 120g / 지은 밥: 2~4큰술 / 삶은 검은 콩: 2~4큰술 / 잘게 썬 양상추: 1/4컵 / 잘게 썬 체다 치즈: 2큰술 / 구아카몰레(p.295), 사워크림, 살사(취향에 맞게): 적당량

미국

Denver || 덴버 샌드위치

카우보이 샌드위치라고도 불리는 오믈렛 샌드위치로, 아무래도 서부 개척시대부터 존재한 듯하다. 기원은 불확실하지만, 중국인 요리사가 파가 든 오믈렛을 빵에 끼워 내놓은 것이 시초였다는 설이 있다.

재료(1인분)

[빵] 식빵 또는 전립분 빵: 2장(토스토)

[속재료] 오믈렛: 1개*

*양파, 피망, 햄: 각 2큰술 / 달걀: 2개 / 우유: 1큰술 / 소금과 후추: 약간

미국

Hamburger || 햄버거

햄버거를 빼놓고 미국의 샌드위치를 말할 수 없다. 햄버거는 미국 식문화의 상징이라 해도 과언이 아니다. 햄버거에는 양상추, 양파, 케첩, 머스터드 정도가 표준으로 들어간다. 하지만 경쟁이 심한 업계에서 손님을 끌기 위해서는 스페셜 햄버거 개발이 필수다. 햄버거 높이가 더 높아지고 칼로리도 늘어간다. 최근에는 빵에 주목해 브리오슈를 사용하는 곳이 늘었다.

재료(3~4인분)

[빵] 브리오슈: 3~4개 [속재료] 햄버그: 3~4개* / 체다 치즈: 3~4장 / 토마토, 양파, 피클 슬라이스: 각 6~8장 / 손으로 찢은 로메인 양상추: 3~4장분 [소스] 레물라드(p.297), 딜 머스터드(p.297): 각 1큰술 / 케첩, 마요네즈 등: 적당량(취향에 맞게) *저민 쇠고기: 400g / 양파 잘게 썬 것: 1/4개분 / 다진 마늘: 1쪽 / 소금과 후추: 약간

미국

Hot Dog || 핫도그

햄버거와 나란히 아메리칸 샌드위치의 상징이 바로 핫도그다. 핫도그 빵에 쇠고기 100%인 프랑크푸르트 소시지가 기본적으로 들어가지만 지방에 따라 상당한 차이가 있다. 대표적인 핫도그로는 원조라고 할 수 있는 뉴욕 스타일(사워크라우트, 스파이시 브라운 머스터드, 어니언을 올린다)과 시카고 스타일(포피 시드, 머스터드, 토마토, 그린 렐리시, 피클, 셀러리솔트를 올린다)이 있다.

재료(1인분)

[빵] 핫도그 빵: 1개

[속재료] 100% 비프 핫도그 소시지: 1개 / 사워크라우트 또는 양파 소테: 1큰술

[소스] 스파이시 브라운 머스터드: 1작은술 / 토마토 페이스트 또는 소스: 1큰술

The Elvis

더 엘비스

엘비스 프레슬리가 무척 좋아했던 피넛버터 샌드위치

일본에서는 엘비스 프레슬리가 과거의 가수로 남아 있는지도 모른다. 그러나 미국에서는 아직도 건재하다는 느낌이다. 멤피스에서는 엘비스 프레슬리가 지금도 관광의 대상이다. 엘비스 프레슬리는 고칼로리 음식을 즐겨 먹었다. 특히 피넛버터를 빠뜨리지 않고 먹었다. 피넛버터와 매시트 바나나를 빵에 바르고, 구운 베이컨을 올린 샌드위치를 엘비스 프레슬리는 아주 좋아했다. 그래서 이름까지도 엘비스가 붙여졌다. 엘비스 프레슬리는 이 샌드위치와 크림이 듬뿍 든 버터밀크를 한 손에 들고 먹었다고 하니까 믿을 수가 없다. 이것을 맛있다고 생각할지 아닐지는 개인의 취향에 달려 있다.

재료(1인분) Recipe

[빵] 식빵: 2장(토스트)
[속재료] 버터: 1큰술 / 피넛버터: 2큰술 / 바나나 슬라이스: 6~8장 / 구운 베이컨: 2장

Memo

빵 한 쪽에 버터, 다른 쪽에는 피넛버터를 바른다. 버터 바른 쪽을 아래로 해서 뜨겁게 달군 프라이팬에 놓는다. 그 위에 얇게 자른 바나나와 살짝 구운 베이컨을 올린 다음, 또 한 장의 빵(피넛버터 바른 쪽을 아래로 해서)을 올린다. 도중에 샌드위치를 뒤집어 빵이 눋도록 굽는다.

미국

Beef on Weck || 비프 온 웩

웩은 카이저 롤에 캐러웨이 씨를 묻힌 크메르웩 롤을 말하는 것으로, 그 빵을 길게 자른 후 로스트 비프를 끼운 것이 비프 온 웩이다. 뉴욕의 버펄로가 기원이라고 하지만 실제로는 불분명하다.

재료(1인분)

[빵] 크메르웩 롤: 1개*

[속재료] 고기 국물 또는 비프 브로스: 1/4컵 / 로스트비프 슬라이스: 100g / 호스래디시: 2큰술

* 카이저 롤: 1개 / 물: 1큰술 / 콘스타치: 1큰술 / 조염: 1작은술 / 캐러웨이 씨: 1작은술 ●빵 이외의 재료를 섞어 빵 위에 바르고, 180℃ 오븐에서 위에 바른 재료가 마를 때까지 굽는다.

미국

Bologna Sandwich || 볼로냐 샌드위치

아이가 학교에 갖고 가는 점심 메뉴로 피넛버터 샌드위치와 인기를 다투는 것이 볼로냐 샌드위치다. 식빵에 볼로냐 소시지만 끼우는 경우도 많지만, 여기에 주스와 과일을 추가하면 점심 도시락이 완성된다.

재료(1인분)

[빵] 식빵 또는 전립분 빵: 2장

[속재료] 버터: 1작은술 / 볼로냐 소시지: 3~4장 / 치즈 슬라이스: 1장 / 토마토 슬라이스: 2장 / 양상추: 1장

[소스] 마요네즈: 1작은술 / 허니 머스터드 또는 옐로 머스터드: 1작은술

미국

Cuban Sandwich || 쿠반 샌드위치

쿠바에서 플로리다 주로 이민 온 사람들이 퍼뜨린 샌드위치. 마지막에 그릴에 올려 누르면서 굽는 것이 특징이다. 그렇기 때문에 샌드위치는 납작하다. 쿠반 샌드위치의 기원이 되는 샌드위치가 쿠바에도 있다.

재료(1인분)

[빵] 쿠반 브레드(20cm) 또는 호기 롤: 1개

[속재료] 버터: 1큰술 / 햄 슬라이스: 100g / 스위스 치즈: 2장 / 피클 슬라이스: 3~4장

[소스] 옐로 머스터드: 1큰술

미국

Chickpea Salad Sandwich

칙피 샐러드 샌드위치

고기와 생선이 없어도 맛있는 샐러드 샌드위치

특히 채식주의자(베지테리언)나 완전 채식주의자(비건)에게 인기 있는 병아리콩 샐러드 샌드위치는 아마도 중근동의 병아리콩 샐러드에서 영향을 받은 듯하다. 병아리콩과 타히니로 만든 훔무스가 레시피에 들어 있는 것을 볼 때 충분히 상상할 수 있다. 영양가가 높은 콩은 채식주의자들에게 중요한 단백질원이다. 버섯은 스테이크와 비슷하고 병아리콩은 참치와 비슷하다고 한다. 고기나 생선의 맛과 식감을 비교하기가 까다롭지만 이 샌드위치는 아무튼 맛있다. 사실 버섯은 스테이크와는 다르다. 물론 병아리콩도 참치와 비슷하다고는 생각하지 않는다.

재료(3~4인분) Recipe

[빵] 전립분 빵 또는 잡곡빵: 6~8장
[속재료] 샐러드: 1~1과 1/2컵* / 로메인 레터스: 3~4장 / 아보카도, 토마토 슬라이스: 적당량
*(약 3컵분) 병아리콩 캔: 400g / 셀러리, 스캘리언, 당근 썬 것: 각 1/4~1/2컵 / 디종 머스터드: 1큰술 / 다진 마늘: 1쪽 / 레몬주스: 3큰술 / 소금과 후추: 약간 / 갈릭파우더, 파프리카: 조금 / 훔무스(p.297): 1/4컵

Memo

카레 파우더나 커민 등을 넣어 취향에 맞게 만들어도 좋다.

미국

Baked Bean Sandwich || 베이크트 빈 샌드위치

빈타운(Beantown)이라 불리는 매사추세츠 주 보스턴의 명물요리 중 하나이다. 베이크트 빈즈는 콩을 베이컨 등과 함께 익힌 단맛 나는 콩자반 같은 것이다. 보다 보스턴식으로 샌드위치를 만들려면 브라운 브레드를 사용하면 된다. 한 장의 빵 위에 베이크트 빈즈를 올리기만 하면 되는 오픈 샌드위치도 인기가 있다.

재료(1인분)
[빵] 전립분 빵 또는 잡곡빵: 2장
[속재료] 버터: 1큰술 / 보스턴식 베이크트 빈즈 캔: 1/4컵 / 양상추 또는 루콜라: 적당량

미국

Marshmallow Spread & Peanut Butter Sandwich

|| 마시멜로 스프레드&피넛버터 샌드위치

마시멜로 플러프는 빵에 바를 수 있게 보스턴 근교에서 고안한 마시멜로 스프레드다. 최근까지 시골스런 음식으로 취급했으나 지금은 대기업에서 비슷한 제품을 내놓았다. 이 스프레드와 피넛버터를 바른 것이 피넛버터 샌드위치다. 일반적으로 플러퍼너터(fluffernutter)라 불린다.

재료(1인분)
[빵] 식빵: 2장
[속재료] 피넛버터: 적당량 / 마시멜로 플러프: 적당량

미국

Fried Fish Sandwich || 프라이드 피시 샌드위치

뉴잉글랜드 메인 주에서는 생선 프라이를 빵에 끼운 샌드위치가 유명하다. 생선은 여러 가지지만, 해덕(Haddock)이라는 대구과 생선이 가장 많이 쓰이고 있다. 모 햄버거 체인점의 생선 프라이버거도 이 샌드위치에서 아이디어를 얻은 것이다.

재료(1인분)
[빵] 햄버거 빵: 1개 [속재료] 생선 프라이: 1~2개* / 버터: 1큰술 / 체다 치즈: 1장(취향에 맞게) / 피클 슬라이스: 2~4장 [소스] 타르타르 소스: 2큰술
*흰살생선 토막: 1~2개 / 소금과 후추: 약간 / 밀가루: 적당량 / 달걀: 1개 / 빵가루: 적당량 / 프라이용 샐러드유: 적당량

미국

Lox

락스

유대인이 가지고 들어온 두 재료를 융합한 샌드위치

베이글은 폴란드에서 이주한 유대인이 가져왔다. 굽기 전에 반죽의 발효를 멈추게 하기 위해 뜨거운 물에 담그는 독특한 과정을 거치는 것이 특징인 베이글은 속이 꽉 차 있어 쫄깃한 식감을 갖고 있다. 락스도 베이글과 마찬가지로 유대인이 미국에 가지고 들어온 것이다. 락스는 훈제한 연어를 말하는 것으로, 이디시어로 락스란 연어를 뜻한다. 이디시어는 유대인이 미국에 이주하기 전에 쓰던 언어다. 이 샌드위치는 두 재료에 꼭 맞는 소프트한 크림치즈를 발라 만든다. 크림치즈를 바른 샌드위치는 미국을 대표하는 전형적인 아침 식사다.

재료(1인분) **Recipe**

[빵] 포피 시드 베이글: 1개
[속재료] 크림치즈: 2~4큰술 / 잘게 썬 차이브, 딜: 각 1큰술 / 소금과 후추: 약간 / 훈제한 연어: 2~4장 / 케이퍼: 1작은술

Memo

딜이나 차이브를 크림치즈에 버무려도 좋다. 특히 독특한 향이 있는 딜은 해산물과 잘 맞아 많이 사용한다.

미국

Lobster Roll || 랍스터 롤

보스턴에 와서 이 샌드위치를 먹지 않을 수는 없다. 랍스터(바닷가재) 살만을 사용할 것인가, 셀러리를 넣어야 할 것인가, 따뜻한 것이 좋은지, 차게 한 것이 좋은지, 논쟁이 끊이지 않는 샌드위치이기도 하다. 설탕이 들어간 마요네즈는 사용하지 않는다. 셀러리처럼 식감이 다른 것을 섞음으로써 다양한 맛을 맛볼 수 있다. 핫도그 빵은 왠지 좀 보잘 것 없게 느껴지므로 가능하면 브리오슈 롤을 사용한다. 이것이 개인적으로 이상적인 랍스터 롤이다.

재료(1인분)

[빵] 브리오슈 롤: 2개 A: **콜드 랍스터 롤** [랍스터 샐러드 재료(모두 섞는다)] 조리해 잘게 자른 랍스터 살: 1/2컵 / 마요네즈: 1큰술 / 레몬주스: 1작은술 / 잘게 썬 셀러리, 스캘리언: 각 1큰술 / 잘게 썬 딜: 1작은술 / 소금과 후추: 약간 [기타 속재료] 버터: 1큰술 / 레몬: 1/8개 B: **핫 랍스터 롤 버터**: 1큰술 / 잘게 자른 따뜻한 랍스터 살: 1/2컵 / 소금과 후추: 약간 [소스] 녹인 버터: 2큰술

미국

Oyster Loaf || 오이스터 로프

굴을 튀겨 먹는 사람은 일본인밖에 없다고 생각했다. 그런데 미국에는 굴 튀김 샌드위치가 있다. 발상지는 뉴올리언스다. 빵가루 대신에 콘밀을 사용한다고 하는 차이는 있으나 역사는 일본의 굴 튀김보다 오래된 것 같다. 1893년 8월 28일에 발행된 샌프란시스코 콜이라는 신문에 피스메이커(오이스터 로프)에 대한 내용이 상세하게 묘사되어 있다. 오이스터 로프가 그 이전에도 존재했었다는 방증이다.

재료(1인분)

[빵] 프렌치 롤: 1개

[속재료] 굴 튀김: 4~6개* / 버터: 1큰술 / 잘게 썬 양상추: 1/4컵 / 토마토 슬라이스: 2~3장 / 파슬리: 적당량

*생굴: 4~6개 / 밀가루: 적당량 / 옐로 콘밀가루: 적당량 / 소금과 후추: 약간 / 튀김용 샐러드유: 적당량

미국

Grilled Cheese Sanddwich || 그릴드 치즈 샌드위치

그릴드 치즈 샌드위치는 값싼 재료로 누구나 간단히 만들 수 있다. 대공황 때부터 인기가 있었던 아메리칸 치즈를 빵 사이에 끼워 프라이팬에 구우면 된다. 지금은 다양한 치즈가 사용되며 보다 고급스러워지고 있다.

재료(1인분)
[빵] 식빵: 2장
[속재료] 치즈 슬라이스: 2장 / 버터: 1큰술

미국

Hot Roast Beef Sandwich || 핫 로스트비프 샌드위치

19세기에 출판된 샌드위치 책에, "두 장의 빵에 버터를 바르고, 로스트비프를 끼운 다음, 그 위에 2큰술의 그레이비(육즙 소스)를 끼얹는다"는 샌드위치가 등장한다. 아마도 이것이 이 샌드위치의 기원인 듯하다.

재료(1인분)
[빵] 식빵: 2장
[속재료] 로스트비프 슬라이스: 100g / 매시트 포테이토(곱게 다져 이긴 감자): 2큰술
[소스] 그레이비 소스: 2큰술

미국

Jucy Lucy || 주시 루시

치즈가 없는 햄버거처럼 보이지만 사실 햄버거 속에 치즈가 들어 있는 치즈 버거다. 미네소타 주 미니애폴리스가 기원인데, 지금도 존재하는 두 바(bar)가 이 샌드위치의 원조를 주장하고 있다.

재료(1인분)
[빵] 햄버거빵: 1개*
[속재료] 햄버그: 1개* / 양상추: 1장 / 토마토, 적양파 슬라이스: 각 1장
[소스] 머스터드, 케첩: 각 1큰술
*저민 쇠고기: 150g / 체다 치즈: 1장 / 다진 마늘: 1작은술 / 소금과 후추: 약간 / 우스터 소스: 조금

미국

Meatball Sandwich || 미트볼 샌드위치

미국의 미트볼은 일본의 두 배 정도로 아주 크다. 이렇게 큰 미트볼을 4개 정도 빵에 끼운다. 야채는 파슬리 정도이고, 토마토소스를 끼얹는다. 배가 고플 때 먹으면 좋을 볼륨 만점의 샌드위치다. 하지만 미국의 샌드위치는 스케일이 달라 일본인에게는 너무 클 듯하다.

재료(1인분)

[빵] 서브 롤: 1개

[속재료] 미트 볼(대): 3~4개 / 토마토소스: 2~3큰술 / 프로볼런 치즈 또는 모차렐라 치즈 슬라이스: 2장 / 파슬리: 적당량

미국

Meatloaf Sandwich || 미트로프 샌드위치

미트로프는 다 먹을 수 없는 경우가 많다. 하지만 걱정할 필요는 없다. 다음 날 샌드위치를 만들어 먹으면 된다. 오히려 하루 지난 것이 더 맛있다. 나머지 소스를 뿌리고 오이 피클도 넣는다. 그대로 먹을 것인지, 따뜻하게 먹을 것인지는 기분에 따라 정하면 된다.

재료(1인분)

[빵] 이탈리안 브레드: 2장 [속재료] 두껍게 썬 미트로프: 1장 / 피클 슬라이스: 2장 / 양상추: 2장 / 토마토 슬라이스: 2장(취향에 맞게) [소스] 머스터드: 2큰술 / 머스터드 또는 케첩: 2큰술 / 핫소스: 적당량

미국

Pastrami Sandwich || 파스트라미 샌드위치

파스트라미는 루마니아가 발상인 콘비프와 같은 음식이다. 19세기에 루마니아에서 이주한 유대인이 소개한 샌드위치다. 머스터드를 듬뿍 바른 유대식 호밀빵에 끼워 먹는 것이 독특하다.

재료(1인분)

[빵] 유대식 호밀빵: 2개

[속재료] 버터: 1큰술 / 파스트라미 슬라이스: 100g

[소스] 전립 머스터드: 1큰술

미국

Vermonter Sandwich

버몬터 샌드위치

버몬트의 여러 특산물이 들어간 샌드위치

버몬트 주의 특산물이라 하면 메이플 시럽과 체다 치즈다. 사과 산지, 칠면조 헌팅 필드로서도 알려져 있다. 이 버몬트의 특산물을 모두 넣은 것이 이 샌드위치다. 빵은 단맛이 나는 시나몬 건포도 빵이 많이 사용된다. 단맛과 짠맛이 섞인 기묘한 샌드위치라고도 할 수 있다. 느끼한 것은 버터만 들어가기 때문에 사과의 상큼한 향과 샤프 체다 치즈의 숙성된 맛이 혼합되어 흥미 깊은 맛을 낸다. 식감이 다른 재료가 섞여 있는 것도 이 샌드위치 맛의 중요한 포인트이다.

재료(1인분) Recipe

[빵] 시나몬 레이즌(건포도) 또는 잡곡빵: 2장
[속재료] 무염 버터: 1큰술 / 조리된 칠면조 슬라이스: 3장 / 사과 슬라이스: 4장 / 햄: 2장 / 샤프 체다 치즈: 1장
[소스] 메이플 시럽: 2큰술 / 전립 머스터드: 1큰술

Memo

칠면조 대신 조리된 닭고기를 사용해도 좋다. 이 경우는 고기를 가능하면 얇게 자른다.

미국

Pork Tenderloin Sandwich

포크 텐더로인 샌드위치

중서부 지방에서 인기 있는 미국식 슈니첼 샌드위치

일본의 돈가스, 오스트리아와 독일의 슈니첼(송아지 고기의 커틀릿), 이탈리아나 라틴 아메리카의 밀라네제, 고기나 생선에 튀김옷을 입혀 튀기는 요리는 세계 어디에나 있다. 미국의 카츠샌드가 이 포크 텐더로인 샌드위치이다. 이민이 많았던 독일 중서부에서는 특히 인기가 있는 샌드위치다. 그러니까 기원은 슈니첼이 되는 셈이다. 하지만 미국에서는 고기를 두드려 얇게 만드는 일은 없는 듯하다. 콘밀을 튀김옷으로 사용하기도 하지만 역시 빵가루가 훨씬 낫다. 일본의 빵가루라면 더욱 좋다. 여담이지만 최근 미국의 레시피에서 일본의 빵가루를 지정하는 경우가 많다.

재료(1인분) Recipe

[빵] 카이저 롤 또는 핫도그 빵: 1개
[속재료] 돈가스: 1개* / 적양파 둥글게 썬 것: 4장 / 피클 슬라이스: 4장
[소스] 머스터드: 1큰술
*두껍게 자른 돼지 등심살: 1장 / 소금과 후추: 약간 / 밀가루: 적당량 / 달걀: 1개 / 우유: 1큰술 / 빵가루: 적당량 / 튀김용 샐러드유: 적당량

Memo

고기나 생선에 튀김옷을 입혀 튀기는 요리는 세계 각지에 있다. 그러나 튀기는 방법은 일본식이 가장 좋다.

미국

Patty Melt || 패티 멜트

패티 멜트는 유대식 호밀빵에 끼운 햄버거라 할 수 있다. 치즈를 포함해 모든 속재료를 프라이팬에 올려놓고 양면을 굽는다. 뜨거운 햄버그를 끼우면 치즈는 간단히 녹일 수 있다.

재료(1인분)

[빵] 유대식 호밀빵: 2장

[속재료] 무염 버터: 1큰술 / 양파 슬라이스: 1/2개분 / 햄버그: 1개(p.167) / 소금과 후추: 약간 / 스위스 치즈: 1장

미국

Primanti || 프리먼티

펜실베니아 주 피츠버그에 있는 프리먼티라는 레스토랑이 고안해 낸 샌드위치로, 사이드 디시도 함께 끼운다는 발상에서 탄생한 참신한 샌드위치다.

재료(1인분)

[빵] 이탈리안 브레드: 2장

[속재료] 파스트라미: 4장 이상 / 프로볼런 치즈: 2장 / 프라이드 포테이토: 6~8개 / 비니거 코울슬로: 2큰술* / 토마토 슬라이스: 2장

*(5~6인분) 양배추 채썬 것: 800g / 당근 채썬 것: 1개분 / 양파 슬라이스: 1개분 / 백포도주 식초: 1/2컵 / 설탕: 1큰술 / 엑스트라 버진 올리브 오일: 2큰술 / 다진 마늘: 1쪽 / 후추: 1작은술 / 소금: 1큰술

미국

Roast Beef Sandwich || 로스트비프 샌드위치

모던 로스트비프 샌드위치는 메사추세츠 주 보스턴의 특산물이다. 여기서는 1900년대 초반에 출판된 책에서 소개되어 있는 보스턴의 달콤한 브라운 브레드를 사용한 레시피에 따랐다.

재료(1인분)

[빵] 보스턴 브라운 브레드 또는 전립분 빵: 2장

[속재료] 로스트비프: 4~5장 / 버터: 1큰술 / 토마토 슬라이스: 1장 / 체다 치즈: 1장 / 자른 양상추: 1장분

[소스] 마요네즈 또는 사우전드 아일랜드 드레싱: 1큰술

미국

Spiedie || 스피디

빨리 만들 수 있어 스피디라고 한 것이 아니다. 스피디는 이탈리아에서 꼬치라는 의미의 이피에디니에서 유래한다. 뉴욕 주 빙엄턴 지방의 샌드위치다. 빙엄턴에서는 매년 스피디 축제가 열린다.

재료(1인분)

[빵] 프렌치 롤 또는 바게트(20cm): 1개
[속재료] 고기와 야채 꼬치구이: 고기, 야채 각 1개*
*식초, 각종 허브 양념장에 담가 한입 크기로 자른 고기(무슨 고기든 가능): 300g
한입 크기로 자른 양파: 1/4개분

미국

Steak Bomb || 스테이크 밤

뉴햄프셔 주가 발상지인 샌드위치로, 양송이 볶음을 버번(미국산 위스키의 일종)으로 플랑베(불을 붙여 알코올분을 태움)하거나 아이올리(마늘을 넣은 마요네즈)를 뿌리는 등 보기보다 화려한 샌드위치다.

재료(1인분)

[빵] 햄버거 빵: 1개 [속재료] 얇게 자른 고기와 야채 소테: 2/3~1컵* [소스] 아이올리 소스(p.295): 2큰술 / 프레시 치즈: 1장
*버터: 1큰술 / 엑스트라 버진 올리브 오일: 1큰술 / 양파 슬라이스: 1/4개분 / 양송이 슬라이스: 4~6개분 / 소금과 후추: 약간 / 버번 또는 브랜디(플랑베용): 1큰술 / 쇠고기 슬라이스: 120g

미국

Turkey Apple Sandwich || 터키 애플 샌드위치

칠면조를 먹으면 졸린다고 하는 말은 아무래도 진짜인 듯하다. 사육제 다음 날 하품을 하면서 남은 칠면조 고기를 빵에 끼워 먹는다. 샌드위치 전문점 메뉴에도 반드시 있는 인기 샌드위치다.

재료(1인분)

[빵] 식빵 또는 전립분 빵: 2장
[속재료] 버터: 1큰술 / 체다 치즈: 1장
칠면조 슬라이스: 4장 / 사과 슬라이스: 4장
[소스] 허니 머스터드: 1큰술

미국

Muffinwich

머핀위치

달콤하고 촉촉한 머핀을 사용한 샌드위치

머핀 샌드위치라 하면 영국식 머핀을 떠올리는 사람이 많을 것이다. 하지만 여기서 말하는 머핀은 베이킹파우더로 부풀려 구운 달콤한 머핀을 말한다. 이 머핀으로 샌드위치를 만든다. 미국 머핀은 일본 머핀보다 훨씬 크다. 부풀어 오른 부분의 직경이 7~8cm나 되는 것도 있다. 한입 크기 머핀으로는 샌드위치를 만들 수가 없다. 여기서는 뽐낼 만한 재료는 사용하지 않고 전통적인 머핀위치로 만들었다. 리코타 치즈를 사용했으나 거품을 낸 크림치즈, 마스카레보네 치즈를 사용해도 된다. 신선한 고트 치즈를 사용해도 맛있다.

재료(1인분) **Recipe**

[빵] 블루베리 머핀 또는 다른 머핀: 1개
[속재료] 리코타 치즈: 1큰술/블랙베리 잼 또는 취향에 맞는 잼: 1작은술 / 잘게 부순 호두: 2작은술

Memo

속재료로는 달콤한 것뿐 아니라 모험심을 발휘해서 달걀 프라이나 베이컨, 햄 등 여러 가지로 시도해 보는 것도 좋을 듯하다.

S'more

스모어

보이스카우트, 걸스카우트 캠프 고정 메뉴

이미 몇 십년 전의 일이지만, 처음 미국에 왔을 때 말을 타고 캠프에 간 적이 있다. 밤이 되자 모두들 마시멜로를 꼬치에 꿰어 캠프파이어에 굽기 시작했다. 그 가운데 그레이엄(전립분) 크래커와 판 초콜릿을 갖고 돌아다니는 사람이 있었다. 마시멜로가 좀 검어지면 그 사람이 그레이엄 크래커를 둘로 나눠 마시멜로를 위에 올리고, 그 위에 판 초콜릿을 올렸다. 마지막에 한쪽 그레이엄 크래커로 샌드위치를 만든 다음, 그레이엄 크래커가 쪼개지지 않도록 눌렀다. 처음 경험하는 일이었다. 일본인에겐 지나치게 달다고 느낄지도 모르나 미국의 어린이들은 아주 좋아한다.

재료(3인분) **Recipe**

[빵] 그레이엄 크래커: 1장
[속재료] 마시멜로(대): 1개 / 초콜릿 바: 1장(45g)

Memo

마시멜로의 크기는 골프공보다 조금 크다. 작은 마시멜로를 사용한다면 두 개가 필요하다.

미국

Doughnut Sandwich

도넛 샌드위치

이거야말로 미스매치, 때로는 햄버그를 끼우기도 한다

아침마다 도넛 전문점은 바쁘다. 손님은 모두 달콤한 도넛과 달달한 커피를 손에 들고 나간다. 미국에서는 도넛을 아침 식사로 먹는다. 도넛을 좋아하는 미국인이 샌드위치를 만들려고 생각한 것은 어쩌면 당연한 과정인지도 모른다. 루사 버거라는 설탕 범벅이 된 도넛을 빵 대신 사용한 햄버거가 있다. 야구장에서도 팔고 있다고 하니까 결코 특별한 음식이라 할 수는 없다. 여기서 소개하는 샌드위치는 루사 버거에 비하면 아무것도 아니다. 햄 정도라면 끼워도 될 듯하다.

Recipe

재료(1인분)

[빵] 취향에 맞는 도넛: 1개
[속재료] 햄: 1장 / 슬라이스 치즈: 1장 / 취향별 잼, 젤리, 프리저브(과일 설탕 절임): 1작은술

Memo

빵 대신 도넛을 사용한다고 생각하면 무엇을 끼워도 상관없다. 실제로 프라이드 치킨, 스테이크, 아이스크림 등 다양한 재료를 사용한다.

미국

Ice Cream Sandwich || 아이스크림 샌드위치

여름이 되면 어린이가 모이는 공원에는 아이스크림 트럭이 찾아온다. 트럭이 울리는 음악을 듣고 어린이가 몰려온다. 인기 있는 샌드위치의 하나가 쿠키 사이에 아이스크림을 끼운 것이다.

재료(1인분)
[빵] 초코칩 쿠키(대): 2장
[속재료] 바닐라 아이스크림: 2스쿱 / 견과류 또는 스프링클: 적당량

미국

Monte Cristo || 몬테 크리스토

미국식 크로크무슈(빵에 햄과 치즈를 끼워 양면을 구운 샌드위치)라고도 한다. 위에 가루설탕이 뿌려 있거나 잼이 함께 나오기도 하면 인상이 달라진다. 디즈니랜드 인기 메뉴로 알려져 있다.

재료(1인분)
[빵] 식빵: 2장*
[속재료] 디종 머스터드: 1큰술 / 햄: 1장 / 로스트 칠면조 슬라이스: 3~4장 / 에멘탈 치즈: 1장 / 무염 버터: 1큰술(빵을 버터로 굽는다) / 가루설탕, 취향에 맞는 젤리 또는 잼: 적당량 *(빵을 적시는 즙) 달걀: 1개 / 우유: 2큰술 / 소금과 후추: 약간 ●이 즙에 적셔 굽는다

미국

Peanut Butter&Sandwich || 피넛 버터&젤리 샌드위치

한 장의 빵에 세심한 주의를 기울이면서 피넛 버터를 빈틈없이 바른다. 또 한 장의 빵에는 마찬가지로 포도 젤리를 바른다. 그것을 합쳐 한꺼번에 먹는다. 미국인의 이 샌드위치에 대한 고집은 상당하다.

재료(1인분)
[빵] 식빵: 2장
[속재료] 피넛 버터: 적당량 / 포도 잼 또는 기호에 맞는 잼: 적당량

미국

Po' Boys || 포보이즈

재료(1인분)

[빵] 프렌치 롤 또는 서브롤: 1개 [속재료] 새우 튀김: 6마리(대) 또는 12마리 (소)* / 양상추: 1장 / 토마토 슬라이스: 3~4장

[소스] 녹인 버터, 핫소스: 적당량 *[튀김옷 A] 달걀: 1개 / 우유: 1큰술 / 핫소스: 1작은술 [튀김옷 B] 밀가루: 2큰술+올드베이 시즈닝(p.295): 1작은술 [튀김옷 C] 콘밀 가루: 적당량 ●세 종류의 튀김옷을 ABC 순으로 새우에 묻혀 고온에서 재빨리 튀긴다.

뉴올리언즈 사람들은 해산물을 많이 먹는다. 포보이즈는 새우 튀김으로 만든 샌드위치다. 바삭한 콘밀 옷을 입혀 튀긴 새우는 빵가루와는 또 다른 맛이 있다. 1920년대 노면전차회사 사원이 파업을 일으켰다. 이전에 거기서 일했으나 당시 레스토랑을 경영했던 사람이 그들에게 무료로 샌드위치를 제공했다. 레스토랑 경영자는 그들을 푸어 보이즈(가난한 자)라고 불렀다. 푸어 보이즈를 짧게 발음한 것이 포보이즈다.

미국

Cajun Perch Po' Boys || 케이준 퍼치 포보이즈

재료(1인분)

[빵] 프렌치 롤 또는 서브 롤: 1개 [속재료] 생선 튀김: 1~2개*[1] / 토마토 슬라이스: 4장 / 스파이시 스위트 페퍼 슬로: 1/4컵*[2]

[소스] 마요네즈: 1큰술 / 핫소스: 1작은술

*[1]오션 퍼치: 1~2토막 ●튀기는 방법은 위의 포보이즈와 동일.

*[2](6~8인분) 양배추 채썬 것: 1/2개분 / 피망 채썬 것: 1개분 / 단맛이 있는 오이 피클(슬라이스): 1개분 / 할라페뇨(멕시코산 푸른 고추) 잘게 썬 것: 1개분 / 단 피클 주스: 2큰술(취향에 맞게) / 쌀식초: 2큰술 / 스캘리언 또는 큰 생파 슬라이스: 1/2개분

새우 대신 생선을 사용한 포보이즈이다. 사용한 생선은 오션 퍼치, 한국어로는 돌삼뱅이에 해당하는 흰살생선이다. 빵은 포보이즈와 마찬가지로 바게트 비슷한 뉴올리언즈 프렌치 브레드를 사용한다. 퍼치 토막은 그다지 크지 않으므로 서브롤, 프렌치 롤에도 들어간다. 작을 경우에는 두 장을 끼우면 된다. 빵에 끼우든, 곁들여 내든, 이 샌드위치에 없어서는 안 되는 것이 매콤한 코울슬로다.

Grilled Hawaiian Teriyaki Burger

그릴드 하와이안 데리야키 버거

지역 문화와 일본 문화가 결합된 달콤한 햄버거

하와이에는 일본에서 이민을 간 사람들이 많다. 그 때문인지 하와이는 특히 식문화가 일본의 영향을 많이 받았다. 일본의 햄버거 체인점에도 데리야키 버거가 있지만, 하와이에 있는 데리야키 버거는 좀 다르다. 아니 전혀 다르다. 우선 빵은 하와이안 스위트 롤로 파인애플 주스가 들어간 달콤한 빵이다. 햄버그 위에 파인애플을 올리는 것도 역시 하와이 식이다. 데리야키 소스는 간장맛 소스인데 하와이에서는 좀 단맛이 나는 아로하 간장을 사용하는 듯하다. 야채는 양상추를 쓰지만 토마토 슬라이스가 들어가기도 한다. 마요네즈를 데리야키 소스 위에 뿌려도 좋다. 아무튼 달콤한 맛이 나는 대표적인 샌드위치다.

재료(1인분) **Recipe**

[빵] 하와이안 롤: 4개
[속재료] 햄버그: 4개(p.167) / 양상추: 2장 / 파인애플 슬라이스: 4장
[소스] 데리야키 소스: 4큰술*
*[1/3~1/2컵분] 브라운 슈거: 4큰술 / 간장: 4큰술 / 참기름: 1작은술 / 물: 1/4컵 / 간 마늘, 생강: 각 1큰술
●설탕이 녹을 정도로 따뜻한 상태에서 섞는다. 햄버그에 섞어도 된다

Memo

레시피에 상관없이 취향에 맞는 데리야키 소스를 사용하면 된다. 시판 소스를 사용해도 좋다.

하와이

Baked Ham&Swiss Cheese Sandwich

베이크트 햄&스위스 치즈 샌드위치

달콤한 빵에 올린 포피 시드와 머스터드의 조화

하와이안 스위트 롤은 작은 디너 롤 크기이다. 이 빵으로 만든 샌드위치는 한 손으로 들고 먹을 수 있는 크기로, 간단한 후식으로 나오기도 한다. 빵 크기를 살린 스낵 샌드위치로, 스위트 롤을 그대로 사용하지 않고 포피 시드, 디종 머스터드, 버터 등으로 만든 소스를 빵 위에 뿌려서 굽는다. 빵의 표면에 윤기가 나고 머스터드와 우스터 소스 맛이 빵에 배어든다. 스위트 롤에 약간 짭짤한 맛을 더한 것 같은 샌드위치다.

재료(1인분) Recipe

[빵] 하와이안 스위트 롤: 4개
[속재료] 허니 햄: 4장 / 스위스 치즈: 4장 / 마요네즈: 4작은술 [빵의 토핑] 페퍼민트: 1작은술 / 디종 머스터드: 4작은술 / 녹인 버터: 4작은술 / 어니언 파우더: 1작은술 / 우스터소스: 조금

Memo

빵의 토핑은 모든 재료를 잘 섞은 후 속재료를 끼운 빵 위에 브러시로 바르거나 스푼으로 끼얹는다. 오븐 토스터에 넣어 치즈가 녹을 때까지 굽는다.

Kalua Pork Sandwich || 칼루아 포크 샌드위치

이무(Imu)라고 하는 바닥에 구멍을 파서 만든 오븐에 조리한 것을 하와이에서 칼루아라 한다. 칼루아 포크는 그 이무 안에서 조리한 돼지고기이다. 장작으로 사용하는 샌들우드나 바나나 껍질로 훈제한 돼지고기는 다른 데서 맛볼 수 없는 독특한 향과 풍미가 있다. 찢은 이 돼지고기를 하와이안 스위트 롤에 끼우고 파인애플이 들어간 달콤한 렐리시를 끼웠는다. 하와이 특산물을 섞은, 하와이에서만 맛볼 수 있는 샌드위치라 할 수 있다.

재료(4인분)
[빵] 하와이안 스위트 롤: 4개
[속재료] 로스트 포크: 300g / 버터: 4큰술 / 코울슬로: 1컵*
[소스] 스위트 칠리소스(p.296): 4큰술 / 파인애플 렐리시: 4큰술*
*양파 슬라이스: 1/4개분 / 참기름: 1작은술 / 쌀식초: 1작은술
후추: 약간 / 채썬 적양배추: 1컵

Spamwich || 스팸 샌드위치

스팸은 캔에 든 조리된 돼지고기다. 제2차 세계대전 때는 군인 음식으로 미국뿐 아니라 여러 나라에서 스팸을 이용했다. 스팸은 지금도 건재해 하와이 사람들이 스팸을 잘 먹는 것으로 알려져 있다. 스팸 초밥과 스팸 김밥까지 있다고 한다. 1970~1980년대에 걸쳐 대히트한 영국의 개그 프로그램, 몬티 파이손에서 스팸을 소재로 한 에피소드를 다뤘다. 이때 샌드위치에 스팸이 햄버그 대신 사용되었다.

재료(1인분)
[빵] 햄버거 빵: 1개
[속재료] 스팸: 60g / 슬라이스 치즈: 4장 / 양상추: 1장
파인애플: 1장 / 핫소스: 1작은술 / 양파 잘게 썬 것: 1큰술
레드 페퍼 플레이크: 조금

캐나다

Hot Chicken Sandwich

|| 핫 치킨 샌드위치

걸쭉한 육즙을 끼얹은 샌드위치

핫 치킨 샌드위치는 캐나다 동부 퀘벡에서 많이 먹는 현지 메뉴이다. 퀘벡이 아닌 다른 곳에서는 좀처럼 보기 힘들고, 미국에서는 대부분의 사람들이 이 샌드위치를 모른다. 중요한 것은 대중성이 아니라 얼마나 그 지역 사람들이 좋아하느냐다. 간단히 핫 키친이라 불리는 이 샌드위치에는 그린피스(완두콩)를 곁들인다. 접시에 치킨 샌드위치를 놓고 그 위에 그린피스를 올린 뒤 따뜻한 육즙을 듬뿍 끼얹어 식탁에 내놓는다. 맛있는 육즙을 만들기 위해서는 껍질이 붙은 닭다리살을 사용하는 것이 좋다.

재료(2인분) **Recipe**

재료(2인분)
[빵] 식빵 또는 전립분 빵: 4장
[빵에 끼우는 속재료] 삶은 닭고기: 300g
[소스] 버터: 2큰술 / 닭고기를 삶은 후의 육즙 혹은 치킨 수프: 200ml / 파프리카: 1큰술 / 우스터소스, 머스터드, 칠리 파우더: 각 1작은술 / 케첩: 1큰술 / 소금과 후추: 약간
[소테 재료] 그린피스: 1컵 / 양파 잘게 썬 것: 1/2개분 / 다진 마늘: 2쪽
●소테가 완성되면 빵 위에 올리고 소스를 끼얹는다.

Memo

닭고기를 삶는 일부터 시작한다면 그 삶은 물로 육즙을 만든다. 치킨 수프는 필요 없다.

Montreal Style Smoked Meat Sandwich

|| 몬트리올 스타일 스모크트 미트 샌드위치

고기를 좋아하는 사람을 행복하게 하는 샌드위치

몬트리올이 자랑하는 쇠고기 샌드위치로, 이 샌드위치를 먹기 위해 몬트리올을 찾는 사람도 적지 않다. 몬트리올 스타일 스모크트 미트 샌드위치라 하면 특별한 느낌이 든다. 지역 사람들은 다르다고 생각하겠지만, 맛을 내는 방법이 좀 다르긴 해도 기본적으로는 맛은 콘비프라고 생각하면 된다. 이 콘비프를 머스터드를 바른 유대식 호밀빵에 듬뿍 끼운 것이 이 몬트리올식 샌드위치다.

재료(1인분) **Recipe**

[빵] 유대식 호밀빵: 2장
[속재료] 콘비프(p.16, p.146): 200g 이상
[소스] 디종 머스터드: 2큰술

Salmon Bannock Sandwich || 새먼 배넉 샌드위치

배넉은 원래 스코틀랜드 빵이다. 스코틀랜드 모피업자가 배넉을 신대륙에 갖고 왔다고 하는 설이 있다. 무역을 목적으로 스코틀랜드 사람과 접촉할 기회가 많았던 미국 원주민 사이에서 배넉이 차츰 확산됐을 것이라는 것은 충분히 상상이 간다. 여기서 소개하는 것은 미국인에게 가장 중요한 식재료였던 연어와 조합한 샌드위치다.

재료(4인분)

[빵] 배넉: 4개*1 [속재료] 연어 소테: 4개*2 / 로메인 레터스: 4장 / 둥글게 썬 양파, 토마토 슬라이스: 적당량 [소스] 아이올리 소스(p.295): 4~8큰술 *1밀가루: 1컵 / 무염 버터: 1/4컵 / 베이킹파우더: 2작은술 / 요구르트, 잘게 썬 체다 치즈: 각 1/2컵 / 잘게 썬 차이브: 1/4컵 / 소금: 1/2작은술 / 물: 1/4컵 *2연어 살: 4장 / 잘게 썬 생딜: 2큰술 / 다진 마늘: 1큰술 / 소금과 후추: 약간

캐나다

Peameal Bacon Sandwich || 피밀 베이컨 샌드위치

피밀 베이컨은 국외에서는 캐나디안 베이컨이라는 이름으로 알려져 있다. 영국이나 아일랜드의 버그 베이컨과 비슷한 점이 있으나 비계는 전혀 없다. 베이컨이라기보다 햄이라 하는 쪽이 좋을 지도 모른다. 아무튼 지방이 많은 미국의 베이컨보다는 훨씬 건강에 좋을 듯하다. 이 피밀 베이컨을 토마토, 양상추 같은 야채와 함께 끼운 것이 피밀 베이컨 샌드위치다.

재료(1인분)

[빵] 프렌치 롤: 1개

[속재료] 피밀 베이컨(캐나디안 베이컨): 3장 / 체다 치즈: 1장 / 토마토 슬라이스: 2장 / 양상추: 2장

[소스] 마요네즈: 1큰술

The World's Sandwiches

Chapter

6

라틴 아메리카

멕시코/푸에르토리코/쿠바/아이티/도미니카/자메이카
과테말라/벨리즈/온두라스/엘살바도르/코스타리카
파나마/브라질/트리니다드토바고/베네수엘라/에콰도르
콜롬비아/페루/볼리비아/파라과이/우루과이
아르헨티나/칠레

멕시코

Tacos de Pollo

타코스 데 뽀요

멕시코가 자랑하는 플랫브레드 샌드위치

타코스는 멕시코 요리 중에서도 가장 많이 알려진 요리다. 메이즈라 불리는 옥수수 가루를 사용해 만든 작고 부드러운 콘 토르티야 사이에 고기나 야채, 향신료가 들어간 살사 소스 등을 끼운 반원형 샌드위치다. 토르티야 원료가 되는 메이즈에는 화이트, 옐로, 블루(블랙) 세 가지 색이 있다. 타코스 재료에는 여기서 소개하는 닭고기 외에도 종류가 많다. 대표적인 것은 타코스 아르 파스톨(그리스의 기로와 만드는 법이 비슷한 얇게 자른 고기 타코스), 타코스 데 카마로네스(새우 타코스), 타코스 데 아사도르(그릴에 구운 고기나 초리조 타코스), 타코스 데 페스카도(생선 타코스) 등이 있다.

재료(5인분) **Recipe**

[빵] 콘 토르티야: 5장
[속재료] 닭고기와 야채 소테: 1~1과 1/2컵* / 아보카도: 1개 / 취향에 맞는 살사: 적당량 / 크레마 또는 사워크림: 적당량 / 레몬: 1개 *한입 크기로 자른 닭 가슴살: 200g / 적피망 슬라이스: 1/2개분 / 잘게 썬 고수: 15g / 올리브 오일: 2큰술 / 소금과 후추 ●고수를 제외한 모든 재료를 볶다가 마지막에 고수를 넣어 살짝 볶는다.

Memo

타코스 토핑으로는 잘게 자른 양파와 고수를 올린다. 치즈는 보통 사용하지 않는다. 살사는 토마토 베이스, 치피티리 페퍼 베이스 살사가 많이 사용된다.

멕시코

Cemita Poblana

|| 세미타 포블라나

맛있는 빵에 커틀릿을 끼운 볼륨 만점 샌드위치

세미타는 프랑스의 브리오슈와 비슷한 크림과 달걀을 듬뿍 사용한 고급스런 빵이다. 세미타에는 참깨가 붙어 있는데 세미타가 없으면 브리오슈로 대신할 수 있다. 이 빵에 고기 밀라네제, 즉 커틀릿을 끼운다. 빵에 리프라이드 빈즈를 바르고 밀라네제 위에는 멕시코 특산인 스트링 치즈, 오아하카 치즈를 듬뿍 올린다. 이것에 다시 아보카도를 넣기 때문에 볼륨이 상당하다. 일본인의 작은 위장으로는 도저히 먹을 수 없는 샌드위치다. 맛있기 때문에 그 크기를 잊고 너무 먹는다면 이미 그날 식사는 그것으로 끝이 될 수도 있다.

재료(2인분) Recipe

[빵] 세미타(p.292): 1개
[속재료] 밀라네제(커틀릿): 1개*1 [소스] 리프라이드 빈즈(삶아서 튀겨 놓은 콩): 1큰술*2 / 루콜라: 적당량 / 아보카도 슬라이스: 3장 / 양파 슬라이스: 10장 / 로스트 레드페퍼 슬라이스: 4장 / 아도보 소스 절임 치포톨레 페퍼(훈제고추를 재료로 한 조미료): 1큰술 / 엑스트라 버진 올리브 오일: 1큰술 / 소금과 후추: 약간 / 잘게 썬 오아하카 치즈: 1/4컵 / 잘게 썬 고수: 1큰술 *1선호하는 고기 커틀릿용 슬라이스: 1장 / 소금과 후추: 약간 / 밀가루: 1/4컵 / 달걀: 1개 / 튀김용 샐러드유: 적당량 *2(4~6인분) 캔 핀토빈즈 또는 블랙빈즈: 400g / 잘게 썬 양파: 1/4개분 / 라드 또는 샐러드유: 3큰술 / 콩을 절인 캔 국물: 2큰술 / 소금: 1/2작은술

Torta de Aguacate Frito

토르타 데 아구아카테 프리토

고기 대신 아보카도 튀김을 넣은 신기한 샌드위치

토르타는 보리요라든가 판 프란세스라 불리는 프랑스 빵 비슷한 빵으로 만든다. 이 빵은 크러스트가 바게트처럼 두껍지 않고 부드럽다. 보통 직경 15센티미터의 둥근 빵을 사용하지만 여기서는 좀 색다른 식사각형에 가까운, 참깨가 붙은 것을 사용했다. 토르타는 샌드위치의 스타일이므로 사이에 끼우는 것은 천차만별이다. 토르타 데 아도바다(아도바다라는 시즈닝을 사용한 고기) 등이 있다. 여기서는 튀김옷을 입혀 튀긴 아보카도를 넣었다. 아보카도는 보통 생으로 먹지만 조리해서 먹어도 맛있다. 고기가 들어가지 않는 샌드위치이지만 균형이 잡힌 샌드위치이다.

재료(1인분) Recipe

[빵] 보리요 또는 프렌치 롤: 1개
[속재료] 튀긴 아보카도: 4개* / 할라페뇨 슬라이스: 1/2개분(볶아 껍질을 벗기고 씨를 뺀다) / 리프라이드 빈즈(p.193): 1/4컵 / 식초절임 양파 슬라이스: 1/4개분 / 채썬 적양배추: 1/2컵 / 고수: 적당량
*아보카도를 담근 액: 1/2컵(물 1/4컵+밀가루 1/4컵+소금 적당량) / 아보카도 슬라이스: 4장 / 빵가루: 1/2컵 / 튀김용 샐러드유: 적당량

Memo

리프라이드 빈즈는 블랙 빈즈, 핀토 빈즈 둘 다 상관없다. 적양배추는 생으로 사용하면 딱딱한 경우가 있으므로 살짝 데치는 것이 좋다. 양파도 마찬가지로 조리한다.

Pelona

펠로나

따뜻함과 차가움이 혼합된 점이 매력인 샌드위치

빵은 기름에 튀긴 펠로나를 사용한다. 하지만 오래 튀긴 것이 아니라 표면에 눌은 자국이 있고 속이 따뜻한 정도로 한다. 가정에서는 오븐에 굽거나 버터를 발라 프라이팬에 토스트하는 경우도 있다. 속재료는 전형적인 멕시코 재료가 사용된다. 리프라이드 빈즈와 토마토 베이스 살사, 고기는 필수다. 리프라이드 빈즈는 양파와 함께 끓인 콩 요리로 끓인 후에 포크 등으로 으깬다. 소스는 크림 대신 흔히 사워크림을 사용하기도 한다. 빈즈, 토마토, 칠리 고추, 크림이 혼합된 맛이 바로 멕시코의 맛이다.

재료(1인분) **Recipe**

[빵] 펠로나 롤, 보리요 또는 프렌치 롤: 4장
[속재료] 리프라이드 빈즈(p.193): 2큰술 / 구운 쇠고기 또는 돼지고기: 150g / 잘게 썬 양상추: 1/2컵
[소스] 살사 로하(p.296): 2큰술 / 멕시칸 스타일 크림 또는 사워크림: 1작은술

Memo

고기는 로스트해도 좋고 그릴에서 구워도 좋다. 슬라이스한 고기를 볶아 사용하는 것도 간편해서 좋다.

Guajolota || 과홀로타

타말은 라틴아메리카뿐 아니라 북아메리카에서도 인기가 있다. 야채와 고기, 치즈, 때로는 과일과 칠리를 마사(콘플라워)로 만든 반죽 속에 넣고 옥수수 껍질이나 바나나 잎에 싸서 찐 것이 타말이다. 미국에서는 타마리라고도 한다. 과홀로타는 이 타말을 보리요나 프렌치 롤에 끼워 먹는 샌드위치다. 타말 토르타라고도 하는 멕시코시티에서는 극히 보편적인 샌드위치다.

재료(1인분)
[빵] 보리요 또는 프렌치 롤: 1개 [속재료] 타말: 1개* [소스] 토마토: 500g / 핫 칠리 고추: 5개분 / 콘스타치: 1큰술 ●끓인 후에 콘스타치를 넣어 걸쭉하게 만든다. *(15개분) 고기 덩어리(무슨 고기든 상관없다): 750g / 월계수 잎: 2장 / 양파: 1/2개 / 마늘: 2쪽 / 물: 적당량 ●모두 냄비에 넣고 끓인다.

Las Clàsicas Quesadillas || 라스 크라시카스 퀘사디야

미국에서 가장 인기 있는 멕시칸 푸드는 타코스와 부리토, 그리고 이 퀘사디야다. 미국의 퀘사디야에는 고기와 야채 등 여러 재료를 끼우는데 본가인 멕시코의 퀘사디야는 훨씬 간단하다. 끼우는 것은 기본적으로 치즈뿐이다. 콘 토르티야를 그릴에 올리고 잘게 썬 치즈를 위에 올린다. 치즈가 녹으면 토르티야를 절반으로 접으면 완성이다. 굽는 데 기름은 사용하지 않는다.

재료(6인분)
[빵] 콘 토르티야: 4장
[속재료] 잘게 썬 오아하카 또는 만체고 치즈: 150g
[소스] 취향에 맞는 살사: 1/2컵

멕시코

Pambazo || 팜바소

팜바소는 세 가지 구성으로 만든다. 삶은 감자와 초리조 볶음, 그린 토마토로 만든 그린 소스, 그리고 말린 후아피요 칠리 고추와 마늘로 만든 디핑 소스이다. 빵은 디핑 소스에 적셔 기름에 튀기기 때문에 붉다. 속에는 감자, 양배추, 치즈 그리고 그린 소스를 넣는다. 매운맛을 중심으로 다양한 맛이 섞이는데, 이것이 상상 이상으로 맛있다.

재료(4인분)

[빵] 보리요 또는 프렌치 롤: 4개 [빵을 코팅하는 소스 속재료] 드라이 후아피요 칠리 고추(그다지 맵지 않은 고추의 일종을 건조시킨 것): 10개 / 마늘: 3개 / 뜨거운 물: 적당량 ●재료를 15분간 뜨거운 물에 넣은 후 믹서로 소스로 만든다. [속재료] 양파 슬라이스: 1/2개분 / 초리조 또는 링귀사 슬라이스: 250g / 매시트 포테이토: 4개분 / 소금과 후추: 약간 [기타 속재료] 빵을 굽기 위한 샐러드유: 적당량 / 그린 소스(p.295): 1/2컵 / 채썬 양배추: 1컵 / 사워크림: 4큰술 / 찢은 파넬라 치즈: 8큰술

멕시코

Molletes || 모이에테스

모이에테스는 이탈리아의 브루스케타의 먼 친척 같은 오픈 샌드위치다. 싱싱한 토마토 샐러드 대신 토마토와 세라노페퍼(멕시코 고추)로 만든 살사를 올린다. 메인이 되는 재료는 리프라이드 빈즈로 보통 콩은 핀토빈즈다. 그 위에 잘게 썬 치즈와 햄을 올린다. 이것을 녹을 때까지 구운 후 그 위에 살사를 듬뿍 뿌린다. 뜨거운 빵과 차가워서 매운 살사 믹스가 이 샌드위치의 매력이다.

재료(2인분)

[빵] 보리요 또는 프렌치 롤: 2개

[속재료] 버터: 2큰술 / 리프라이드 빈즈(p.193): 1컵 / 햄: 4장

[소스] 취향에 맞는 살사: 1컵

Chanclas || 찬클라스

팜바소는 빵을 소스에 담그기 때문에 빵이 붉어진다. 찬클라스의 경우는 빵 위에 소스를 뿌리기 때문에 빵이 붉어진다. 하지만 양쪽의 소스는 색은 같아도 재료는 다르다. 찬클라스의 소스에는 붉은 칠리 고추뿐 아니라 토마토가 들어가기 때문에 팜바소 소스보다도 색이 선명하다. 속은 완전히 다르다. 찬클라스에는 쇠고기, 초리조, 거기에 아보카도까지 끼운다. 찬클라스는 먹기 귀찮지만 맛은 팜바소와 우열을 가리기 어렵다.

재료(1인분)
[빵] 보리요 또는 프렌치 롤: 1개 [속재료] 고기 소테: 100g*1 / 아보카도 슬라이스: 5장 / 양상추: 1장 / 둥글게 썬 적양파: 1장
[소스] 토마토 소스: 1컵*2
*1저민 쇠고기: 50g / 초리조의 속: 50g *2드라이 후아피요 칠리 고추: 1개 / 토마토: 2개 / 양파: 1/4개 / 마늘: 1쪽 / 커민: 1작은술 / 소금과 후추: 약간 ●끓인 후 믹서로 소스 상태를 만든다.

Burrito de Carne || 부리토 데 카르네

멕시코의 부리토는 퀘사디야와 마찬가지로 미국의 멕시코식 부리토보다 심플하다. 부리토는 멕시코 북부, 미국과 국경 부근이 발상지이다. 타코스나 퀘사디야와 달리 부리토에는 플라워 토르티야를 사용한다. 이 레시피에서는 쇠고기를 넣었는데 리프라이드 빈즈와 치즈만으로 만들기도 한다. 부리토는 작은 나귀라는 의미다. 나귀가 나르는 침낭과 비슷하기 때문에 붙여진 듯하다.

재료(1인분)
[빵] 플라워 토르티야: 2장
[속재료] 고기와 양파 소테: 1/2컵* / 리프라이드 빈즈(p.193): 2큰술 / 치즈: 2큰술 / 잘게 썬 토마토: 1/4개분 / 양상추: 1장
*저민 쇠고기: 100g / 잘게 썬 양파: 2큰술 / 올리브 오일: 1큰술 / 소금: 적당량

푸에르토리코

Tripleta || 트립레타

세 종류의 고기와 프라이드 포테이토를 넣은 명물 샌드위치

푸에르토리코는 길거리 음식 천국이다. 수도 산후안의 변두리인 프라조레타 델 푸에르토에는 많은 길거리 음식이 늘어선다. 루키요의 루키요 키오스코스에는 60가지나 되는 키오스크가 있다. 그런 가운데서 그냥 지나칠 수 없는 것이 트립레타다. 트립레타는 토리프레로부터 파생된 언어로 이 샌드위치에는 잘게 썬 쇠고기 스테이크, 페르닐(포르투갈식의 소시지)의 세 종류 고기를 끼운다. 거기에 포테이토 스틱이 더해져 크기가 상당하다. 빵은 지역에서 빵 데 아그아(워터 브레드)라 불리는 부드러운 빵을 사용하는데, 속재료를 끼우고 나서 그릴 프레스로 꾹 눌러준다.

재료(1인분) **Recipe**

[빵] 빵 데 아그아 또는 프렌치 롤: 1개
[속재료] 잘게 썬 쇠고기 스테이크: 50g / 잘게 썬 페르닐: 50g* / 잘게 썬 링귀사: 50g / 스위스 치즈: 2장 / 양상추: 1장 / 토마토 슬라이스: 3장 / 프라이드 포테이토 스틱: 1/2컵
[소스] 마요네즈: 1큰술 / 케첩, 머스터드: 각 1작은술
*(10인분) 돼지 목심: 1000g / 다진 마늘: 3개분 / 드라이 오레가노: 1작은술 / 후추: 1/2작은술 / 올리브 오일: 1큰술 / 백포도주 식초: 2작은술 / 소금: 2작은술

Memo

그릴 프레스에 구우면 맛이 몇 배로 좋아지는 것은 확실하다. 포테이토 스틱은 잘게 썬 프라이드 포테이토로 일반 프라이드 포테이토보다 바삭하다.

푸에르토리코

Mallorca || 마요르카

달달한 과자빵 같은 마요르카에 햄을 끼운 샌드위치

마요르카는 둥근 소용돌이 모양으로 버터와 달걀, 설탕을 넣은 고급스런 빵이다. 스위트 브레드라 해도 좋을 마요르카는 이름으로도 알 수 있듯이 지중해에 떠있는 마요르카가 발상지이다. 마요르카에서는 엔사이마다라 부르는데, 아무 것도 끼우지 않고 가루설탕을 위에 뿌리기만 해도 맛있다. 하지만 푸에르토리코에서는 이 빵에 여러 가지를 끼워 먹는다. 햄이나 달걀, 치즈가 주요 재료다. 달콤한 빵에 짭짤한 햄과 치즈라는 의외의 조합을 하고, 빵 위에는 가루설탕을 뿌린다. 하지만 빵은 도넛처럼 달지는 않고, 다른 재료 또한 부드럽다. 어울리지 않는 조합 같지만, 재료의 맛이 입 안에서 섞일 때 기분까지 좋아진다.

재료(2인분) **Recipe**

[빵] 마요르카(p.293): 2개
[속재료] 버터: 2큰술 / 햄 슬라이스: 120g / 체다 치즈: 4장 / 양파: 2개 / 가루설탕: 1작은술

Memo

재료를 끼워 파니니 프레스나 그릴 프레스에 굽는다. 가루설탕은 구운 후 뿌린다. 마요르카에는 달걀과 설탕이 들어가므로 구울 때 타지 않도록 주의해야 한다. 마요르카 대신 약간 단맛이 나는 페이스트리를 사용해도 맛있는 샌드위치를 만들 수 있다.

Pan con Lechon Asado || 판 콘 레촌 아사도

로스트 포크는 푸에르토리코의 가장 대중적인 음식이다. 푸에르토리코에서 페르닐이라 부르기도 하는 로스트 포크는 라틴아메리카 전 지역에서도 흔히 먹는다. 이 로스트 포크를 마요르카에 끼운 것이 판 콘 레촌 아사도다. 샌드위치 데 페르닐이라고도 하는 이 샌드위치에는 고기 위에 고수를 듬뿍 넣은 상큼한 모호 소스를 뿌린다.

재료(1인분)
[빵] 마요르카(p.293): 1개
[속재료] 스위스 치즈: 20g / 페르닐(p.199): 1/2컵 / 오이 피클(슬라이스): 6장
[소스] 머스터드: 1작은술 / 모호 소스(p.297): 2큰술

Jíbaro || 히바로

히바로 혹은 히바리토라 불리는 이 샌드위치에는 빵 대신 튀겨 으깬 플랜테인(조리용 바나나)이 사용된다. 푸에르토리코의 서해안에 있는 마을 아그아다에 프라타노 로코라는 레스토랑이 있다. 이 레스토랑에서는 플랜테인으로 기발한 메뉴를 개발한 것으로 알려져 있다. 이 레스토랑에는 플랜테인 샌드위치가 있다. 하지만 히바로라는 이름을 붙인 샌드위치는 시카고의 푸에르토리코 사람이 독자적으로 개발한 것이라고 한다.

재료(2인분)
[빵] 토스토네(튀긴 플랜테인): 4장
[속재료] 양념해서 볶은 쇠고기: 200g* / 양상추: 1장 / 토마토 슬라이스: 4장 / 슬라이스 치즈: 1장
[소스] 마요네즈: 1큰술 *(양념장 재료) 올리브 오일: 1큰술 / 백포도주 식초: 1큰술 / 적양파 슬라이스: 1/2개분 / 갈릭파우더, 소금, 후추: 적당량

쿠바

Elena Ruz || 엘레나 루스

실존 여성의 이름이 붙여진 샌드위치

1920년대 엘레나 루스 봐르데스 파우리라는 여성이 아바나의 단골 레스토랑에서 메뉴에 없는 샌드위치를 주문했다. 쿠반 스위트 브레드에 크림치즈와 딸기잼을 바르고 로스트 칠면조를 올린다. 엘레나 루스는 이 샌드위치를 주문할 때마다 똑같은 설명을 반복해야만 했다. 하지만 얼마 후 그 샌드위치가 메뉴에 추가되었다. 그 이름이 엘레나 루스이다. 엘레나 루스가 지금은 쿠바를 대표하는 샌드위치의 하나가 되었다. 칠면조는 닭고기보다 질기고 독특한 풍미를 가지고 있으나 담백해서 잼이나 과일처럼 단 것과 함께 먹기에 좋다.

재료(2인분) — Recipe

[빵] 식빵(토스트): 2장
[속재료] 로스트 칠면조 슬라이스: 100g / 크림치즈: 1큰술 / 취향에 맞는 잼: 1큰술

Memo

빵을 한 면만 토스토해서 속재료를 끼워도 좋다. 속재료도 따듯하게 하고 싶다면 재료를 끼운 후 오븐 토스터나 파니니 프레스 등에 굽는다. 잼은 딸기잼이 대중적이나 취향에 맞는 것을 선택해도 상관없다.

쿠바

Frita

프리타

프리타는 튀김옷을 입혀 튀기는 프리터가 아니라 햄버거이다

프리타는 쿠바식 햄버거이다. 주로 저민 쇠고기를 사용하는데 초리조를 추가하기도 한다. 초리조를 추가하면 향신료가 잘 어울리는 햄버거가 된다. 빵은 쿠반 브레드를 사용하는데 가늘고 긴 것이 아니라 햄버거 빵 모양인 경우가 많다. 소스는 사우전드 아일랜드 드레싱과 비슷한데, 마요네즈 대신 파프리카가 들어간다. 프리타의 가장 큰 특징은 슈스트링 포테이토라 불리는 끈 모양의 프라이드 포테이토를 위에 올린다는 것이다. 슈스트링 포테이토의 바삭바삭한 식감이 프리타의 매력이기도 하다. 달걀 프라이를 올리기도 하는데, 카바이요라는 이름으로 부른다.

재료(4인분) Recipe

[빵] 쿠바식 햄버거 빵: 4개

[속재료] 쇠고기 햄버거: 4개(p.167) / 잘게 썬 적양파: 1큰술 / 잘게 썬 양상추: 1컵 / 슈스트링 포테이토: 1컵

[소스] 사우전드 아일랜드 드레싱(잘게 썬 피망과 양파, 삶은 달걀에 칠리소스나 토마토케첩을 넣은 마요네즈 소스), 케첩: 각 1큰술

Memo

슈스트링 포테이토는 감자를 가늘게 썰어 고온에서 튀긴 것이다.

Pan de Medianoche || 판 데 메디아노체

쿠바 샌드위치 중에서 가장 유명한 것이 이 판 데 메디아노체다. 단순하게 메디아노체라 부르기도 한다. 미국의 쿠바식 샌드위치, 쿠바노라고도 부르는 샌드위치는 쿠바에서 이주해 온 이민자가 고안한 것이다. 메디아노체와 쿠바노는 비슷하다. 다른 점은 빵이다. 쿠바에서는 쿠반 스위트 브레드라는 달콤한 빵을 사용한다. 어느 쪽이 먼저인지는 모른다. 하지만 쿠바에서 미국으로 이민 온 사람이 빵을 조국에 갖고 돌아갔다고는 생각할 수 없다.

재료(1인분)
[빵] 쿠반 스위트 브레드(p.293): 1개
[속재료] 버터: 1큰술 / 햄: 4장 / 로스트 포크 슬라이스: 4장 / 스위스 치즈: 2장 / 오이 피클 슬라이스: 1/2개분
[소스] 마요네즈, 머스터드: 각 1큰술
●속재료를 끼워 파니니 프레스나 그릴 프레스에 굽는다,

Pan con Timba || 판 콘 팀바

선로를 깔기 위해 영국인이 쿠바에 온 것은 1874년의 일이다. 당시 그 고장 노동자는 모두 점심에 새콤달콤한 구아바를 듬뿍 넣은 페이스트를 샌드위치에 올려 먹었다. 페이스트에는 브라운 슈거가 들어 있어 거무스름하게 보였다. 그것이 선로의 침목 비슷했으므로 "빵에 팀바(침목)를 올려놓은 것 같다"고 영국인은 쿠바 노동자들에게 말했다. 그 후 이 샌드위치를 판 콘 팀바로 부르게 되었다

재료(1인분)
[빵] 쿠반 스위트 브레드(p.293): 1개
[속재료] 크림치즈: 2큰술 / 쿠바 페이스트 슬라이스: 5장
●속재료를 끼워 파니니 프레스나 그릴 프레스에 굽는다,

Haitian Egg Sandwich || 헤이션 에그 샌드위치

세계에 점재하는 오믈렛 샌드위치 중에서도 톱 클래스는 아이티의 에그 샌드위치다. 오믈렛이라 해도 스크램블 에그에 가깝고, 피망, 양파를 넣어 만든다. 향신료가 약간 들어가므로 먹었을 때 혀에 매운맛이 느껴진다. 신기한 것은 훈제한 청어를 잘게 썰어 넣는다는 점이다. 청어는 물에 잠깐 담가 소금기를 적당히 뺀다. 그 소금기 또한 매력이다.

재료(1인분)

[빵] 서브 롤 또는 프렌치 롤: 1개

[속재료] 오믈렛: 1개* [소스] 토마토 페이스트: 1큰술

*달걀: 3개 / 물: 1작은술 / 양파, 피망 슬라이스: 각 1큰술 / 잘게 썬 청어 훈제: 1큰술 / 잘게 썬 햄: 1큰술 / 드라이 차이브, 카옌 고추, 육두구, 드라이 파슬리, 소금, 후추: 각각 조금 / 올리브 오일: 1큰술

Haitian Steak Sandwich || 헤이션 스테이크 샌드위치

스테이크 샌드위치라고 하면 흔히 얇게 슬라이스한 스테이크와 야채를 끼운 샌드위치가 바로 떠오를 것이다. 하지만 여기에는 커다란 함정이 있다. 아이티의 스테이크 샌드위치에는 스테이크가 없다. 프렌치 롤에 끼우는 것은 좀 단단한 미트 소스와 같은 것이다. 소스 안을 포크로 꺼내 스테이크를 찾아보아도 소용없다. 이것이 아이티 스테이크 샌드위치다.

재료(2인분)

[빵] 프렌치 롤: 1개

[속재료] 미트 소스: 1/2~2/3컵* / 슬라이스 치즈: 2~3장

*저민 쇠고기: 200g / 양파 슬라이스: 1/2개분 / 다진 마늘: 1쪽 / 칠리 파우더: 1/2큰술 / 토마토소스: 1/4컵 / 소금과 후추: 약간 / 샐러드유: 1작은술 ●고기를 볶아, 수분이 거의 없어질 때까지 조린다.

도미니카

Sàndwich de Pierna de Cerdo

샌드위치 데 피에르나 데 세르도

핫샌드용 그릴 프레스는 가정의 필수품

피에르나 데 세르도는 돼지 다리를 말한다. 이 요리에는 원래 돼지 다리를 사용한다. 등심이나 목심 쪽이 구하기 쉬워 레시피를 바꾸었다. 이 로스트의 키포인트, 즉 도미니카다운 맛의 결정타는 도미니칸 시즈닝이다. 이 시즈닝은 파슬리, 타임, 고수, 오레가노 같은 생 허브를 베이스로 만든다. 이렇게 만든 시즈닝을 바른 고기를 하룻밤 냉장고에 재운 후 오븐에 굽는다. 빵에 로스트 포크와 다른 재료를 채워 넣고 그릴 프레스로 빵을 누르면서 토스트한다. 하바티 치즈가 녹고 빵이 향기로워져서 샌드위치가 더욱 맛있어진다.

재료(3~4인분) Recipe

[빵] 프렌치 롤 또는 바게트: 3~4개
[속재료] 양념장에 담가둔 돼지 등심 또는 목심 로스트: 450g* / 잘게 썬 하바티 치즈: 2큰술 / 잘게 썬 고수(팍치): 1/2컵 / 토마토 슬라이스: 8장 / 잘게 썬 양상추: 1컵
*(양념장 재료) 생 오레가노: 2큰술 / 도미니칸 시즈닝(p.297): 3큰술 / 소금과 후추: 약간 / 올리브 오일: 3큰술 / 생 로즈마리: 1큰술 / 바질 잎: 4장 / 적포도주: 5큰술 / 야채 국물: 1/2개 / 샐러드유: 1큰술

도미니카

Chimichurri Burger

치미추리 버거

향신료가 듬뿍 든 페퍼로 양념한 특색 있는 햄버그

치미추리라는 햄버거 이름이 재미있고 사랑스럽기까지 하다. 치미추리 소스의 기원은 아르헨티나로, 스페인과 프랑스에 걸쳐 있는 바스크 지방에 사는 사람들이 말하는 바스크어 치미추리에서 유래한다. 확실하지는 않지만, 치미추리란 순서 관계없이 몇 가지를 섞은 것이라는 의미인 듯하다. 도미니카 햄버거에 아르헨티나 치미추리가 왜 들어가는 것일까. 도미니카에서 샌드위치를 팔던 아르헨티나인 요리사가 이 소스를 뿌린 햄버거를 팔기 시작했다는 것이 유력한 스토리다. 뜨거운 소스를 믹스한 햄버거는 다른 햄버거에서는 맛볼 수 없는 이차원의 맛이다.

재료(2인분) Recipe

[빵] 햄버거 빵: 2개
[속재료] 핫페퍼가 들어간 햄버그: 2개* / 토마토 슬라이스: 4장 / 둥글게 썬 적양파: 4~6장 / 채썬 양배추: 1/4컵
[소스(섞는다)] 마요네즈, 케첩: 각 1큰술 / 오렌지 주스: 2작은술
*잘게 썬 양파: 1/4개분 / 핫페퍼: 1큰술 / 다진 마늘: 1작은술 / 소금과 후추: 약간
●우선 재료를 믹서로 페이스트한다. 저민 쇠고기 200g, 우스터 소스를 약간 넣고 섞어 굽는다.

자메이카

Jamaican Jerk Chicken Sandwich

자메이칸 저크 치킨 샌드위치

단맛과 매운맛이 혼합된 독특한 맛이 매력인 샌드위치

저크란 자메이카의 저크 시즈닝를 사용한 요리법이다. 저크 시즈닝은 올스파이스, 핫페퍼가 주체인 향신료 믹스로, 마른 것은 고기나 생선의 표면에 바르고, 수분이 있는 것은 양념장에 사용한다. 스카치 보닛 페퍼라는 향신료가 많이 들어간 페퍼가 사용되는데 취향에 따라 페퍼의 종류를 바꾸기도 한다. 서아프리카에서 데리고 온 노예가 갖고 왔다고 하는데, 그것이 주변의 문화와 융합으로써 변화되었다고 한다. 자극적이지만, 달콤한 망고 살사를 저크 치킨 위에 뿌려 독특한 맛과 풍미를 빚어낸다.

재료(4인분)

Recipe

[빵] 어니언 롤 또는 햄버거 빵: 4개
[속재료] 저크 치킨: 4개* / 양상추: 4장
[소스] 마요네즈: 2큰술 / 요구르트: 2큰술 / 망고 살사(p.297): 1큰술
*닭 다리 살: 4장 / 저크 시즈닝(p.296): 1작은술
●고기에 발라 굽는다.

Memo

샌드위치에는 프라이드 포테이토나 포테이토 칩을 곁들이는 일이 많다. 라틴 아메리카의 샌드위치에는 슈스트링 포테이토가 잘 어울린다.

자메이카

Jamaican Tuna Sandwich

자메이칸 튜나 샌드위치

스테이크로 만드는 참치 샐러드가 맛있는 샌드위치

자메이카식 참치 샐러드는 보통 참치 샐러드와는 다르다. 저크 치킨과 마찬가지로 저크 튜나라고 하듯이, 매운 향신료가 들어가는 것이 가장 큰 특징이다. 또 하나는 샐러드를 만드는 법이다. 참치 샐러드는 보통 참치 캔에 잘게 썬 셀러리나 양파를 섞고, 마요네즈나 식초로 맛을 낸다. 하지만, 자메이카에서는 참치 캔을 사용하지 않고, 참치 스테이크를 구워 샐러드를 만든다. 이렇게 구워 사용하면 참치 자체에도 맛이 밴다. 오일에 담근 참치 캔은 직접 구운 참치와는 또 다른 풍미가 있으므로 어느 쪽이 좋다고 말할 수는 없다. 하지만 가끔 스테이크로 만들어보는 것도 충분히 가치가 있을 듯하다.

재료(2인분) **Recipe**

[빵] 식빵 또는 전립분 빵: 2장
[속재료] 저크 튜나: 3~4큰술* / 양상추: 1장 / 토마토 슬라이스: 2장 [소스] 마요네즈: 1큰술 / 케첩: 1작은술(취향에 맞게)
*생 참치: 50g / 레몬주스: 1작은술 / 저크 시즈닝(p.296): 1/2작은술 / 다진 마늘: 1쪽
●생 참치에 레몬주스, 향신료, 마늘을 발라 구운 후, 얇게 찢는다. 참치와 양파를 섞는다.

Memo

참치는 너무 구우면 뻣뻣하므로 주의해야 한다. 얇게 잘라 단시간에 조리하는 것도 하나의 방법이다.

자메이카

Jamaican Patty in Coco Bread

자메이칸 패티 인 코코 브레드

페이스트리와 빵을 조합한 재미있는 샌드위치

이 샌드위치와 비슷한 샌드위치는 아마도 없을 것이다. 사실 미트 파이를 빵에 끼운, 독특한 샌드위치다. 그러니까 페이스트리(파이)와 빵이라는, 비슷한 것끼리 조합해 만든 샌드위치인 셈이다. 만약 부침개가 빵에 끼워 있다면 어떨까? 발상은 둘 다 마찬가지다. 하지만 먹어 보면 상상했던 것과는 상당히 다르다는 것을 알 수 있다. 확실히 나쁘지는 않다. 코코 브레드는 코코넛 밀크가 들어 있어 단맛이 있고 식감은 중국의 찐빵을 방불케 한다. 쇠고기가 채워진 페이스트리는 단독 요리로서 식탁에 올리기도 한다. 미국에서는 냉동 자메이칸 패티(파테)를 보통 슈퍼마켓에서도 살 수 있다.

재료(4인분) **Recipe**

[빵] 코코 브레드: 1개*[1] / 자메이칸 패티: 1개*[2]
[페이스트리] 쇼트닝: 50g / 밀가루: 2/3컵 / 소금: 조금 / 찬 물: 25ml
●자메이칸 패티를 페이스트리로 싸서 오븐에 굽는다.
*[1](10개분) 밀가루: 3컵 / 드라이 이스트: 2큰술 / *설탕: 1작은술 / 코코넛 밀크: 1컵 / 달걀: 1개 / 무염 버터: 1/2컵
*[2](6개분) 저민 고기(뭐든 가능): 200g / 잘게 썬 스캘리언: 1큰술 / 칠리 고추 플레이크: 1작은술 / 타임, 파프리카, 소금: 조금
●모든 재료를 기름 없이 볶은 다음, 빵가루 1/4컵을 볶은 것과 섞는다.

Shuco ‖ 슈코

재료(각 1인분)

[빵] 프렌치 롤 또는 서브 롤: 1개 [속재료 A] 볶은 초리조 또는 롱가니사 슬라이스: 4장 [속재료 B] 햄, 볶은 베이컨 슬라이스: 각 1장 / 살라미: 2~3장 [기타 속재료] 양파 슬라이스: 1/4개분 / 채썬 삶은 양배추: 1/4컵 [소스] 구아카몰레(p.295): 1큰술 / 머스터드: 1큰술 / 마요네즈: 1큰술 / 핫소스: 적당량(취향에 맞게)

수도 과테말라시티 4구역에서는 매년 페스티벌 델 슈코가 열린다. 메인 이벤트는 슈코(과테말라 핫도그) 빨리 먹기 시합이다.

큰 것은 30cm 이상이나 되는 빵에 통째로 한 개의 초리조와 롱가니사(핫페퍼를 넣은 돼지고기 내장 채운 것), 프랑크푸르트, 그리고 베이컨, 파스트라미 등 모든 고기를 끼운다. 그 위에 삶은 양배추와 구와카몰레를 뿌린다. 이것은 그 거대 핫도그의 미니어처 판이다.

Pirujos ‖ 피루호스

재료(3~5인분)

[빵] 피루호스: 3~5개 [속재료] 피망에 고기를 채우고 튀김옷을 입혀 튀긴 것: 10개* / 양상추, 양파 슬라이스: 적당량 *(피망 속에 채우는 재료) 저민 돼지고기: 450g / 잘게 썬 당근: 150g / 잘게 썬 감자: 150g / 잘게 썬 양파: 1개분 / 다진 마늘: 1쪽 / 생 타임: 1가지 / 월계수 잎: 1장 / 케이퍼: 1작은술 / 백포도주 식초: 2큰술 / 치킨 브로스: 1/4컵 / 소금과 후추: 약간

피루호스는 프랑스 빵과 동명의 빵에서 따온 것으로, 슈코와 어깨를 나란히 할 만큼 큰 샌드위치다. 피루호스에 끼우는 속재료는 보통 고기와 야채, 그리고 과테말라 구아카몰레다. 여기서 소개하는 것은 팡 콘 치레 레이에노로, 그냥 고기를 끼운 것이 아니다. 고기를 피망 속에 넣어 튀긴 것을 끼운다. 피망 속에 고기를 넣어 튀긴 음식은 일본에서도 인기가 있다. 그런데, 과테말라의 것은 빵가루를 입혀 튀긴다. 피망은 보통 피멘트라는 단 붉은 피망을 사용한다.

Garnaches || 가나치스

벨리즈에는 일본이나 미국 같은 햄버거 빅 체인점이 없다. 그래서 필연적으로 로컬 푸드를 만날 기회가 많다. 벨리즈의 패스트푸드 중에서 가장 많이 볼 수 있는 것은 이 가나치스다. 바삭하게 튀긴 콘 토르티야 위에 으깬 블랙 빈즈, 채썬 야채, 그리고 강판에 간 아지아고 치즈를 올린다. 또 하나 잊어서는 안 되는 것은 매운 하바네로 페퍼와 잘게 썬 양파를 식초에 절인 코르티도이다.

재료(1인분)

[빵] 튀긴 콘 토르티야: 1장 [속재료] 으깬 삶은 블랙빈즈: 2큰술 / 채썬 양배추: 1/2컵 / 채썬 당근: 1개분 / 코르티도: 2와 1/2큰술* / 아지아고 치즈: 1큰술 / 고수(팍치): 2큰술

*잘게 썬 하바네로 페퍼: 1작은술 / 잘게 썬 양파: 1큰술 / 백포도주 식초: 1큰술 / 소금: 적당량

Johnny Cake || 조니 케이크

국민의 70퍼센트 이상이 아침 식사로 조니 케이크를 먹는다. 벨리즈에서 없어서는 안되는 빵, 그것이 조니 케이크다. 원래는 미국 원주민이 먹었다고 하는데, 그때는 베이킹파우더 등이 없어 더 심플한 빵이었을 듯하다. 조니 케이크는 스콘을 납작하게 만든 빵으로 코코넛 밀크의 향이 매력적이다. 버터나 잼을 바르기도 하고, 햄이나 치즈를 끼워 먹기도 한다.

재료(1인분)

[빵] 조니 케이크: 1개* [속재료] 버터: 1큰술 / 리프라이드 빈즈(p.193): 2큰술 / 스크램블 에그: 1개분 / 햄: 1~2장 *(6~8개분) 밀가루: 450g / 무염 버터: 1/2컵 / 베이킹파우더: 3작은술 / 설탕, 소금: 각 1작은술 / 코코넛 밀크: 2컵 ●모두 섞어 반죽을 만든 다음, 6~8등분한다. 둥글게 모양을 다듬어 200℃ 오븐에 20분 굽는다.

Baleadas || 발레아다스

재료(4인분)
[빵] 플라워 토르티야(소): 4장
[속재료] 리프라이드 빈즈(p.193): 4큰술 / 강판에 간 케소 듀로 또는 다른 하드 치즈: 4큰술 / 아보카도 슬라이스: 8장 / 버터: 1큰술 / 스크램블 에그: 2개분

발레아다스는 멕시코로 말하면 부리토에 해당한다. 토르티야에 여러 가지 속재료를 끼워 먹기도 하고, 말아서 먹기도 한다. 온두라스의 토르티야는 멕시코의 토르티야보다 두꺼우며, 밀가루로 만든다. 없어서는 안되는 것이 온두라스의 하드 치즈, 케소 듀로다. 케소 듀로는 하드 치즈라는 의미이므로 파르메산 치즈 등도 말하자면 케소 듀로인 셈이다. 온두라스 사람들은 발레아다스를 아침 식사로 먹는 일이 많다.

온두라스

Sandwich de Pollo || 샌드위치 데 뽀요

재료(4인분)
[빵] 식빵(토스트): 8장 [속재료] 닭고기와 야채 볶음: 2컵* / 채썬 양배추 1/2컵 / 토마토 슬라이스: 8장
[소스] 케첩, 머스터드, 마요네즈: 각 1작은술 ●소스는 모두 섞는다.
*잘게 썬 셀러리: 1/4컵 / 피망: 1/4컵 / 양파: 1/4개 / 마늘: 1쪽 / 소소 소스: 1컵 / 삶은 닭고기: 400g / 치킨 부용: 1개

치킨 샌드위치는 세계 어디를 가도 있다. 온두라스도 예외가 아니다. 치킨 샌드위치라 하면 샐러드, 커틀릿, 그릴이 떠오른다. 그런데 온두라스에서는 잘게 찢어 조리한 닭고기를 사용한다. 크리스마스에 남은 로스트 치킨으로 만든 것도 있다. 특징적인 점은 고형의 치킨 부용(닭고기 국물)으로 맛을 낸 토마토소스를 뿌린다는 것이다. 남은 로스트 치킨은 다시 맛을 내지 않아도 된다.

엘살바도르

Panes con Pavo || 파네스 콘 파보

재료(6인분)

[빵] 미니 바게트 또는 바게트(20cm): 6장 [속재료] 잘게 썬 로스트 칠면조: 300g / 양파 크루티도: 1컵* / 크레송: 적당량 [소스] 토마토소스: 1컵(p.297) *양파 슬라이스: 1개분 / 적포도주 식초: 1/4컵 / 물: 1/4컵 / 드라이 오레가노: 1작은술 / 월계수 잎: 1장 ●양파를 제외한 나머지를 끓인 후, 양파를 넣어 식힌다

유럽에서 인파가 몰려들기 이전부터 멕시코나 중앙아메리카에서는 칠면조를 식용으로 사육했다 한다. 칠면조는 결코 새로운 음식이 아니다. 엘살바도르도 전통적으로 크리스마스에 칠면조를 먹는 습관이 있다. 파네스 콘 파보라든가 팡 콘 춤뻬라 불리는 칠면조 샌드위치는 엘살바도르에서 오랫동안 먹어온 친근한 음식이었다. 지방분이 적은 칠면조 가슴살과 크레송 등 야채를 수북하게 올린 건강한 샌드위치다.

엘살바도르

Pupusas con Curtido || 푸푸사스 콘 쿠르티도

재료(8인분)

[빵] 푸푸사스: 8장*1 [속재료] 크루티도: 4~5컵*2 *1 콘플라워: 2컵 / 소금: 조금 / 미지근한 물: 1과 1/2컵 / 강판에 간 케시오 또는 모차렐라 치즈: 1컵 / 샐러드유: 적당량 ●밀가루, 소금, 미지근한 물을 섞어 잘 갠 다음 랩을 씌워 20분 재운다. 반죽을 8등분해서 둥글게 펴고, 중앙에 치즈를 올린다. 그 다음, 반죽을 덮고 손으로 원반 모양으로 다듬는다. 샐러드유를 달군 프라이팬에 굽는다. *2채썬 양배추: 1/2개분 / 채썬 당근: 1개분 / 적피망 슬라이스: 1개분 / 양파 슬라이스: 1/2개분 / 사과식초: 1/2컵 / 물: 1/4컵 / 소금, 플라워 슈거: 각 1작은술 / 드라이 오레가노: 1작은술 / 레드 페퍼 플레이크: 1작은술 ●모두 섞어 절인다.

푸푸사스는 2000년 전부터 만들었던 것 같다. 1976년 엘살바도르의 라리베르타에서 화산재에 매몰된 유적이 발견되었다. 거기서 푸푸사스를 만든 것으로 추정되는 도구가 발굴되었다. 이로판고 산이 분화한 것은 서기 200년경이었다고 한다. 푸푸사스는 아레파 비슷한 두께의 플랫브레드로 속에 치즈를 끼우고 나서 굽기도 한다. 쿠르티도라 하는 다양한 야채를 식초에 절인 샐러드를 듬뿍 올려 먹는다.

코스타리카

Patacón Relleno || 파타콘 레예노

플랜테인을 절반으로 해서 튀긴 식빵 크기의 파타코네

둥글게 자른 플랜테인(조리용 바나나)을 수분간 튀긴 후 평평하게 으깨 다시 노릇하게 될 때까지 튀긴 것을 토스토네 혹은 파타코네라 한다. 라틴아메리카 여러 나라에서 일반적으로 볼 수 있는 일상의 음식이다. 여기서 빵 대신 사용하는 것은 파타코네지만 크기가 완전히 다르다. 둥글게 자른 파타코네는 위에 치즈를 올리고 가볍게 먹을 수 있으나 이 레시피의 파타코네는 식빵 크기의 대형이다. 플랜테인을 세로로 잘라 튀겨 부드럽게 한 후에 랩 사이에 끼워 두드려 식빵 크기가 될 때까지 얇게 늘린다. 늘렸으면 랩을 벗겨내고 다시 한번 튀긴다. 이것을 빵 대신으로 해서 고기나 야채를 끼워 샌드위치를 만든다.

재료(4인분) **Recipe**

[빵] 파타코네: 2장* [속재료] 슬라이스 치즈: 2장 / 잘게 썬 러스트 고기: 80g / 양상추: 2장 / 토마토 슬라이스: 2장 [소스] 그린 소스(p.295): 2큰술 / 케첩, 머스터드: 적당량 / 피클 슬라이스: 2개분 / 호스래 디시: 4큰술

*녹색 플랜테인: 1개(절반으로 자른다) / 튀김용 샐러드유: 적당량 / 소금, 드라이 오레가노, 갈릭 파우더: 적당량

●한번 튀긴 후에 향신료를 뿌리고 으깨 납작하게 만든 다음 다시 한번 튀긴다.

Memo

파타코네는 접시 등을 사용해 모양을 다듬는다. 바삭하게 되지 않으므로 나이프와 포크로 먹으면 된다. 어린 플랜테인은 바나나 같은 단맛이 없다. 식감과 맛은 감자에 가깝다.

Arreglado || 아레글라도

재료(1인분)
[빵] 하프 페이스트리: 1개
[속재료] 무르게 삶은 블랙빈즈 또는 핀트 빈즈: 2큰술 / 얇게 저민 소고기 소테: 1장 / 고다 치즈: 1장 / 토마토 슬라이스: 1장 / 잘게 다진 레터스: 1/4컵
[소스] 기호에 따라 드레싱: 1큰술

페이스트리는 코스타리카에서 인기 있는 음식이다. 달콤한 디저트는 물론 미트 파이도 있다. 아레글라도도 페이스트리지만 반죽에 재료를 말아 굽는 페이스트리가 아니다. 아레글라도는 소다스라 하는 작은 레스토랑이나 마켓에서 볼 수 있는 페이스트리로 만드는 샌드위치이다. 부푼 페이스트리를 잘라 기호에 맞게 고기나 야채, 치즈, 삶은 콩 등을 끼운다. 주문으로 만드는 파이 같은 것이라고 생각하면 알기 쉬울 듯하다.

코스타리카

Tacos Ticos || 타코스 티코스

재료(3인분)
[빵] 콘 토르티야: 3장 [속재료] 잘게 썬 조리된 고기(남은 것도 가능): 1컵 / 샐러드유: 적당량 [토핑] 데친 채썬 양배추: 1컵 / 소금과 후추(양배추 맛내기 위한 용도): 적당량
[소스] 케첩, 마요네즈, 머스터드: 각 3큰술 / 레몬주스: 2작은술
●고기를 싼 토르티야를 이쑤시개로 꽂아 기름에 굽는다.

타코스라 해도 멕시코의 타코스와 공통점을 찾아보기가 어렵다. 코스타리카의 타코스에도 토르티야를 사용한다. 둥글게 굴린 토르티야 속에는 뭔가가 들어간다. 비슷한 점은 이 정도이다. 재료가 들어간 엽궐련 모양의 토르티야를 기름에 튀긴다. 그것을 3, 4개로 늘어놓고 위에 살짝 데친 양배추를 올려 케첩이나 마요네즈로 전체를 뿌린다. 토르티야는 프라이팬에 기름을 두르고 굴리면서 구워도 좋다.

Picadillo

피카디요

감자, 단호박, 미트 소스를 끼워 만든 샌드위치

피카디요는 저민 쇠고기와 야채가 기본 재료다. 작게 깍둑 썬 야채가 들어간, 토마토가 없는 미트 소스와 같은 요리로 식탁에 잘 오른다. 스페인이나 라틴아메리카 나라에서 자주 먹는 요리다. 다른 나라에도 비슷한 음식이 있고 미국이나 영국에서는 해시(hash)라는 이름의 음식이 있다. 코스타리카에서는 요리에 들어간 재료 차이에 따라 피카디요 데 파타타(감자), 피카디요 데 아이요테(단호박)처럼 재료를 요리 이름에 포함시킨다. 또한 향신료가 많이 들어가지 않는, 단맛이 있는 피망이 코스타리카의 피카디요에서 빼놓을 수 없다. 토르티야 외에 라이스와 함께 먹기도 한다.

재료(4인분) **Reeipe**

[빵] 타코스용 토르티야: 4장
[속재료] 쇠고기와 야채 볶음: 2컵*
*저민 쇠고기: 200g / 잘게 썬 양파: 1/4개 / 잘게 썬 적피망: 1/4컵 / 오레가노, 잘게 썬 바질 잎: 2장 / 갈릭파우더, 커민: 조금 / 소금과 후추: 약간
●고수까지 재료를 볶고 나머지 재료를 넣어 수분이 없어질 때까지 조린다.

파나마

Panamanian Corn Tortilla

파나마니안 콘 토르티야

치즈를 넣은 두께감 있는 토르티야

토르티야는 메이즈라 불리는 옥수수 가루와 밀가루로 만드는 플랫브레드라는 것은 잘 알려져 있다. 파나마 콘 토르티야는 그런 일반적인 토르티야처럼 옥수수 가루가 주재료지만 적어도 팬케이크 정도의 두께가 있다. 토르티야라기보다 치즈를 반죽에 섞기 때문에 콜롬비아나 베네수엘라의 플랫브레드, 아레파에 가깝다. 좀 바삭한 식감이 있다. 아침 식사나 간식에 딱 좋은 플랫브레드로 토르티야 속에 치즈가 들어 있으므로 위에 달걀 프라이나 초리조 슬라이스를 위에 올리기만 해도 볼륨이 있는 아침 식사가 된다.

재료(1인분) **Recipe**

[빵] 파나마식 콘 토르티야: 2장*

[속재료] 달걀 프라이: 달걀 2개분 / 볶은 초리조 슬라이스: 4~5장

*(6~8장분) 삶은 옥수수(옥수수 캔도 가능): 500g / 케소 프레스코(프레시 치즈): 140g / 무염 버터: 3큰술 / 샐러드유, 소금: 적당량

●옥수수는 충분히 물기를 제거하고 믹서로 갈아 페이스트 상태로 만든 후 치즈, 버터, 소금을 넣는다. 원반형으로 만들어 프라이팬에 굽는다.

Memo

여기서는 마른 옥수수를 사용했으나 생것을 사용하는 것이 전통적인 방법이다. 캔 옥수수를 사용해 만들 수도 있다.

Misto Quente

미스토 켄치

미식가 스타일의 햄&치즈 샌드위치

햄과 치즈 샌드위치는 가장 일반적인 샌드위치로 어디에나 있다. 보통 샌드위치든 핫 샌드위치든 햄과 치즈의 조합은 보편적이다. 미스토 켄치는 브라질식 핫 햄&치즈 샌드위치다. 햄과 모차렐라 치즈를 식빵에 끼우고, 빵 겉쪽에 버터를 발라 프라이팬에 굽는 것이 표준이다. 변형도 많아 여기서 소개하는 것은 호화판 미스토 켄치다. 크림치즈를 빵에 끼우고 그 위에도 치즈, 사워크림, 토마토소스 등을 올린다.

재료(1인분) **Recipe**

[빵] 식빵: 2장
[속재료] 버터: 1큰술 / 햄: 2장 / 크림치즈: 1큰술 / 모차렐라 치즈: 1장 / 사워크림: 1큰술 / 토마토 슬라이스: 2장 / 드라이 오레가노: 조금
[소스] 토마토소스: 1큰술

Memo

토마토소스 1/2큰술, 햄, 크림치즈에 반으로 자른 모차렐라 치즈를 끼운 다음, 버터를 바른 쟁반에 올린다. 샌드위치 위에 남은 토마토소스, 사워크림, 남은 모차렐라 치즈, 토마토를 올리고 오레가노를 뿌린 다음, 오븐에서 치즈가 녹을 때까지 굽는다.

Bauru

바우루

상상을 초월하는 대량의 치즈가 들어간 스테이크 샌드위치

1932년의 일이다. 상파울루의 로스쿨에 상파울루 주 바우루 출신이라는 이유로 바우루라는 애칭으로 불린 학생이 있었다. 어느 날 바우루는 늘 가던 레스토랑에서 메뉴에 없는 샌드위치를 주문했다. 그 샌드위치는 즉시 알려져 상파울루에서 가장 인기 있는 샌드위치가 되었다. 이것이 바우루가 탄생한 일화다. 이 샌드위치의 특징은 일부러 빵 속을 빼내고 거기에 뜨거운 물속에서 녹인 모차렐라 치즈를 넘치도록 채운다는 점이다. 아무튼 이 치즈의 양이 심상치 않다. 샌드위치를 집어 들면 치즈의 무게를 느낄 수 있을 정도다.

재료(1인분) **Recipe**

[빵] 프렌치 브레드: 1개
[속재료] 녹인 치즈: 100g* / 로스트비프 또는 소테 쇠고기 슬라이스: 70g / 피클 슬라이스: 3장 / 토마토 슬라이스: 3장
*모차렐라 치즈: 100g / 버터: 1큰술 / 물: 적당량

Memo

그냥 치즈를 빵에 끼워 토스트해서는 많은 치즈를 녹일 수가 없다. 그래서 그릴에 올려둔 그릇(vat)에 들어 있는 뜨거운 물속에 버터와 치즈를 넣고 녹인 다음 스푼으로 떠서 속을 파낸 빵 속에 넣는다.

Mortadella Sandwich

모르타델라 샌드위치

관광객에게도 인기 있는 모르타델라 거대 샌드위치

상파울루에 있는 중앙시장(Mercado municipal)은 식사하러 오는 사람들로 언제나 붐빈다. 시내에서 가장 인기 있는 관광명소이기도 하다. 이 시장의 명물 샌드위치를 먹기 위해 찾아오는 사람도 적지 않다. 그것이 모르타델라 샌드위치다. 사와 반죽 롤에 보로냐 같은 모르타델라, 모차렐라 치즈, 토마토, 양상추를 끼운 샌드위치다. 흔해 빠진 샌드위치라고 생각할 수 있지만 빵 속을 파내고 거기에 빵보다 더 두꺼운 모르타델라를 끼운 거대한 샌드위치다.

Recipe

재료(1인분)

[빵] 프렌치 롤: 1개
[속재료] 모르타델라 소테: 200g 이상 / 모차렐라 치즈: 2장 / 잘게 썬 양상추: 2장 / 토마토 슬라이스: 2장
[소스] 머스터드: 1큰술 / 크림치즈: 2큰술
●소스는 모두 섞는다.

Memo

빵을 잘라 그릴에 토스트한 후 빵 안쪽에 소스를 바른다. 그 사이에 모르타델라도 그릴에 볶는다.

브라질

X-Tudo || 시스토도

미국 레스토랑에는 어디에나 슈퍼 사이즈 햄버거가 있다. 하지만 이것은 브라질을 대표하는 햄버거이다. 그러니까 브라질에는 이 시스토도를 먹는 사람이 엄청나게 많다는 것이다.

재료(1인분)

[빵] 햄버거 빵: 1개

[속재료] 쇠고기 햄버그(p.167): 200g 이상 / 모차렐라 치즈 슬라이스: 1장 / 양상추: 1장 / 콘: 1큰술 / 토마토 슬라이스: 2장 / 달걀 프라이: 1개 / 햄: 1장 / 소테 베이컨: 2장 / 슈스트링 포테이토: 적당량

[소스] 마요네즈, 케첩, 디종 머스터드: 각 1큰술

브라질

Sanduíche de Carne de Sol || 샌드위치 주 카르네 주 솔

카르네 주 솔은 햇볕에 말린 쇠고기로 소금을 듬뿍 뿌려 2~3일 말려 만든다. 먹기 전에 반드시 소금기를 뺀다. 햇볕에 말린 생선처럼 맛이 응축되어 샌드위치의 맛도 좋아진다.

재료(1인분)

[빵] 프렌치 롤: 1개

[속재료] 카르네 주 솔과 야채 소테: 200g* / 양상추: 1장 / 토마토 슬라이스: 2~3장

*샐러드유: 1작은술 / 양파 슬라이스: 1/2개분 / 다진 마늘: 1쪽 / 잘게 썬 고수(팍치), 파슬리: 각 1큰술 / 카츄프리(치즈): 1큰술

브라질

Tapioca || 타피오카

타피오카는 일본에도 알려져 있다. 하지만 여기서 사용하는 것은 타피오카 파르가 아닌 타피오카 파우더로 만든 플랫브레드다.

재료(각 1인분)

[빵] 타피오카 팬케이크: 1장* [속재료 A] 구아바 슬라이스: 4~5장 / 코티지 치즈: 220g [속재료 B] 바나나 슬라이스: 1개분 / 패션프루츠: 2개 / 벌꿀: 2큰술 / 시나몬 파우더: 적당량

*(4장분) 타피오카 파우더: 250g / 물: 200ml / 소금: 1/2작은술 ●섞어서 소쿠리 등에 거르면서 달군 프라이팬에 켜켜이 쌓일 때까지 흔들어 넣어 양면을 굽는다.

Doubles || 더블즈

바루라라는 플랫브레드를 두 장 비켜 놓고 그 위에 병아리콩으로 만든 재료(차나)를 올린다. 빵 두 장이 겹쳐 있으므로 더블즈라는 이름이 붙었다. 트리니다드토바고는 베네수엘라 북쪽에 있는 작은 섬나라다. 그런데 카레 맛이 나는 병아리콩을 어떻게 먹게 되었는지 알 수 없다. 더블즈는 인도의 초레라는 요리와 비슷하다. 그도 그럴 것이, 이 나라에는 인도에서 이민 온 사람들이 많다. 인도 식문화의 영향이 상당히 크다.

재료(1인분)

[빵] 루콜라: 2장*1 [속재료] 차나: 2큰술*2 *1(8~10장분) 밀가루: 2컵 / 카더: 1작은술/커민: 1작은술 / 드라이 이스트: 1/2작은술 / 설탕: 1/4작은술 / 소금: 조금 / 튀김용 샐러드유: 적당량 ●샐러드유 이외의 재료를 섞고, 두 배가 될 때까지 발효시킨다. 반죽을 8~10등분해서 손으로 둥글게 편 다음, 기름에 튀긴다. *2(8인분) 병아리콩 삶은 것: 400g / 코리앤더: 1작은술 / 커민: 1큰술 / 샐러드유: 2큰술 / 양파: 1개 / 마늘: 4쪽 / 잘게 썬 차이브: 2큰술 / 터메릭: 1/2작은술 / 소금과 후추: 약간 ●양파, 마늘을 볶은 후, 다른 재료를 넣어 끓인다.

트리니다드토바고

Bake&Shark Sandwich || 베이크&샤크 샌드위치

트리니다드토바고에서 많이 팔고 있는 것이 베이크&샤크다. 베이크란 튀긴 빵을 말하는데, 빵에 갓 튀긴 상어를 끼운다. 가게에는 머스터드, 케첩 외에 페퍼소스, 찬돈 베니(Chandon Beni, 쿨란트로), 갈릭소스 등 다양한 소스가 준비되어 있다. 하나만 선택해도 좋고 전부 뿌려도 좋다. 좋아하는 소스를 원하는 만큼 선택할 수 있다. 하지만 상어 수가 급감하고 있는 것을 생각하면 먹기가 좀 미안해진다.

재료(4인분)

[빵] 프라이드 베이크: 4장*1 [속재료] 상어 튀김: 4개*2 / 토마토, 오이 슬라이스, 양상추, 코울슬로: 각 적당량 [소스] 찬돈 베니(p.296) 등 취향에 맞는 소스: 적당량 *1밀가루: 2컵 / 베이킹파우더: 2작은술 / 소금: 적당량 / 설탕: 1작은술 / 시나몬 파우더: 조금 / 무염 버터: 1/2큰술 / 미지근한 물: 적당량 / 튀김용 샐러드유: 적당량 ●샐러드유를 제외한 재료를 섞어 반죽을 만든다. 반죽을 4등분해서 둥글게 편 다음, 기름에 튀긴다. *2상어 토막: 4장 / 소금, 후추: 약간 / 그린 시즈닝(p.295): 2큰술 / 밀가루: 1/2컵

Pepito de Carne

페피토 데 카르네

부드러운 아보카도 소스를 뿌린 샌드위치

페피토 데 카르네는 스페인이 발상지인 샌드위치로, 스페인에서는 페피토 데 테르네라(송아지 샌드위치)라고 해서, 바 등에서 나온다. 베네수엘라에서는 포장마차나 거리 매점에서 늘 잘 팔리는 샌드위치이다. 스페인의 페피토와 다른 점은 구아사카카라 불리는 베네수엘라식 아보카도 딥이다. 딥이라 해도 구아사카카는 어느 쪽이냐 하면 소스에 가깝다. 아히 도르세(aji dulce)라는 맵지 않은 페퍼를 넣은 것도 구아사카카만의 특징이다. 포테이토 스틱을 여기저기 흩뿌리는 것도 라틴아메리카 샌드위치답다.

재료(4인분) **Recipe**

[빵] 서브 롤: 1개
[속재료] 쇠고기 소테: 150g* / 잘게 썬 양상추: 1/4컵 / 토마토 슬라이스: 3장 / 포테이토 스틱: 적당량
[소스] 구아사카카(p.295): 2큰술 / 머스터드, 마요네즈, 케첩: 각 1큰술
*잘게 썬 쇠고기: 150g / 다진 마늘: 1작은술 / 우스터소스: 1작은술 / 소금과 후추: 약간 / 샐러드유: 1큰술

Memo

노점에서는 안에 무엇을 넣을지 선택할 수 있다. 소스도 여러 종류가 준비되어 있다.

Arepas de Perico || 아레파스 데 페리코

베네수엘라의 아레파는 콜롬비아 아레파보다 두 배나 두껍고 크기도 훨씬 크다. 큰 것은 직경 20cm, 두께 2cm나 된다. 아레파는 하이야카(베네수엘라의 타말)와 함께 베네수엘라의 국민적 음식이다. 대부분 매일 먹는 베네수엘라 식생활의 기반이라 할 수 있다. 여기서 소개하는 레시피는 야채가 들어간 오믈렛을 아레파에 끼운, 베네수엘라 아침 식사의 전형이라 할 수 있는 샌드위치다.

재료(2인분)
[빵] 아레파(294): 2장
[속재료] 오믈렛: 1장* *버터: 1큰술 / 잘게 썬 체리 토마토: 3개분 / 잘게 썬 양파, 피망: 각 1큰술 / 달걀: 1개
●구운 후 2등분해서 끼운다.

Plàtanos Rebozados Rellenos de Queso

|| 플라타노스 레보사도스 레예노스 데 케소

폴라타노스 레보사도스 레예노스 데 케소란 치즈를 끼워 튀김옷을 입힌 바나나다. 베네수엘라 북서부 스리아가 발상지이다. 튀긴 플랜테인을 으깨 다시 한번 튀겨 만든 파타코네, 토스토네는 라틴아메리카라면 어디든지 있으나 밀가루와 달걀을 섞어 튀김옷을 입히는 것은 드물다. 치즈는 좀 암모니아 냄새가 나는 소브랑코, 케소 프라스코 등이 본래 사용되나 프레시 치즈라면 뭐든 상관없다.

재료(2인분)
[빵] 튀긴 플랜테인 슬라이스: 2개분* [속재료] 코티지 치즈 또는 모차렐라 치즈: 200g ●튀긴 플랜테인 슬라이스에 치즈를 끼운 다음, 달걀과 밀가루를 섞은 튀김옷을 입혀 다시 한번 튀긴다. *플랜테인: 2개 / 달걀: 1개 / 밀가루: 2큰술 / 식용유: 적당량. 플랜테인은 절반으로 잘라, 각각 3~4장으로 얇게 슬라이스한다. 이것을 기름에 튀긴다.

에콰도르

Ceviche de Camarón || 세비체 데 카마론

해산물을 라임이나 레몬주스에 절여 볶은 것이 세비체다. 새우의 경우는 살짝 뜨거운 물에 데친 후 양념장에 절이지만, 생선의 경우는 익히지 않고 그대로 절인다. 세비체에는 다양한 해산물이 사용되지만 에콰도르에서는 새우 세비체가 가장 많다. 세비체는 다른 나라에도 있으나 에콰도르에서는 보통 토마토 주스도 추가한다. 세비체는 함께 곁들이는 바나나 튀김에 올려 먹는다. 바게트 슬라이스에 올려 먹어도 맛있다.

재료(5인분)

[빵] 바게트 슬라이스: 10장 / 플랜테인 프라이: 20장
[속재료] 새우 세비체: 3~4컵* / 작게 사각썰기한 토마토: 1개분 / 적양파 슬라이스: 1개분 / 다진 차이브, 스캘리언, 고수: 적당량
*삶은 새우: 500g / 다진 할라피뇨: 2개 / 잘게 다진 빨간 피망, 잘게 다진 양파: 1/2~1개분 / 라임, 오렌지, 토마토 주스 믹스: 1과 1/2컵 / 설탕: 1큰술 / 핫소스: 1작은술 / 후추: 적당량

에콰도르

Sanduche de Chancho Hornado || 산도체 데 찬초 오르나도

고기를 사용한 샌드위치는 고기만을 끼우기 보다는 야채도 듬뿍 넣는 것이 맛있다. 특히 초에 절인 채썬 야채를 함께 먹으면 고기의 느끼함도 경감되어 상큼한 샌드위치가 된다. 물론 그 느끼함이 고기가 들어가는 샌드위치의 매력이라고 하는 사람도 많다. 오르나도라는 돼지 다릿살 샌드위치는 야채를 듬뿍 사용한 균형 잡힌 샌드위치다.

재료(1인분)

[빵] 바게트(20cm): 1개 [속재료] 양념장에 절인 돼지고기 다릿살 로스트: 150g* / 로메인 레터스: 1장 / 둥글게 썬 식초절임 양파: 4장 / 토마토 슬라이스: 4장 / 아보카도 슬라이스: 3장 / 마요네즈, 머스터드: 1큰술(취향에 맞게) / 아히 크리오이요(p.295): 적당량
*(양념장 재료) 라임 주스: 1큰술 / 다진 마늘: 2쪽 / 커민: 1작은술 / 소금, 후추: 각 1작은술 / 맥주: 1컵 / 버터: 2큰술 ●라임 주스를 바른 고기를 양념장에 하루 담가두었다가 버터와 마늘을 고기 전체에 바르고 오븐에 굽는다.

콜롬비아

Arepa de Queso Colombianas

아레파 데 케소 콜롬비아나스

콜롬비아인이 일상적으로 먹는, 식생활의 기반이라 할 수 있는 아레파

옥수수 가루 반죽으로 만든 아레파는 콜롬비아, 베네수엘라의 국민적인 음식이다. 이전에는 가루가 아닌 옥수수 그 자체로 만들었다. "우리 아레파가 더 맛있다"고 두 나라에서는 지금도 주장하고 있다. 두께가 다를 뿐 그다지 다를 것이 없는 것처럼 보이지만, 그들에게는 그리 간단히 넘어갈 수 없는 문제인 모양이다. 파나마의 토르티야도 같은 타입의 빵이다. 표면이 바삭하며 옥수수의 단맛이 느껴진다. 콜롬비아의 아레파는 직경이 커야 15cm 정도이고 두께는 1cm도 되지 않는다. 치즈나 아보카도와 함께 내놓기도 하지만, 옆에 칼집을 넣어 다양한 재료를 끼운 샌드위치를 만들기도 한다.

재료(2인분) Recipe

[빵] 아레파(p.294): 2장
[속재료] 햄: 2장 / 모차렐라 치즈: 2장

Memo

콜롬비아의 아레파는 얇아서 슬라이스하기 힘들다. 슬라이스하지 않고 대신 아레파를 2장 사용해도 된다. 야채나 치킨 샐러드, 아보카도, 볶은 새우, 슬라이스해서 볶은 소시지 등을 끼워도 좋다. 또는 재료를 올리기만 하는 오픈 샌드위치 스타일로 해도 된다.

페루

Pan con Palta

판 콘 팔타

아보카도 본래의 맛을 즐기기 위한 샌드위치

팔타는 아보카도를 의미한다. 아보카도는 멕시코가 원산지다. 그러나 지금은 멕시코와 비슷한 기후를 가진 여러 지역에서 생산되고 있다. 라틴아메리카, 캘리포니아뿐 아니라 스페인이나 포르투갈도 아보카도의 산지이다. 그 중에서도 페루는 세계 최대의 아보카도 수출국이다. 미국에는 캘리포니아라는 대 공급지가 있는데도 페루산 아보카도 수입이 급증하고 있다. 그런 페루 특산 아보카도를 맛보기 딱 좋은 것이 이 샌드위치다. 재료는 아보카도, 슬라이스한 바게트, 레몬주스, 작은 시금치, 페타 치즈가 들어간다. 단순한 만큼 아보카도의 버터 비슷한 단맛이 살아 있다.

Recipe

재료(2인분)

[빵] 토스토한 바게트 슬라이스: 2장
[속재료] 아보카도 슬라이스: 4장 / 소금과 후추: 약간 / 베이비 스피니치: 2장 / 페타 치즈: 1큰술

Memo

아보카도는 색이 변하기 쉬우므로 슬라이스 한 즉시 레몬주스를 뿌려 둔다. 또한 페타 치즈는 다른 치즈에 비해 소금기가 강하므로 간을 할 때 주의할 필요가 있다. 대신 리코타 치즈를 사용해도 좋지만 소금 혹은 레몬주스를 좀 많이 넣는 것이 좋다.

Sandwich Triple

페루

샌드위치 트리플레

아보카도가 들어간 페루식 티 샌드위치

일본에서도 트리플 배틀, 트리플 스리, 트리플 세븐 등 트리플이라는 말을 곧잘 사용한다. 스페인어 트리플레도 세 가지가 겹치는 것을 뜻한다. 하지만 빵을 3장 사용하기 때문에 트리플레라 하는 것 같지는 않다. 트리플레는 사용하는 재료를 말하는 것으로 토마토, 아보카도, 달걀을 말한다. 각각을 따로 끼우면 빵은 4장이 되고, 그중 하나를 함께 끼우면 3장이 된다. 빵은 빵 데미가라 부르는 소프트한 식빵이 사용된다. 프랑스의 팡드미와 같다고 생각하면 된다. 간식으로 대인기인 화려한 샌드위치다.

재료(1인분) **Recipe**

[빵] 식빵: 3~4개
[속재료] 버터: 2작은술 / 아보카도, 토마토 슬라이스: 각 2장 / 삶은 달걀 슬라이스: 1개분 / 소금과 후추: 약간
[소스] 마요네즈: 2큰술

Memo

티 샌드위치로 대표되는, 식빵의 가장자리를 자른 샌드위치는 가장자리가 마르기 쉽다. 만든 즉시 먹는 것이 가장 좋지만 만들어 둘 경우에는 랩에 싸거나 플라스틱 용기에 넣어 냉장고에서 보관한다. 자를 때마다 나이프에 붙은 마요네즈를 닦아내는 것도 중요하다. 또한 아보카도와 토마토는 가능하면 얇게 슬라이스한다. 빵이 수분을 머금는 것을 막기 위해서 반드시 버터를 바른다.

페루

Sandwich de Chicharron || 샌드위치 데 치차론

치차론은 튀긴 돼지고기의 삼겹살이나 껍질로, 페루에서는 삼겹살만 사용한다. 삼겹살은 삶은 후 고기에서 나온 기름으로 튀긴다. 샌드위치에는 같은 기름으로 튀긴 스위트 포테이토를 넣는다.

재료(1인분)
[빵] 프렌치 브레드: 1개
[속재료] 삼겹살 치차론 슬라이스: 150g* / 튀긴 오렌지 풍미의 스위트 포테이토: 1~2장 / 살사 크레올(p.295): 3큰술 ●소금을 넣어 재워 둔 삼겹살과 물을 냄비에 넣는다. 뚜껑을 덮어 물이 거의 없어질 때까지 조린다. 뚜껑을 열고 삼겹살에서 생긴 기름으로 고기가 갈색 빛이 날 때까지 튀긴다.

페루

Huevos a la Rabona || 우에보스 아 라 라보나

이 샌드위치는 전형적인 페루의 아침 식사 메뉴다. 토스트에 달걀 프라이를 올리고 고수, 핫페퍼, 양파 잘게 썬 것을 뿌린다. 마지막으로 레몬을 짜넣으면 완성이다.

재료(4인분)
[빵] 식빵(토스트): 4장
[속재료] 양념한 양파: 1컵* / 달걀 프라이: 4개 / 고수(팍치): 적당량
*잘게 썬 적양파: 1/2개분 / 레드 페퍼: 1큰술 / 잘게 썬 고수: 2큰술(취향에 맞게) / 소금과 후추: 약간 / 백포도주 식초 또는 라임 주스: 1큰술

페루

Butifarra || 부티파라

실제로 카탈루니아 소시지와 이탈리아 훈제 햄을 합친 듯한 페루의 하몽 데루 파이스(컨트리 햄)를 사용한다. 없으면 로스트 햄이나 로스트 칠면조를 사용해도 좋다.

재료(1인분)
[빵] 프렌치 브레드 또는 치아바타 롤: 1개
[속재료] 양상추: 1장 / 햄: 3장 / 야채 양념: 1컵*
[소스] 칠리 아마리요 소스(p.296): 1작은술
*양파, 피망 슬라이스: 각 1/2개분 / 레몬주스: 1큰술

볼리비아

Sanduíche de Chola

|| 샌도위체 데 촐라

야채 피클이 듬뿍 든 로스트 포크 샌드위치

축구가 국기(國技)인 볼리비아의 축구 경기장에서 가장 인기 있는 음식이 이 샌도위체 데 촐라다. 이 샌도위체 데 촐라는 라틴아메리카 각지에서 먹는 로스트 포크 샌드위치다. 이 샌드위치의 가장 큰 특징은 에스카베체 데 벨듀라스라는 야채 피클이다. 야채 피클은 당근, 꼬투리 강낭콩, 양파를 맵기로 세계에서 베스트 5에 속하는 볼리비아산 로코토(Rocoto) 페퍼가 들어간 식초에 절여 만든다. 이 피클의 상큼함, 매운맛이 이 샌드위치의 결정타임에는 틀림이 없다. 한 손에 맥주를 들고 다른 손으로는 샌드위치를 먹는 것이 이 지역의 모습이다.

재료(1인분) **Recipe**

[빵] 햄버거 빵: 1개
[속재료] 잘게 썬 로스트 포크: 100g / 야채 피클: 3큰술* / 토마토 슬라이스: 1~2장
*(4인분) 채썬 당근: 100g / 양파 슬라이스: 100g / 잘게 썬 옐로 핫칠리 고추: 100g / 데친 꼬투리 강낭콩: 100g / 백포도주 식초: 2큰술 / 소금과 후추: 약간

Memo

야채는 두껍게 슬라이스해야 맛있다.

파라과이

Lomito Arabe

로미토 아라베

다른 두 문화가 혼합된 샌드위치

큼직한 스테이크를 빵에 끼운 로미토는 아르헨티나가 발상지이나 볼리비아, 칠레, 파라과이에서도 많이 먹고 있다. 아라베라는 이름이 붙은 로미토는 식빵이나 롤을 사용하지 않는다. 아라베는 아랍을 뜻한다. 왜 라틴아메리카의 나라에서 아랍인지 호기심이 생긴다. 1960~70년대 독립했지만 불안정한 정세가 계속된 레바논에서 많은 사람들이 신천지를 찾아 파라과이로 이주했다. 그들은 자신들의 문화와 파라과이의 문화가 섞인 독특한 문화를 구축했다. 그 배경에서 탄생한 것이 이 샌드위치라 할 수 있다. 레시피에는 토르티야라 되어 있으나 중근동의 플랫브레드, 피타도 사용된다. 지금은 로미토 아라베가 국민적인 샌드위치가 되었다.

재료(2인분) Recipe

[빵] 플라워 토르티야 또는 피타 브레드: 3장
[속재료] 볶은 고기: 250g*1 / 야채 볶음: 2컵*2 / 양상추: 2장 / 스위스 치즈: 2장(취향에 맞게)
*1돼지고기 또는 쇠고기 등심: 250g / 소금 후추, 고추, 간장: 조금
*2양파: 1개 / 토마토 슬라이스: 2개분

Memo

빵은 기름 없는 프라이팬에 약간 데운다. 고기는 양파, 토마토와 따로 조리한다. 향신료는 고기에 넣는다. 그리고 익힌 양쪽을 섞어 간을 맞춘다.

우루과이

Chivito

치비토

우루과이 사람들에게 사랑받는 서민 샌드위치

치비토는 작은 염소라는 의미지만, 이 샌드위치에 염소고기가 들어가는 것은 아니다. 1940년대 아르헨티나에서 온 여성이 고향을 그리워하며 레스토랑에서 아기 염소고기로 만든 요리를 주문했다. 염소고기가 없어 요리사는 가게에 있는 다양한 재료를 사용해 샌드위치를 만들어 내놓았다. 이것이 치비토의 시작이다. 소문은 순식간에 퍼져 나갔다. 지금은 우루과이의 국제적인 음식이 되었다. 고기는 쇠고기 외에 베이컨과 햄이 들어간다. 토마토나 피망 등 야채도 듬뿍 넣는다. 샌드위치의 정수는 마지막에 올리는 달걀 프라이다. 걸쭉한 노른자를 소스 대신으로 먹는다.

재료(1인분) Recipe

[빵] 프렌치 롤: 1개
[속재료] 소금, 후추를 넣고 볶은 쇠고기의 슬라이스: 1~2장 / 햄, 구운 베이컨: 각 2장 / 모차렐라 치즈: 3장 / 적피망 슬라이스: 3~4장 / 달걀 프라이: 1개 / 올리브 슬라이스: 2개분
[소스] 마요네즈: 1큰술

Memo

달걀 프라이의 노른자는 소스 대신이므로 너무 익히지 않도록 해야 한다.

우루과이

Choripán

초리빵

그릴에 구운 소시지와 매운 치미추리 소스와의 조합이 뛰어난 샌드위치

초리빵은 그 샌드위치에 사용되는 두 재료, 초리조와 빵을 조합해서 만든 말이다. 초리조는 스페인이나 포르투갈이 발상지로 파프리카를 많이 사용하기 때문에 붉은 것이 특징이다. 하지만 우루과이나 아르헨티나의 초리조는 그다지 맵지 않다. 우루과이에서는 이 초리조를 바게트에 끼운 다음, 잘게 썬 파슬리와 오레가노가 듬뿍 들어가 예쁜 녹색빛이 나는 치미추리 소스를 뿌려 먹는다. 초리조는 그대로 볶는 경우도 있지만 세로로 절반을 자른 것도 많다. 소시지의 샌드위치는 세계 각지에 있으나 초리빵은 그중에서도 최고 수준이다. 이 레시피에서는 가는 바게트를 사용했다.

재료(1인분) **Recipe**

[빵] 바게트(소시지 크기와 맞춘 것): 1개
[속재료] 볶은 초리조: 1개 / 적양파 슬라이스: 여러 장
[소스] 치미추리 소스(p.296): 2큰술

Memo

생양파의 매운맛이 싫다면 살짝 데치거나 전자레인지에 30초 정도 익히면 매운맛이 옅어진다.

아르헨티나

Sandwich de Milanesa

샌드위치 데 밀라네사

이탈리아 밀라노에서 온 아르헨티나 인기 샌드위치

밀라네사라고 말하는 데서 알 수 있는 것처럼 원래는 이탈리아 밀라노 음식이다. 이탈리아에서는 코토레타 아 라 밀라네제라고 한다. 아르헨티나에는 이 밀라네사 샌드위치를 가는 곳마다 팔고 있다. 길거리, 포장마차, 역, 지하철 매점, 주유소 등 어디에나 있는 음식이다. 아르헨티나라고 하면 쇠고기, 쇠고기라 하면 아르헨티나다. 그래서 밀라네사도 보통은 쇠고기나 송아지 고기를 사용한다. 하지만 쇠고기뿐이 아니다. 가지로 만든 밀라네사도 쇠고기에 뒤지지 않을 만큼 맛있다. 토마토소스와 모차렐라 치즈를 넣으면 밀라네사 아 라 나폴리타나가 된다. 나폴리와는 관계없이 순전히 아르헨티나 음식이다.

재료(1인분) **Recipe**

[빵] 프렌치 롤 또는 바게트(밀라네사의 길이에 맞춘다): 1개

[속재료] 밀라네사: 1장* / 루콜라: 1/2컵 / 토마토 슬라이스: 2~3장 / 파르메산 치즈 가루: 1큰술

[소스] 마요네즈, 머스터드: 각 1큰술.

*가지 슬라이스: 1장 / 달걀: 1개 / 잘게 썬 파슬리: 1큰술 / 다진 마늘: 1쪽 / 우유: 1큰술 / 빵가루: 1/4컵 / 소금, 후추: 약간

●슬라이스한 가지를 우유까지의 재료에 30분동안 담근 후 빵가루를 묻혀 오븐에서 굽는다.

Pebete de Jamón y Queso || 페베테 데 하몽 이 케소

페베테는 부에노스아이레스 주변에서 사용되던 속어로 젊은 남자를 의미한다. 지금은 페베테라는 말을 사용하지 않지만 이와 같이 샌드위치 이름 속에 남아 있다. 어린이들이 이 샌드위치를 쥐고 정원이나 공원을 뛰어다니는 광경이 떠오른다. 이 샌드위치에 사용되는 빵 이름도 페베테인데, 달콤하고 부드러운, 그야말로 어린이들이 좋아할 만한 빵이다. 샌드위치는 햄이나 치즈를 끼우기만 하면 되는 심플한 것이 많다.

재료(1인분)
[빵] 페베테: 1개
[속재료] 햄: 2장 / 스위스 치즈: 2장
[소스] 마요네즈: 1큰술 ※페베테는 세미타의 반죽(p.292)으로 빵을 만들 수 있다.

Sandwiches de Miga || 샌드위체스 데 미가

샌드위체스 데 미가는 아르헨티나식 티 샌드위치다. 이탈리아 북부에서 이주해 온 사람들이 갖고 온, 즉 토라메트노가 기원이라는 설과 어느 레스토랑의 요리사가 고향을 그리워하는 이탈리아인 엔지니어를 위해 만들었다고 하는 설이 있다. 사용되는 재료에는 치미추리도, 스테이크도 등장하지 않는다. 라틴 아메리카다운 점이라 하면 아보카도를 사용하는 것 정도이다. 아르헨티나에서는 파티 음식으로 인기가 있다.

재료(각 2인분)
[빵] 식빵: 각 2장 [속재료 A] 로스트 레드페퍼: 1/4개 / 마요네즈: 1큰술 / 아보카도 슬라이스: 3장 / 프로볼런 치즈: 1장 / 햄: 1장
[속재료 B] 달걀 샐러드: 1개분 / 올리브 슬라이스: 2개분 / 잘게 썬 블랙 올리브가 들어간 크림치즈: 2큰술 [속재료 C] 삶은 달걀: 1개 / 잘게 썬 로메인 레터스: 1큰술 / 토마토 슬라이스: 4장 / 잘게 썬 그린 올리브가 들어간 크림치즈: 2큰술 / 마요네즈: 1큰술

Lomito || 로미토

쇠고기가 없는 하루는 생각할 수 없다고 할 만큼 아르헨티나 사람들은 쇠고기를 많이 먹는다. 로미토는 바로 그런 아르헨티나 사람이 좋아하는 텐더로인 스테이크 샌드위치이다. 맛있는 스테이크로 유명한 멘도사에서는 이 샌드위치를 로미토 멘도사라고 한다. 수많은 아르헨티나 샌드위치 중에서도 가장 아르헨티나다운 샌드위치라고 할 수 있을 것이다. 스테이크는 대충 빵 크기가 될 때까지 잘 두드려 얇게 펴는 것이 맛있는 비결이다.

재료(1인분)
[빵] 프렌치 롤: 1개
[속재료] 로메인 레터스: 1장 / 텐더로인 스테이크: 2장 / 토마토 슬라이스: 3장 / 햄 소테: 2장 / 스위스 또는 프레시 치즈: 2장(햄 위에 녹인다) / 오믈렛: 달걀 1개분 [소스] 마요네즈: 4큰술 디종 머스터드: 1작은술 / 드라이 오레가노: 조금 ●소스는 모두 섞는다.

아르헨티나

Bondiola || 본디올라

로미토가 쇠고기라면 본디올라는 구운 돼지고기. 사용되는 것은 목심. 먼저 숯불에 구워 색을 내고 거기에 당근이나 양파와 함께 몇 시간에 걸쳐 찜으로 만든다. 다 된 본디올라는 손으로 찢어질 정도로 부드럽다. 간장 대신 소금을 사용한 돼지고기 찜 같은 것이다. 이 본디올라를 먹기 좋은 크기로 잘라 야채와 함께 빵에 끼운 것이 이 샌드위치다. 이 레시피처럼 양파가 필요할 때도 있다.

재료(4인분)
[빵] 프렌치 브레드: 4개
[속재료] 본디올라 슬라이스: 4장 / 야채 양념장: 2~3컵* / 달걀 프라이: 4개 / 베이컨 소테: 4장 *백포도주 식초: 1과 1/2컵 / 물: 1/2컵 / 설탕: 1컵 / 오이 슬라이스: 1개분 / 양파 슬라이스: 1개분
●야채 이외의 재료를 끓인 후, 거기에 야채를 넣어 식힌다.

칠레

Chacarero

차카레로

꼬투리 강낭콩의 아삭함이 돋보이는 샌드위치

차카레로의 재미있는 점은 얇은 쇠고기 위에 꼬투리 강낭콩을 듬뿍 올린다는 점이다. 완전히 다른 두 식재료의 식감이 맛을 내는 중요한 포인트가 된다. 쇠고기 대신 돼지고기를 사용하고, 핫페퍼를 넣기도 하는 등 다양하게 변화를 준 샌드위치도 있다. 세계적으로도 그 이름이 알려진, 남미 칠레가 자랑하는 샌드위치다. 바삭하지만 속이 부드러운 마라케타도 맛있다. 마라케타는 칠레의 샌드위치에 곧잘 사용하는 빵으로 빵 프렌치라고 부르기도 한다. 꼬투리 강낭콩은 먹기 쉽게 잘라도 좋다.

재료(1인분) **Recipe**

[빵] 마라케타(p.294): 1개
[속재료] 버터: 1큰술 / 설로인 스테이크(쇠고기 등심): 150g / 데친 꼬투리 강낭콩: 10~15개 / 토마토 슬라이스: 2장

Memo

꼬투리 강낭콩은 살짝 데친 후 즉시 찬물에 담근다. 스테이크는 소금과 후추만으로 간을 해도 충분하다.

칠레

Barros Jarpa || 바로스 하르파

재료(1인분)

[빵] 마라케타(p.294): 1개

[속재료] 두꺼운 햄 슬라이스 소테: 1장 / 몬터레이 잭 치즈 또는 하바티 치즈: 100g

●빵이 두꺼우므로 프라이팬에 햄을 굽고 그 위에 치즈를 올려 녹인다. 그것을 빵에 끼워 오븐에서 굽는다.

사실 바로스 하르파는 실존하는 사람의 이름이다. 풀 네임은 에르네스 바로스 하르파. 1920년에 외무장관을 지낸 정치가로 변호사이기도 했다. 그가 정치가일 때 국회의 레스토랑에서 늘 주문하던 것이 햄과 치즈를 넣은 이 샌드위치였다. 이 샌드위치에는 식빵을 잘 사용하지만 프랑스 빵 비슷한 마라케타를 사용한 것이 훨씬 맛있다. 치즈가 녹을 때까지 오븐에서 굽는다.

칠레

Barros Luco || 바로스 루코

재료(1인분)

[빵] 마라케타(p.294): 1개

[속재료] 쇠고기 등심 스테이크: 150g / 하바티 치즈 등: 1장 / 버터: 1큰술 / 소금, 후추: 약간 ●버터를 녹인 프라이팬에서 고기를 구워 뒤집은 후에 치즈를 올린다. 그 옆에 두 개로 자른 빵 안쪽을 굽는다. 구워진 빵에, 치즈를 올린 쇠고기를 끼운다.

샌드위치 이름이 바로스로 시작되는 것으로 봐서 이 샌드위치도 사람 이름을 붙였다는 것을 알 수 있다. 바로스 루코는 바로스 하르파의 사촌이다. 바로스 루코 역시 정치가로 1910~15년에 걸쳐 칠레 대통령을 지냈다. 바로스 루코가 처음으로 국회 레스토랑에서 지금의 바로스 루코를 먹고 있었다. 이 샌드위치의 속재료는 쇠고기와 치즈였다. 바로스 하르파도 이 샌드위치를 먹었지만 먹기 힘들다는 이유로 쇠고기를 햄으로 바꿨다. 그것이 바로스 하르파 샌드위치다.

칠레

Churrasco || 추라스코

칠레에서 추라스코란 얇게 슬라이스한 스테이크를 말한다. 여러 빵이 사용되지만 마라케타를 사용한 추라스코가 정통이다. 추라스코에는 몇 종류가 있다. 가장 친근한 것이 추라스코 이탈리아노이다. 이 샌드위치에는 토마토, 아보카도, 마요네즈(옵션)가 들어간다. 아보카도는 슬라이스하기도 하고 으깨기도 한다. 하지만, 아보카도를 아몬드 주스와 올리브 오일에 섞어 으깬 것이 먹기 좋다. 레몬의 상큼함도 매력이다.

재료(1인분)

[빵] 마라케타(p.294): 1개 [속재료] 고기 추라스코: 150~200g* / 매시트 아보카도: 1/2개분 / 토마토 슬라이스: 1장 / 레몬주스: 1큰술 /올리브 오일: 1큰술 / 소금과 후추: 약간 [소스] 마요네즈, 케첩, 머스터드: 적당량(취향에 맞게) ●아보카도와 토마토는 따로 레몬주스, 오일, 소금, 후추로 간을 맞춘다.

*쇠고기 등심 또는 송아지 고기 슬라이스: 1장 / 마늘: 1쪽 / 샐러드유: 1작은술

칠레

Completo || 콤플레토

콤플레토는 핫도그 칠리아노라고도 한다. 핫도그에 변화를 준 것으로 모든 재료를 듬뿍 넣은 핫도그이다. 일반적으로 콤플레토라 하면 콤플레토 이탈리아노를 말하는 것으로, 잘게 썬 토마토, 매시트 아보카도, 그리고 마요네즈가 플러스된다. 이탈리아노라 해도 이탈리아 요리와는 아무런 관계가 없다. 아보카도의 녹색, 마요네즈의 흰색, 토마토의 빨간색, 이것은 이탈리아의 국기 색이다.

재료(1인분)

[빵] 핫도그: 1개 [속재료] 아보카도 퓌레(야채나 과일, 고기를 삶아 걸러서 묽게 만든 국물): 1컵* / 사워크라우트: 2큰술 / 찐 프랑크푸르트 소시지: 2개 또는 긴 것 1개 / 깍둑썰기 한 토마토: 1개분

[소스] 머스터드와 마요네즈 믹스: 2큰술

*아보카도: 1개분 / 레몬주스: 1큰술 / 엑스트라 버진 올리브 오일: 1작은술 / 소금과 후추: 약간

The World's Sandwiches

Chapter

7

아프리카

이집트/모로코/튀니지/알제리/남아프리카공화국/잠비아

Kunafa with Cream

쿠나파 위드 크림

가는 페이스트리 반죽에 끼운 디저트

쿠나파는 카타이피라고도 하는 가는 누들 페이스트리 반죽으로 만든다. 터키뿐 아니라 중근동 전 지역, 그리스 등에서 먹고 있는 디저트이다. 쿠나파의 주요 속재료는 치즈와 크림이다. 구운 쿠나파 위에 오렌지 블라썸 워터로 향을 낸 달콤한 시럽을 뿌린다. 이것은 향기가 상당히 강하다. 취향도 있겠지만 처음에는 적게 해서 서서히 늘려가는 것이 좋다. 향과 맛 모두 다소 차이는 있으나 대신 오렌지 퓌레나 오렌지 즙을 사용해도 좋다. 크림을 걸쭉하게 만들기 위해 원래는 밀가루를 사용하기도 하는데, 밀가루를 사용하면 갓 지은 밥 같은, 독특한 냄새가 더해진다. 그것을 피하려면 레시피처럼 콘스타치나 빵을 사용해 걸쭉하게 만든다. 일본에서도 친근한 커스터드 크림을 대신 사용해도 맛있다.

카타이피는 보통 냉동해서 파는데, 해동한 후에 녹인 버터를 넣어 손가락으로 잘 풀어서 사용한다. 상당히 번거로운 작업이다. 직경 약 30cm의 둥근 모양에 카타이피 절반을 빈틈없이 잘 깐다. 그 위에 크림을 고루 펴고 다시 나머지 카타이피로 전체를 덮는다. 크림이 새어 나오지 않게 손가락으로 좀 누른다. 180℃로 달군 오븐에서 45분 구우면 완성이다.

재료(각 1인분) **Recipe**

[빵] 카타이피: 450g / 무염 버터: 225g
●카타이피는 상온에서 완전히 해동하고 나서 손으로 잘 푼다. 다 풀었으면 버터를 넣어 잘 섞는다.
[속재료] 크림 필링: 5컵*1 / 잘게 부순 피스타치오: 2/3컵
[소스] 시럽: 2컵*2
*1 우유: 4컵 / 헤비 크림: 1/2컵 / 설탕: 4큰술 / 콘스타치: 1/2컵
●우유와 콘스타치를 넣은 냄비를 불에 올려 거품기로 잘 저으면서 끓인다. 헤비 크림을 넣고 불을 줄인 다음, 저으면서 10분간 끓인다. 마지막에 설탕을 넣는다.
*2 설탕: 2와 1/2컵 / 물: 1과 1/4컵 / 레몬 주스: 1큰술 / 오렌지 블라썸 워터: 2큰술
●오렌지 블라썸 워터 이외의 재료를 끓여 걸쭉해질 때까지 조린다. 불에서 내려 오렌지 블라썸 워터를 넣은 후 식힌다.

Memo

여기서는 반원형으로 만들었으나 직사각형이나 정사각형으로 만들어도 상관없다. 다 구운 쿠나파는 틀을 거꾸로 뒤집어 접시에 담은 다음, 자른다.

Aish Baladi with Dukka

에이시 발라디 위드 듀카

흔들기만 해도 맛있는 오픈 샌드위치

에이시 발라디는 이집트의 플랫브레드로 피타와 비슷하다. 피타는 보통 밀가루를 사용하는 데 반해 에이시 발라디에는 전립분을 사용한다. 그러니까 완성된 빵이 옅은 갈색 빛을 띤다. 반죽 위에 잘게 부순 위트 브랜(밀기울)을 뿌려 굽기도 한다. 이 빵을 가장 심플하게 먹으려면 갓 구운 에이시 발라디에 올리브 오일을 뿌리고, 듀카라 하는 헤이즐넛과 향신료로 만든 조미료를 뿌리면 된다. 반죽을 편 다음, 즉 굽기 전에 듀카를 뿌리고 나서 구우면 헤이즐넛이 로스트되어 더욱 향기롭다. 듀카는 다양한 요리에 사용된다. 수매과 함께 마련해 두면 편리하다.

재료(1인분) Recipe

[빵] 에이시 발라디(전립분 피타 브레드): 1개
[속재료] 듀카(p.297): 2~3큰술 / 엑스트라 버진 올리브 오일: 1큰술

Memo

식빵에 버터를 바르고 듀카를 뿌려도 맛있다.

Hawawshi || 하와우시

하와우시는 터키 피자라는 별칭을 가진 라흐마준과 비슷한 점이 있다. 다만 고기의 비율이 많다. 본래는 익히지 않은 고기 믹스를 둥글게 편 반죽 위에 올리고, 그 위에 다시 한 장의 반죽을 놓고 가장자리를 봉해 오븐에 굽는다. 이미 만들어져 있는 기성 피타 주머니에 속재료를 넣어 굽기도 한다. 더 간편하게 만들려면 조리된 속재료를 피타 주머니에 채우면 된다.

재료(2인분)
[빵] 피타 브레드: 2장
[속재료] 저민 쇠고기 또는 양고기: 200g / 잘게 썬 양파, 피망, 토마토: 각 1/2개분 / 올리브 오일: 조금 / 핫페퍼 플레이크: 1작은술 / 소금과 후추: 약간 ●속재료를 믹스해서 피타 주머니에 채워넣고 오븐에 굽는 방법, 속재료를 프라이팬에 볶은 후 피타에 채워 프라이팬에 굽는 방법 두 가지가 있다.

이집트

Egyptian Palace Bread || 이집션 팰리스 브레드

재료는 식빵, 벌꿀, 휩트 크림, 이 세 가지뿐인 극히 간단한 디저트이다. 가장자리를 자른 빵을 넓적한 접시에 놓고 벌꿀을 듬뿍 뿌린다. 그리고 벌꿀이 빵에 스며들 때까지 기다린다. 끈적끈적한 빵을 세 겹으로 포개고 150도로 달군 오븐에 45분 정도 굽는다.

재료(2~3인분)
[빵] 식빵: 6장
[속재료] 벌꿀: 480g / 휩트 크림: 4큰술
●가장자리를 잘라낸 식빵에 벌꿀을 듬뿍 뿌린 후 잠시 놔뒀다가 3장씩 포개 오븐에서 굽는다. 식힌 후 휩트 크림으로 장식한다.

Egyptian Moussaka || 이집션 무사카

재료(2~3인분)
[빵] 피타 브레드: 2~3장
[속재료] 저민 고기 소테: 200g* / 소테 가지 슬라이스: 7~8개분 / 소테 피망 슬라이스: 1개분 / 토마토 슬라이스: 1개분 [소스] 토마토 소스 1과 1/2~2컵 ●피타 위에 속재료를 가지, 피망, 고기, 가지, 소스, 고기, 토마토, 피망 순으로 포개놓고 오븐에 굽는다.
*샐러드유: 1큰술 / 잘게 썬 양파: 1/2개 / 다진 마늘: 1쪽 / 쇠고기, 양고기 또는 저민 닭고기: 200g / 소금과 후추: 약간

그리스 요리인 무사카는 일본에도 잘 알려져 있다. 가지와 토마토 소스, 살짝 볶은 저민 양고기가 층을 이루고 있고 위에는 베샤멜 소스(화이트 소스 재료에 고기 국물을 넣어 만든 소스)를 끼얹는다. 이것을 오븐에서 굽는다. 이집트의 무사카와 기본적으로는 같지만 고기의 비율이 적고 가지의 양이 많은 듯한 느낌이다. 이집트에서는 그리스처럼 베샤멜 소스를 끼얹는 일은 없다. 또한 만들어 바로 먹기보다는 하루 정도 놔뒀다가 먹는 일이 많다. 이렇게 하면 더 맛있다.

이집트

Ful Medames || 풀 메다메스

재료(2~3인분)
[빵] 피타 브레드: 2장 [속재료] 물에 담근 마른 누에콩: 200g / 다진 마늘: 2쪽 / 소금과 후추: 약간 [토핑] 잘게 썬 이탈리안 파슬리: 2큰술 / 잘게 썬 핫페퍼: 2개분 / 수맥, 커민,: 각 2작은술 / 레몬주스, 엑스트라 버진 올리브 오일: 각 2큰술 / 삶은 달걀 슬라이스: 1개분 / 잘게 썬 오이, 토마토, 적양파, 올리브: 적당량 ●누에콩을 부드럽게 끓인 후 끓인 물을 냄비에 조금 남긴 다음, 마늘, 소금, 후추를 넣고, 콩을 포크 등으로 으깬다. 콩을 그릇에 담고 토핑을 장식한다.

풀 메다메스는 고대 이집트에서 먹던 것이 아닐까 여겨지는 이집트 전통 요리다. 이집트 국민 요리로 아침에 많이 먹는다. 풀 메다메스는 이집트에서 레바논 시리아, 예멘, 팔레스티나, 요르단 등 각국에서 먹고 있다. 마른 누에콩을 끓여 만든 스튜와 같은 것으로, 오이, 삶은 달걀, 올리브 등을 올려 내놓으며, 피타 위에 올려 먹는다.

Harcha

하르차

모로코 사람들이 아침 식사로 즐겨 먹는 작은 플랫브레드

하르차는 세몰리나 가루(밀을 거칠게 빻고 밀기울을 제거한 밀가루)를 사용한 미국의 비스킷이나 영국의 스콘과 비슷한, 베이킹파우더로 부풀린 빵이다. 하르차는 모로코 말로 거칠다는 의미다. 구운 후에도 먹으면 부슬부슬한 느낌이 남아 있고, 다식과 비슷한 느낌의 식감이 있다. 갓 구운 것은 특히 이런 느낌이 있어 나이프로 칼집을 넣을 때는 부스러지지 않도록 주의해야 할 정도다. 팬케이크나 스콘처럼 간단히 만들 수 있으므로 아침 식사에 안성맞춤이다. 잼이나 버터를 발라 먹는 일이 많으나 둘로 쪼개 속에 치즈 등을 채워도 좋다. 달걀 프라이와 요구르트 소스와 조합한 것은 특히 아침 식사용이다.

재료(2~3인분) **Reeipe**

[빵] 하르차: 2개*
[속재료] 달걀 프라이: 1개
[소스] 모로칸 요구르트 소스(p.293): 적당량 / 취향에 맞는 잼: 1큰술
*(6개분) 세몰리나 가루: 1컵 / 설탕: 1큰술 / 베이킹파우더: 1작은술 / 소금: 적당량 / 버터: 60g / 우유: 60~100ml

Memo

반죽을 이기지 않고 촉촉한 느낌이 가루 전체에 미칠 때까지 섞는 정도로 한다.

모로코

Batbout || 바트보트

프라이팬으로 만드는 머핀 비슷한 빵 샌드위치

바트보트는 베이킹파우더를 사용한 하르차와 달리 이스트로 발효시킨 반죽을 사용한다. 이것에도 세몰리나 가루가 밀가루와 1대 2의 비율로 들어간다. 발효시킨 반죽은 오븐이 아닌, 기름을 두르지 않은 프라이팬에 굽는다. 보기에도, 맛도, 식감도 잉글리시 머핀과 비슷하다. 직경 6~7cm의 미니 바트보트는 포켓을 만들어 뭔가를 채워 넣기에 딱 좋은 크기다. 여기서는 다양한 향신료를 혼합한 샤와르마 스파이스와 함께 볶은 닭고기와 신선한 야채를 바트보트의 포켓에 채웠다. 타히니(참깨 페이스토)로 만든 크리미한 타히나 소스를 듬뿍 뿌려 먹는다.

재료(10인분) **Recipe**

[빵] 바트보트: 10개*1
[속재료] 닭고기 소테: 3컵*2 / 양상추: 4장 / 피클 슬라이스: 6장
[소스] 타히나 소스(p.296): 3큰술 *1(10~15개분) 강력분: 400g / 세몰리나 가루: 200g / 설탕: 2큰술 / 소금: 조금 / 올리브 오일: 3큰술 / 드라이 이스트: 2작은술 / 물: 300ml *2버터: 1큰술 / 닭고기: 500g / 양파 슬라이스: 1개분 / 토마토 슬라이스: 2개분 / 치킨 샤와르마 스파이스(p.296): 1/2작은술 / 소금과 후추: 약간 / 물: 30ml ●물을 제외한 속재료를 볶다가 물을 넣어 수분이 없어질 때까지 조린다.

Memo

타히나 소스에 사용되는 타히니는 일본에서도 자주 사용하는 참깨 페이스트와 비슷하나 참깨의 껍질을 벗겨 맛은 부드럽다.

모로코

Moroccan Chicken&Chickpea Salad

|| 모로칸 치킨 & 칙피 샐러드

병아리콩은 중근동, 중앙아시아에서 많이 먹는 독특한 식감을 갖고 있는 콩이다. 견과류 비슷한 맛을 가진 끈끈한 콩으로 카레나 샐러드, 훔무스, 파라펠 등 다양한 요리에 사용된다. 이 병아리콩은 여기서 소개하는 샐러드 재료다. 여기에 양념맛이 강한 닭고기를 넣어 피타 브레드 포켓에 채운다. 상당히 볼륨이 있는 샌드위치다. 닭고기를 넣지 않아도 맛있으므로 채식주의자에게도 권할 만하다.

재료(3인분)

[빵] 피타 브레드: 3장 [속재료] 닭고기 소테: 200g*1 / 병아리콩 샐러드: 1컵*2 *1한입 크기로 자른 닭 가슴살: 200g / 커민, 칠리 파우더: 각 1/2작은술 / 샐러드유: 조금 *2 부드럽게 끓인 병아리콩: 2/3컵 / 잘게 썬 스캘리언: 2개분 / 잘게 썬 토마토: 1/2개분 / 잘게 썬 올리브: 4개 / 다진 마늘: 1쪽 / 올리브 오일: 1큰술 / 레몬주스: 1큰술 / 소금과 후추: 약간

모로코

Lamb Tagine with Prunes || 램 타진 위드 프룬즈

타진은 '아라비안나이트'에도 나오는 오랜 동안 중근동, 이슬람권에서 사용되어 온 도기이다. 이 도기에 푹 끓인 양고기를 절반으로 자른 피타 브레드 포켓에 채워 넣는다. 민트가 들어 있는 상큼한 소스, 새콤달콤한 프룬과 끓인 양고기가 잘 어울린다.

재료(3인분)

[빵] 피타 브레드: 3장 [속재료] 향신료에 절인 양고기 찜: 300g*1 / 토마토 슬라이스: 1/2개분 / 양상추: 1장 / 삶은 달걀 슬라이스: 1개분 / 흰 참깨: 1/2작은술 [소스] 모로칸 쿡트 드라이 프룬*2: 3개분 / 민트 요구르트 소스(p.297): 3큰술

*1향신료에 절인 양고기: 300g / 다진 마늘: 1쪽 / 소금과 후추: 약간 / 코리앤더, 커민, 생강 가루: 조금 / 시나몬 스틱: 1/2개 / 올리브 오일: 3큰술 [찜] 올리브 오일: 3큰술 / 둥글게 썬 양파: 1/4개분 / 물: 1/2컵 *2말린 자두: 3개 / 양고기 국물: 20ml / 벌꿀: 1큰술 / 시나몬 가루: 약간 / 흰 참깨: 1/2작은술

튀니지

Fricassé || 프리카세

작은 튀긴 빵으로 만든 참치, 달걀, 포테이토 샌드위치

북아프리카, 지중해에 면한 튀니지는 문화적으로 여러 나라의 영향을 받았다. 아랍, 프랑스, 이탈리아, 스페인, 터키, 그리고 최근에는 무역이나 관광을 배경으로 중국이나 일본, 인도 등의 영향도 받고 있다. 식문화도 토착 문화와 어우러져 독특하게 형성되었다. 프리카세는 그런 다문화 튀니지의 심볼이라고도 할 수 있는 샌드위치다. 프리카세는 도넛 같이 발효된 반죽을 기름에 튀긴 것이다. 기름기가 많은 빵을 상상하겠지만 반죽의 수분이 많기 때문인지 속에는 기름이 스며들지 않고 보통 빵과 다름없다. 작은 프리카세 샌드위치를 파는 가게가 튀니지의 가는 곳마다 있다. 어린이가 좋아하는 샌드위치이기도 하다.

재료(8인분) **Recipe**

[빵] 프리카세: 8개*[1]
[속재료] 참치와 감자 샐러드: 3컵*[2] / 삶은 달걀 슬라이스: 4개분 / 올리브: 16개 [소스] 하리사 또는 다른 핫소스: 적당량 *[1]밀가루: 4컵 / 이스트: 2작은술 / 샐러드유: 2큰술 / 소금: 조금 / 달걀: 1개 / 물: 1과 1/4컵 / 튀김용 샐러드유: 적당량 ●샐러드유 이외의 모든 재료를 섞고 잘 반죽한다. 반죽이 두 배가 될 때까지 1시간 정도 발효시킨다. 8등분해서 축구공 모양으로 만들어 기름에 튀긴다. *[2]깍둑 썬 삶은 감자: 3개분 / 참치캔: 100g / 소금과 후추: 약간

Memo

두께가 있어 고온에서 튀기면 속까지 익지 않는다. 크기에 따라 다르지만 6~8분 정도 천천히 튀기는 것이 좋다. 기름 위에서 데굴데굴 굴리는 것이 포인트다.

알제리

Garantita || 가란티타

샌드위치에는 다양한 일화가 남아 있다. 그것이 또한 재미있는 점이지만 가란티타 발상 경위는 이색적이다. 이야기는 1500년대까지 거슬러 올라간다. 무대는 알제리 북서부 오랑의 산타크루스 성이다. 성에 포위된 스페인군은 남은 것이 적은 식량을 병아리콩가루에 섞어 요리를 만들고, 그것을 빵에 끼워 먹었다. 이것이 가란티타의 원형이다. 현재는 가란티타를 파는 거리 가게를 알제리 각 도시에서 볼 수 있다.

재료(4인분)

[빵] 바게트: 1개 [속재료] 가란티타: 1개* [소스] 하리사: 적당량

*병아리콩 가루: 1컵 / 물: 2컵 / 샐러드유: 1/4컵 / 달걀: 1개 / 커민: 1/2작은술 / 소금과 후추: 약간

●물에 하룻밤 담가둔 병아리콩가루에 다른 속재료를 넣어 섞고 쟁반 위에 펴서 오븐에 굽는다. 적당한 크기로 잘라 빵에 끼운다.

알제리

Frites Omelette || 프릿츠 오믈렛

프릿츠 오믈렛은 알제리에서 가란티타에 이어 인기 있는 길거리 음식이다. 스페인의 오믈렛, 토르티야 비슷하지만 알제리 오믈렛은 더 공격적이다. 남은 것도 상관없다. 프라이드 포테이토를 프라이팬에 데워 거기에 하리사라 불리는 알제리 특산 칠리 페이스트가 들어간 달걀을 넣는다. 커다란 프라이드 포테이토의 영향도 있어 오믈렛이라기보다도 스크램블 에그에 가까운 것이 완성된다.

재료(1인분)

[빵] 바게트: 1/4개

[속재료] 오믈렛: 1개* / 버터: 1큰술 / 올리브 슬라이스: 2개분 / 토마토 슬라이스: 2개분 [소스] 하리사 또는 핫소스: 1큰술

*프라이드 포테이토: 200g / 달걀: 2개 / 소금과 후추: 약간 / 버터: 2큰술

Bunny Chow

바니 차우

빵 속을 파내고 카레를 넣었다

바니 차우의 발상지를 둘러싸고 다양한 설이 난무한다. 모두 그럴 듯 하지만 진실은 알 수가 없다. 더블린에 사는 인도인이 만들어냈다고 하는 설이 타당해 보인다. 처음에는 건조한 슈거빈즈를 사용한 고기가 들어가지 않는 카레였지만 지금은 토마토, 양고기, 닭고기 등이 들어간다. 일본인은 어느 나라 못지않게 카레를 좋아한다. 그 지역의 오리지널 레시피를 따르는 것도 좋지만 자신의 입에 맞는 카레를 사용해도 상관없을 듯하다. 다만 빵은 완전 방수가 아니므로 수분이 많은 카레는 피하는 것이 좋다. 걸쭉한 카레는 바니 차우에 제격이다. 처음에는 코타라고 하는 미니어처 크기로 하면 된다.

재료(4~6인분) **Recipe**

[빵] 자르지 않은 식빵: 10~15cm
[속재료] 걸쭉한 양고기 또는 비프 카레: 빵 구멍을 메우는 데 충분한 양
●식빵은 속을 파내지만 버리지 말고 함께 식탁에 놓는다.

Memo

먼저 파낸 빵 속을 카레에 찍어 먹는다. 그 후 바니 차우를 먹는다.

Gatsby || 개츠비

재료(1인분)
[빵] 미니 바게트: 1/4개
[속재료] 소테 볼로냐 소시지: 4장 / 프라이드 포테이토: 1컵 / 잘게 썬 양상추: 1/2컵
[소스] 케첩: 1큰술 / 피리피리 소스: 1큰술

스콧 피츠제럴드의 소설 『위대한 개츠비』에서 이름을 따온 것이라 하는데 왜 개츠비란 이름이 붙었는지는 전혀 짐작할 수가 없다. 다만 말할 수 있는 것은 세계에서도 인정해 줄 만큼 거대 샌드위치라는 점이다. 혼자서는 먹을 수 없으므로 몇 명이 함께 먹어야 하는 경우가 많다. 저녁 식사 때 남은 것을 모두 넣어서 다음날 점심에 먹었던 것이 시초였다고 할 만큼 속재료가 다양하다. 주재료는 볼로냐 소시지와 프라이드 포테이토, 그리고 매콤한 소스이다.

남아프리카공화국

Braaibroodjie || 브라이브루이키

재료(4인분)
[빵] 식빵: 8장
[속재료] 토마토 슬라이스: 2개분 / 체다 치즈: 4장 / 양파 슬라이스: 1개분 / 버터와 소금, 후추: 적당량

브라이는 바비큐. 바비큐에서 결코 쉽게 여겨서는 안 될 것이 사이드 디시. 바비큐에서 빼놓을 수 없는 사이드 디시가 브라이브루이키다. 브라이브루이키는 특별할 것이 없는 샌드위치다. 하지만 남아프리카공화국 사람들은 이 샌드위치에 집착한다. 바게트 같은 장식적인 빵은 사용하지 않는다. 치즈는 슬라이스가 아니라 잘게 썬 것을 사용한다. 빵의 겉면에는 버터를 바른다. 그리고 숯불로 토스트한다.

Spicy AMARULA* Chicken Livers with Crusty Bread

스파이시 아마룰라 치킨 리버스 위드 크러스티 브레드

단 리큐어로 조리한 닭 간을 바게트에 올려 먹는다

아마룰라는 남아프리카 원산 아마룰라 프루트를 발효시켜 만든 크림 리큐어다. 1980년대부터 생산되기 시작한 비교적 새로운 리큐어로 세계적으로는 아직 그다지 알려지지 않은 편이다. 아마룰라는 코끼리가 좋아하는 열매로 코끼리 나무라고도 한다. 자연스럽게 발효한 아마룰라 열매를 먹고 코끼리가 취했다는 전설도 있다. 아마룰라는 그대로 마실 뿐 아니라 칵테일, 디저트는 물론 고기 요리에도 사용된다. 이 레시피는 아마룰라 홈페이지에 소개되어 있는 것이다. 닭 간에 아마룰라의 크리미하고 달콤한 향과 맛이 더해져, 다른 요리에서는 맛볼 수 없는 멋진 맛을 만들어 낸다.

재료(4인분) — Recipe

[빵] 바게트 슬라이스: 4~8장
[속재료] 닭 간 소테: 1컵*
*올리브 오일: 2큰술 / 잘게 썬 양파: 1개분 / 닭 간: 250g / 소금과 후추: 약간 / 다진 마늘: 1알분 / 잘게 썬 칠리 고추: 1개분 / 잘게 썬 차이브, 파슬리: 각 1큰술 / 브랜디: 30ml / 아마룰라 크림: 30ml / 헤비 크림: 200ml

Memo

올리브 오일로 양파를 볶는다. 프라이팬에 소금, 후추를 넣어 간을 볶은 다음, 볶은 양파, 마늘, 칠리 고추를 넣어 브랜디로 플랑베(불을 붙여 알코올분을 태우는 일)한다. 아마룰라 크림을 넣어 한소끔 끓인다. 차이브와 파슬리를 넣어 살짝 섞는다.

*AMARULA의 로고는
Southern liqueur Company Limited의 등록상표

Pineapple Sandwich || 파인애플 샌드위치

재료(1인분)
[빵] 식빵: 2장
[속재료] 버터: 1큰술 / 두껍게 썬 생 파인애플: 1장

이스턴케이프의 작은 마을 바트하루스에는 영화 스폰지밥(The SpongeBob)에 나오는 집 같은 커다란 파인애플 건물이 있다. 세계 유일의 파인애플 모양 건조물이다. 파인애플은 남아프리카공화국의 중요한 생산물이다. 그 풍부하고 값싼 파인애플을 샌드위치로 만들지 않을 수 없다. 그래서 생긴 것이 버터를 바른 식빵에 두껍게 자른 파인애플을 끼운 파인애플 샌드위치이다. 이렇게 하면 끝이다. 숨길 것은 아무 것도 없다.

남아프리카공화국

Roosterkoek || 루스터쿡

재료(각 1인분)
[빵] 루스터 브레드: 2개* [속재료 A] 무화과 프리저브: 1큰술 / 버터 또는 카망베르 치즈: 1큰술 [속재료 B] 스크램블 에그: 2큰술 / 베이컨: 2장 *(10개분) 밀가루: 400g / 소금, 후추: 각 1작은술 / 드라이 이스트: 2작은술 / 올리브 오일: 15ml / 미지근한 물: 250ml
●모두 섞어 반죽을 만들고, 반죽이 두 배가 될 때까지 발효시킨다. 원반형 반죽을 10개 만들어 그릴에 굽는다.

브라이브루이키가 그렇게 맛있는 걸 보고 빵 반죽을 바비큐 그릴에서 구우면 더 맛있을 거라고 생각했는지 모르지만, 루스터쿡은 브라이브루이키와 나란히, 바비큐 필수 요리다. 루스터 브레드는 이스트를 발효시킨 빵으로 베이킹파우더를 사용한 빵보다 손이 많이 간다. 그래서 누구나 간단히 만들 수 있게 슈퍼마켓 등에서 루스터빵용 반죽을 판다. 이 반죽을 적당히 둥글게 해서 그릴에 올리기만 하면 된다.

잠비아

Crocodile Burger || 크로커다일 버거

인간의 탐구심이 만들어낸 악어 햄버거

타조, 순록, 멧돼지, 캥거루, 아르마딜로에 이르기까지 생각하지 못한 고기를 세상 사람들은 먹고 있다. 식용으로 사육되는 것도 적지 않다. 미국에서도 들소와 앨리게이터를 식용으로 사육하고 있다. 크로커다일도 그런 드문 고기의 하나이다. 미국에서는 유감스럽지만 크로커다일 고기는 구입하기 어려우므로 앨리게이터로 대신할 수밖에 없지만, 맛도 식감도 둘 다 큰 차이가 없다. 악어 고기는 조금 싱거운 점은 있으나 닭고기 비슷하다. 고무 같은 식감이 있다고 한다. 하지만 저민 고기로 하면 그런 식감을 전혀 느낄 수 없다. 그러므로 햄버거에 적합한 고기일 듯하다.

재료(1인분) **Recipe**

[빵] 햄버거 빵: 1개
[속재료] 악어 고기 햄버거: 1개* / 토마토 슬라이스: 2장 / 둥글게 썬 적양파: 3장
[소스] 케첩, 마요네즈, 머스터드: 각 1작은술
*악어 또는 저민 고기: 200g 잘게 썬 양파: 1/4개분 / 다진 셀러리: 1큰술 / 물에 푼 달걀: 1큰술 / 오레가노, 타임, 육두구 등 허브 믹스: 1작은술 / 빵가루: 1큰술

Memo

악어의 살은 수분이 많으므로 키친타월 등으로 수분을 닦고 나서 다른 재료와 섞는다.

The World's Sandwiches

Chapter

8

아시아 · 오세아니아

중국/대만/한국/일본/베트남/태국/캄보디아/말레이시아
싱가포르/인도/오스트레일리아

중국

猪排包 ‖ 츠우 파이 빠오

마카오가 낳은 돼지 갈비 구이 샌드위치의 명작

츠우 파이 빠오는 미국의 중화거리에서 폭찹(돼지 갈비 구이)으로 불리는 친근한 음식이다. 중국 마카오에서도 가장 인기 있는 간식이다. 겉면은 파삭하게 튀겨져 있으나 속은 부드러워 한입 베어 물면 육즙이 입안에 퍼질 정도다. 고기는 다양한 향신료를 넣은 양념장에 재워두었다가 튀긴다. 중화요리 특유의 양념장이라 개인적으로 재현하기는 어렵다. 손쉽게 즐기려면 오향분(우샹펀: 다섯 가지 향신료를 가루로 섞어 만듦)을 사용하는 것이 좋다. 포르투갈의 식민지였던 탓에 빵에는 포르투기스 롤을 사용하는 일이 많지만, 파인애플 빵이라 불리는, 일본으로 말하면 멜론 빵 같은 단맛이 나는 빵을 사용하기도 한다.

재료(2인분) Recipe

[빵] 파인애플 빵: 2개 [속재료] 양념장에 재운 뼈 없는 폭찹: 2개* / 둥글게 썬 양파 소테: 1/2개분 / 양상추: 1장
*(양념장 재료) 다진 마늘: 1쪽 / 강판에 간 생강: 1작은술 / 잘게 썬 양파: 1/2개분 / 잘게 썬 파: 1개분 / 간장: 3큰술 / 설탕: 2큰술 / 오향분: 1/2작은술 / 물: 1/2컵 / 녹말가루: 3큰술

Memo

고기는 칼 등으로 두드리고 다시 칼 바닥으로 두드려 부드럽게 만든다. 오향분은 상당히 자극이 있는 향신료 믹스이므로 너무 많이 사용하지 않는 게 좋다. 적어도 3시간은 고기를 양념장에 재워 두어야 한다. 고기는 튀겨도 좋고 구워도 좋다.

중국

烧饼 || 샤오 빙

사박사박한 식감의 페이스트리는 아침 식사나 간식으로 최고

샤오 빙은 중국 북부의 플랫브레드로, 빵이라기보다는 페이스트리(파이)라고 해야 맞을 것이다. 샤오 빙은 목적과 취향에 따라 다양하게 만든다. 속재료를 반죽으로 말아 굽기도 하고, 구워진 샤오 빙을 옆으로 벌려 속재료를 채우기도 한다. 아무 것도 채우지 않고 그냥 먹기도 한다. 미국에 있는 중화거리에 가면 냉동 샤오 빙을 살 수 있다. 단맛이 나는 것부터 고기 요리까지 속재료는 여러 가지가 있다. 중국식 팥소나 파를 넣은 오믈렛을 끼운 샤오 빙은 흔히 아침 식사로 먹는다. 대만에서도 샤오 빙을 아침 식사로 많이 먹는다. 쇠고기 구이를 끼운 샤오 빙 쟈로우는 대만에서 인기 있는 샌드위치이다.

재료(2인분) Recipe

[빵] 샤오 빙: 2장 [속재료 A] 오믈렛: 1개* [속재료 B] 중국식 팥소: 2큰술
*달걀: 1개 / 파: 1큰술 / 소금과 후추: 약간 / 샐러드유(굽기용): 적당량

Memo

냉동 샤오 빙은 토스터에서도, 오븐에서도 간단히 구울 수 있다.

중국

肉夾饃 ‖ 로우 지아 모오

몇 가지 향신료를 넣어 찜을 한 돼지고기 샌드위치

로우 지아 모오는 중국 산시성이 기원인 샌드위치로, 지금은 중국 각지에서 먹고 있다. 길거리 음식으로도 인기가 있다. 로우 지아 모오에 사용되는 빵은 모오라고 하는 플랫브레드이다. 잉글리시 머핀 비슷하지만 두께가 잉글리시 머핀보다 얇다. 이 얇은 빵을 옆으로 잘라 돼지고기 찜을 끼운 것이 로우 지아 모오이다. 돼지고기 찜에는 팔각(八角), 귤 껍질, 고추, 사천후추, 카다멈, 커민 등 20종류가 넘는 향신료가 들어간다. 개인이 만들 경우 위의 재료처럼 중요 재료를 골라 간단히 해야 할 것이다. 빵은 모오 대신에 잉글리시 머핀을 사용해도 된다.

재료(2인분) Recipe

[빵] 모오: 2개*1

[속재료] 중국식 돼지고기 찜: 4큰술*2 / 잘게 썬 양파: 1작은술 / 잘게 썬 파슬리 또는 고수(팍치): 1큰술 / 잘게 썬 핫 그린 페퍼: 1작은술(취향에 맞게)

*1(6개분) 밀가루: 350g / 물: 140~180ml / 드라이 이스트: 2작은술 / 소금: 1작은술

●2차 발효를 끝낸 반죽을 머핀 모양으로 해서 기름을 두르지 않고 프라이팬에 굽는다

*2(6인분) 돼지고기: 1000g / 술: 30ml / 소금: 6g / 굵은 설탕: 10g / 간장: 35g / 파: 1/2개 / 생강: 2조각 / 팔각: 2개 / 시나몬 스틱: 1개 / 초과(草果): 1개 / 물: 적당량

●속재료를 모두 넣고 고기가 잠길 정도로 물을 부은 다음 고기가 부드러워질 때까지 끓인다. 고기를 먹기 좋은 크기로 자른다.

대만

棺材板 || 관차이반

튀긴 식빵 안에 스튜를 부은 샌드위치

관차이반(棺材板)은 영어로 코핀 브레드(coffin bread)로, 관을 뜻한다. 튀긴 식빵 속을 파내고 거기에 스튜를 넣는다. 리조토(버터, 치즈 등과 함께 쌀로 만든 이탈리아 요리)를 넣기도 한다. 미국에서도 뉴잉글랜드에서는 둥근 프랑스 빵을 파낸 것 같은 빵 볼에 클램 차우더(대합을 넣은 야채수프)를 넣어 내놓는 일이 있다. 하지만 식빵을 튀겨 볼 대신 쓰는 것은 아마 이 관차이반뿐일 것이다. 이 샌드위치를 먹을 수 있는 곳으로는 타이페이의 스린 야시장이 관광객 사이에 잘 알려져 있다. 새우 크림 스튜를 넣는 것이 일반적이지만 취향에 맞는 다른 스튜를 넣어도 된다. 남아프리카공화국과 같이 카레를 넣어도 좋을 듯하다.

재료(1인분) Recipe

[빵] 튀긴 식빵(두께 3cm 이상)
[속재료] 새우 크림 스튜: 적당량

Memo

식빵은 기름을 잘 흡수하므로 많은 기름으로 튀기면 느끼하기 쉽다. 가능하면 적은 기름으로 뒤집으면서 알맞게 굽는 것이 좋다. 수분이 많은 식빵을 사용하든지 식빵 끝 부분을 사용해야 흡수하는 기름의 양을 적게 할 수 있다. 먹을 때는 뚜껑에 스튜를 올려 먹든가 스튜를 스푼으로 먹든가 아니면 스튜가 스며든 빵을 베어먹는다.

대만

刈包

과빠오

삼겹살과 야채 절임을 끼운 찐빵 샌드위치

과빠오(刈包)는 혀를 두 장 포개 놓은 듯한 모양의 빵이지만 실제로 찌기 전에 타원형으로 늘린 반죽을 둘로 접는다. 위아래 빵은 완전히 붙어 있는 것이 아니라 손가락으로 간단히 열 수 있다. 여기에 조리한 돼지 삼겹살을 끼운 것이 과빠오다. 과빠오는 대만에서 아주 인기 있는 샌드위치로 중화거리에서도 샤오 빙과 마찬가지로 냉동 과빠오를 구할 수 있다. 레인지에 데우기만 하면 즉시 먹을 수 있다. 재미있는 것은 산카이라 불리는 절임을 함께 끼운다는 점이다. 좀 신맛이 있는 갓 절임으로 보기에도 식감도 그리고 맛도 일본의 갓 절임과 똑같다. 이 갓 절임과 고기의 궁합이 절묘하다.

재료(6인분) Recipe

[빵] 찐 바오: 6개*1
[속재료] 돼지고기: 350g*2 / 고수(팍치): 적당량 / 잘게 썬 땅콩: 1작은술 / 산카이 또는 갓 절임: 적당량 *1밀가루: 200g / 물: 100g / 드라이 이스트: 2작은술 / 설탕: 20g / 소금: 1/2작은술 ●발효시킨 후 6등분해 타원형으로 늘린다. 둘로 접어서 찐다. *2한입 크기로 자른 돼지고기: 350g / 양파, 다진 생강: 5g / 간장: 5ml / 소금: 3g / 팔각: 3개 / 물: 2컵 ●고기를 구운 후 다른 재료와 함께 끓인다.

Memo

설탕을 조금 넣어 돼지고기에 단맛을 내도 좋다. 산카이가 아니라도 갓 절임으로 충분하다.

불고기 버거

한국의 불고기가 햄버거가 된 획기적인 샌드위치

불고기는 일본에서도 인기가 있다. 이 불고기를 햄버거에 끼우고 양상추나 치즈를 넣은 것이 불고기 버거다. 한국에서는 대형 햄버거 체인점에서도 팔고 있을 정도로 인기가 있다. 일본에서 불고기 버거를 먹기 위해 일부러 한국에 가는 사람도 있을 정도다. 불고기 버거에는 두 종류가 있다. 하나는 불고기 맛이 나는 햄버그스테이크를 사용한 것, 또 하나는 불고기를 사용한 것이다. 여기에 고추장 소스를 뿌려 먹기도 하고, 김치를 대신 올려 먹기도 한다. 불고기의 단맛에 김치의 아삭아삭한 식감, 새콤한 맛, 매운 맛이 어우러져 깊은 맛이 더한

재료(3인분) Recipe

[빵] 햄버거 빵: 3개
[속재료] 불고기: 200g*1 / 야채 소테: 1/2~2/3컵*2 / 김치: 100g
[소스] 마요네즈: 적당량
*1샐러드유: 1작은술 / 구운 쇠고기: 200g / 불고기 소스: 5큰술
*2양파 슬라이스: 1/2개분 / 양송이 슬라이스: 2~3개분 / 샐러드유: 1작은술

Memo

고기에 맛이 배어 있고 김치도 들어 있다. 취향에 따라 다르겠지만 굳이 마요네즈를 뿌릴 필요는 없다.

일본

Katsu Sand || 가츠 샌드

세계에 널리 알려진 일본 식문화를 상징하는 샌드위치

식빵 사이에 돈가스를 끼운 샌드위치다. 가츠 산도의 돈가스는 두께가 일정해야 하고, 끝에서 끝까지 빵으로 덮어야 한다. 삼각으로 자른 단면이 두꺼워, 빵에 끼웠을 때 돈가스가 빵의 절반 정도밖에 되지 않는 것은 실격이다. 양배추는 넣어도 되지만 너무 많아서는 안 된다. 고기는 돼지 등심, 튀김옷은 일본의 식빵 이외에는 생각할 수 없다. 마무리가 깔끔하고 바삭해 외국에서도 일본의 빵가루를 사용하고 있다. 소스는 너무 많이 끼얹어서는 안되고, 달지 않고 맵지 않아야 하는 미묘한 점을 지켜야 한다. 사람에 따라 취향이 다르지만 대부분의 사람들은 이 정의를 인정하지 않을까. 가츠 산도는 일본이 자랑하는 세계 수준의 샌드위치다.

Recipe

재료(2인분)

[빵] 식빵: 2장
[속재료] 돼지 등심: 2장 / 잘게 썬 양상추 또는 양배추(옵션)
[소스] 돈가스 소스: 1큰술 / 마요네즈: 1작은술 / 머스터드: 1작은술(취향에 맞게)

Memo

머스터드나 마요네즈를 사용할 경우에는 돈가스 소스에 섞는다. 소스 믹스는 빵에 발라서는 안되고 돈가스에 묻힌다. 샌드위치를 만든 후, 랩에 말아 위에서 가볍게 눌러 놓는다. 그렇게 하면 잘랐을 때 부서지지 않는다.

일본

Yakisoba Pan || 야키소바 빵

재료(1인분)
[빵] 서브 롤 또는 브리오슈 롤: 1개
[속재료] 취향에 맞는 야키소바: 적당량 / 홍생강, 파래김: 약간

야키소바의 기원은 중국의 차오멘(炒麵: 기름에 볶은 밀국수)이다. 하지만 만약 차오멘이 야키소바로 진화하지 않았다면 야키소바 빵은 없을 것이다. 수분이 적은 소스 맛의 야키소바이기 때문에 빵에 끼워도 흠뻑 젖지는 않는다. 그렇다고 해서 야키소바 빵을 굽는 특별한 레시피가 있는 것은 아니다. 사람에 따라 취향도 다르겠지만, 개인적인 의견을 말하자면 첫째로 수분이 적을 것, 오이스터 소스를 적게 넣을 것, 숙주나물, 양파, 홍생강, 파래김은 필수라는 것이다.

일본

Fruit Sand || 후르츠 샌드

재료(1인분)
[빵] 식빵: 2장
[속재료] 딸기: 4개 / 휘핑크림: 2~4큰술

딸기와 생크림을 끼운 샌드위치는 일본에서 늘 잘 팔린다. 쿠페빵(고구마 모양으로 바닥이 납작한 빵)에 버터크림만을 끼운 샌드위치도 상당히 오래 전부터 있었다. 크림 샌드위치는 일종의 범주로 그 변형은 한없이 많다. 과일은 키위, 파인애플, 바나나 등을 사용하고, 크림에도 다양한 맛을 낸다. 사용하는 빵도 다양하다. 하지만 기본은 딸기와 생크림. 이 두 가지 조합은 불변이다.

베트남

Bánh Mì || 반 미

샌드위치의 새로운 경지, 아시아를 대표하는 샌드위치

베트남의 샌드위치, 반 미는 미국에서도 완전히 시민권을 얻었다. 중화거리뿐 아니라 도시에도 반 미를 파는 레스토랑이 나타나기 시작했다. 반 미는 프랑스 식민지 시대의 영향을 많이 받았다. 베트남 문화와 프랑스 문화의 융합이 이 샌드위치를 낳았다. 빵은 분명 프랑스 바게트이다. 다른 점은 빵의 겉껍질이 얇고 바게트보다 좀더 푹신한 빵이라는 점이다. 빵 사이에 끼우는 속재료는 베트남 특유의 요리, 혹은 좀 변형시킨 것이 많다. 고기와 야채의 균형을 생각하면 유럽이나 미국 샌드위치에 비해 야채의 비율이 높다. 이 고기와 야채의 적당한 균형이 다른 샌드위치에 없는 매력이라 할 수 있다.

재료(1인분) — Recipe

[빵] 미니 바게트: 1개
[속재료] 양념장에 재워 구운 고기와 두부 소테: 80g / 채썬 오이: 3~5개(취향에 맞게) / 도추아(야채 식초절임): 2큰술* / 잘게 썬 고수(팍치): 1큰술
[소스] 마요네즈: 1큰술 / 간장: 1작은술
*(3컵분) 채썬 당근: 1개분 / 채썬 무: 450g / 소금: 1작은술 / 설탕: 1/2컵 / 쌀식초: 1과 1/4컵 / 미지근한 물: 1컵

Memo

빵을 옆으로 자른 다음 속을 파내 속재료가 들어갈 공간을 만든다. 빵은 가볍게 굽는다.

태국

Itim Khanom Pang || 아이팀 카놈 빵

달달한 죽이 숨어 있는 아이스크림 샌드위치

이탈리아에 젤라토 샌드위치가 있고, 미국에는 쿠키에 끼운 아이스크림 샌드위치가 있듯이, 아시아에도 이에 못지 않는 아이스크림 샌드위치가 있다. 태국의 아이팀 카놈 빵이 그것이다. 아이팀 카놈 빵은 이탈리아나 미국의 복사판이 아니라 베트남만의 독특한 특징이 있다. 빵은 일본의 버터 롤과 비슷한 부드러운 것을 사용한다. 아이스크림에는 여러 종류가 있으나 가장 아시아다운 것이 코코넛밀크 아이스크림이다. 하지만 이 태국의 아이스크림 샌드위치를 가장 특징짓는 것은 아이스크림 밑에 숨겨진 코코넛의 달콤한 스틱 라이스이다.

재료(1인분) **Recipe**

[빵] 브리오슈 또는 단맛 나는 빵: 1개
[속재료] 코코넛 스위트 스틱 라이스: 1큰술*1 / 코코넛 아이스크림: 2스쿱*2 / 잘게 부순 피넛: 1작은술

*1(2인분) 찹쌀: 1컵 / 코코넛 밀크: 2/3컵 / 소금: 조금 / 설탕: 1/2컵

●찰밥에 나머지 재료를 넣은 다음, 죽 상태가 될 때까지 저으면서 천천히 끓인다.

*2(4인분) 코코넛 밀크: 400ml / 설탕: 6큰술 / 소금: 조금 / 콘스타치: 2큰술 / 바닐라에센스: 1작은술

●2큰술의 코코넛 밀크로 콘스타치를 녹여 놓고, 나머지 재료를 냄비에 끓인다. 거기에 녹인 콘스타치를 넣어 걸쭉하게 만든다. 냉장고에서 하루 식혀 포크 등으로 으깬 후 믹서로 부드러워질 때까지 섞는다. 다시 한번 냉장고에서 냉동시킨다.

캄보디아

Nom Pang ‖ 놈 빵

식민지시대의 프랑스 영향을 진하게 받은 샌드위치

캄보디아에서는 빵을 놈 빵이라 한다. 놈 빵은 샌드위치의 의미도 겸한다. 놈 빵은 식민지 시대에 프랑스인이 갖고 들어온 바게트다. 현재 캄보디아의 아침 식사에 없어서는 아이템으로 놈 빵이 자리를 잡았고 진한 커피와 함께 먹는다. 놈 빵 샌드위치는 베트남의 반 미와 비슷하다. 어느 쪽이 먼저인지는 알 수 없다. 두 나라 모두 프랑스 식민지였을 뿐만 아니라 이웃나라여서 서로의 영향을 받은 것만은 분명하다. 여기서 소개하는 토마토소스를 뿌린 정어리 샌드위치는 캄보디아 남서부, 베트남과 국경을 접하는 캄프체아 크롬에서 인기 있는 샌드위치다.

재료(1인분) — Recipe

[빵] 프렌치 롤: 1/2개
[속재료] 토마토소스 절임 정어리 소테: 2마리 / 핫 칠리 고추 슬라이스: 적당량(취향에 맞게) / 무와 당근 식초절임(p.268): 2큰술 / 후추: 조금
[소스] 간장: 적당량

Memo

토마토소스에 절인 정어리는 볶은 다음, 토마토소스를 뿌려 한소끔 끓인다.

말레이시아

Roti John || 로티 존

오믈렛이 빵에 달라붙어 흘리지 않고 먹을 수 있는 샌드위치

로티 존은 말레이시아나 싱가포르 곳곳에서 볼 수 있는 오믈렛 샌드위치다. 로티는 빵, 존은 백인, 즉 동남아시아에 주둔하던 영국군을 뜻한다. 로티 존을 만드는 법은 두 가지가 있다. 플레인 오믈렛의 경우는 양파나 핫소스를 넣은 달걀을 빵에 끼얹은 후 그릴에 굽는다. 저민 고기 속재료가 들어가는 경우에는 플레인 오믈렛의 경우와 마찬가지로 달걀에 고기를 섞은 다음, 그릴 위에 펴고 바로 그 위에 빵을 놓는다. 반숙 상태의 오믈렛이 빵에 멋지게 달라붙게 하는 방법을 이용한 셈이다. 삐져 나온 오믈렛은 주걱으로 빵에 다시 집어넣는다.

재료(1인분) Recipe

[빵] 바게트: 1/2개
[속재료] 오믈렛: 1인분*
*저민 쇠고기: 40g / 잘게 썬 양파: 1개분 / 달걀: 3개 / 삼발(핫소스): 1큰술 / 취향에 맞는 카레 가루: 1/2작은술 / 소금과 후추: 약간

Memo

삼발과 카레 가루는 달걀에 섞어주고, 매운 맛이 부족할 때는 먹기 전에도 뿌린다.

싱가포르

Kaya Toast || 카야 토스트

달콤한 잼, 계란 노른자, 간장의 조합이 일품

카야 토스트의 주역은 카야라 하는 코코넛 밀크로 만든 잼이다. 잼이라고는 해도 코코넛 색을 띨 뿐 느낌은 버터에 가깝다. 토스트에 이 카야를 바른 것이 카야 토스트이다. 카야는 기본적으로는 코코넛 밀크, 설탕, 달걀로 만든다. 하지만 잼에 독특한 향을 더하기 위해 판단 잎을 넣기도 한다. 이 판단 잎을 넣으면 카야에 달콤한 장미향이 더해진다. 먹는 방법은 아무래도 아시아적이다. 노른자가 익지 않은 반숙 달걀에 간장을 뿌리고, 카야 토스트를 그 반숙 달걀에 붙여서 먹는다. 이 멋진 조합은 먹어본 사람만이 알 수 있다.

재료(1인분)

Recipe

[빵] 식빵: 2장
[속재료] 버터: 1큰술 / 카야 잼: 2큰술* / 반숙 삶은 달걀: 1개 / 간장과 흰 후추: 적당량
*(1컵분) 달걀: 3개/설탕: 1과 3/4컵 / 코코넛 밀크: 400ml / 판단 잎: 3장 / 물: 1큰술

Memo

카야 잼은 중탕으로 녹인다. 코코넛 밀크가 조금 갈색 빛이 돌고 잼처럼 걸쭉해지면 완성이다.

인도

Paneer Tikka Kathi Roll

파니르 티카 카티 롤

인도를 대표하는 치즈를 플랫브레드에 만 샌드위치

인도는 약 절반이 채식주의자이다. 채식주의자가 아니라 하더라도 우리처럼 고기나 생선을 자주 먹지는 않는다. 그러니까 레스토랑도 반드시 채식주의자 음식을 준비해둔다. 카티 롤은 원래 케밥 같은 고기를 사용한다. 이 샌드위치에서는 고기 대신 파니르라 하는 치즈를 사용했다. 채식주의자라 하더라도 유제품을 먹는 사람이 많다. 달걀도, 모든 채식주의자가 먹지 않는 것은 아니다. 향신료를 많이 사용하는 인도 요리 중에서는 이 샌드위치가 간단한 편이다. 하지만 이 샌드위치 속에는 인도의 맛이 듬뿍 들어가 있다.

재료(1인분) **Recipe**

[빵] 로티: 4장*[1] [속재료 1] 향신료와 치즈 믹스: 1/2컵*[2] [속재료 2] 파니르: 1컵 / 잘게 썬 양파, 피망: 각 1/2컵 / 샐러드유: 1큰술 ●속재료 1과 속재료 2를 섞어 10분 두었다가 샐러드유로 2분 정도 볶는다. [기타 속재료] 1작은술의 차트 마살라(p.296)를 믹스한 둥글게 썬 양파: 1컵

*[1]전립분 또는 밀가루: 1컵 / 소금: 1/4작은술 / 샐러드유: 2작은술 / 물: 1/4컵 / 기: 적당량 ●기를 제외한 재료는 물을 넣으면서 섞는다. 반죽을 이긴 다음 표면에 기름을 바르고 랩을 씌워 10분 정도 재운다. 4등분한 반죽을 둥글고 얇게 편다. 석쇠 위에 프라이팬을 놓고 기름 없이 반죽의 양면을 굽는다. 곳곳에 부풀어 오르는 곳이 생기면 프라이팬을 내려놓고 석쇠 위에서 반죽을 굽는다. 반죽이 돔 모양으로 부풀면 접시에 옮겨 기를 바른다. *[2]코티지 치즈: 1/2컵 / 칠리 파우더: 1작은술 / 터메릭: 1/4작은술 / 생강 마늘 페이스트: 1작은술 / 병아리콩가루: 1/2작은술 / 차트 마살라: 3/4작은술 / 마른 페누그리크 잎(호로파: 허브의 일종): 1/2작은술 / 가람 마살라: 3/4작은술 / 소금: 적당량

Bread Pakora

브레드 파코라

향긋한 병아리콩가루 튀김옷을 입힌 샌드위치

파코라는 기름에 튀긴 음식을 통틀어 이르는 말이다. 실제로 들은 것은 아니지만, 인도 사람 입장에서 보면 생선이나 야채 튀김도 파코라인 셈이다. 여기서는 샌드위치 그 자체에 튀김옷을 입혀 튀기기 때문에 브레드 파코라라 할 수 있다. 이 샌드위치에서 가장 흥미로운 것은 튀김옷이다. 빵가루도 아니고 밀가루도 아니다. 녹말가루 같은 스타치도 아니다. 튀김옷에는 다름 아닌 병아리콩가루가 사용된다. 병아리콩을 사용하면 튀김옷에 견과류 같은 풍미가 더해진다. 좀 단맛이 나는 토마토케첩과 코리앤더를 주요 재료로 사용한 양념 맛이 강한 그린 처트니가 담백한 파니르의 맛을 돋보이게 한다.

재료(1인분)

Recipe

[빵] 식빵: 2장 [튀김옷의 재료] 병아리콩가루: 250g / 칠리 파우더: 1큰술 / 아조완 씨: 1/2작은술 / 소금: 적당량 / 베이킹파우더: 1/2작은술 / 샐러드유: 1작은술 / 물: 적당량
[속재료] 파니르 슬라이스: 100g [소스 외] 토마토케첩, 그린 처트니, 차트 마살라(p.296): 적당량

Memo

가장자리를 자른 빵에 두 종류의 처트니를 바르고, 파니르를 끼운다. 아조완 씨는 맛은 팔각이나 오레가노와 비슷하고, 향은 타임 비슷한 향신료이다. 튀김옷의 재료는 모두 섞은 다음 빵 전체에 발라 튀긴다. 완성된 것은 좀 딱딱한 전분 튀김옷 느낌이다. 병아리콩가루로 만든 반죽이 너무 묽으면 빵에 옷이 잘 입혀지지 않는다. 반대로 너무 되직하면 먹었을 때의 식감이 좋지 않다. 약간 묽은 팬케이크 반죽 상태가 적당하다. 튀김옷을 빵 전체에 발랐으면 손으로 살며시 빵을 들어 기름에 튀긴다.

Vada Pav || 바다 빠브

바다 빠브는 인도 서부의 마하라슈트라가 기원인 채식 주의자를 위한 샌드위치다. 같은 주의 주도 뭄바이에서 인기 있는 패스트푸드이기도 하다. 바다는 감자 프리터(밀가루 반죽으로 만든 튀김옷을 입혀 튀긴 요리), 빠브는 인도의 이스트 롤이다.

재료(8인분)

[빵] 라디 빠브: 8개 [속재료] 드라이 갈릭 처트니: 적당량 / 바다: 8개*

*[A] 샐러드유: 1큰술 / 머스터드 시드: 1작은술 / 카레 잎: 6~8장 / 잘게 썬 그린 칠리 고추: 2개분 / 강판에 간 마늘: 1과 1/2큰술 / 강판에 간 생강: 1큰술 / 매시트 포테이토: 1과 1/2컵 / 터메릭: 1/2작은술 [B] 병아리콩가루: 3/4컵 / 터메릭: 1/4작은술 / 베이킹파우더: 조금 / 샐러드유: 1작은술 / 소금: 적당량 ●머스터드 시드, 카레 잎을 소테해 페퍼, 마늘, 생강을 넣고 다시 볶는다. A의 다른 재료를 넣고 잘 섞어 식힌 후, B의 튀김옷을 입혀 튀긴다.

Bombay Masala Cheese Toast Sandwich

|| 봄베이 마살라 치즈 토스트 샌드위치

마살라 치즈 샌드위치는 뭄바이에서 인기 있는 길거리 음식이다. 파는 사람이 평평한 그릴 앞에서 빵, 치즈, 야채를 차례대로 겹쳐 쌓아 높이가 높은 샌드위치를 만드는 광경은 볼만하다. 여기서 소개하는 샌드위치는 그 호쾌한 샌드위치를 납작하게 한 가정식 마살라 치즈 샌드위치다.

재료(5~6인분)

[빵] 식빵: 10~12장 [속재료] 포테이토 마살라: 1컵(p.297) / 양파, 토마토, 피망 슬라이스: 적당량 / 차트 마살라(p.296), 커민, 블랙솔트: 조금 / 버터: 적당량 [소스] 케첩, 그린 처트니: 적당량

인도

Khakra Chaat || 카크라 차트

바삭한 플랫브레드에 샐러드를 듬뿍 올린 샌드위치

카크라 차트는 인도 서부 구자라트 주가 기원인 스낵이다. 카크라는 바삭하고 얇은 크래커 같은 플랫브레드로 인도의 식재료를 팔고 있는 가게에 가면 미국에서도 간단히 구할 수 있다. 직접 만들기도 그리 어렵지 않다. 아무것도 들어가지 않은 플레인 카크라라면 로티를 바삭바삭하게 될 때까지 프라이팬에서 굽기만 하면 된다. 차트는 인도의 인기 간식으로 카크라 같은 플랫브레드, 야채, 처트니, 세브(기름에 튀긴 시리얼 같은 인도의 음식)로 만든다. 차트 마살라라는 혼합 향신료도 빼놓을 수 없다. 차트 마살라는 이것뿐 아니라 다양한 요리에 사용된다.

재료(5인분) **Recipe**

[빵] 전립분 카크라: 5장
[속재료] 샐러드: 1과 1/4컵* / 고수(팍치): 2큰술 / 세브: 1/2컵
[소스] 민트 코리앤더 처트니: 1/4컵 / 데이트(대추야자) 처트니: 1/4컵
*숙주나물: 1/2컵 / 잘게 썬 양파, 토마토, 오이: 각 1/4컵 / 칠리 파우더: 1/4작은술 / 커민: 1/2작은술 / 레몬주스: 1/2작은술 / 처트니 마살라: 1/2작은술

Memo

일본에서는 그다지 권장하지 않지만 인도에서는 숙주나물을 데치지 않고 생으로 먹는다. 생 숙주나물은 단맛이 있어 아주 맛있다.

인도

Dabeli

다벨리

혀로 느낄 수 있는 모든 미각이 섞여 있는 샌드위치

이 샌드위치도 구자라트 주가 기원으로 카치현 만토비에는 이 샌드위치를 고안한 레스토랑이 지금도 있다. 본래 빵에는 햄버거 빵인 파오가 사용된다. 빵에는 매시트 포테이토, 로스트한 피넛을 끼운다. 이 샌드위치에 필수불가결한 것은 다벨리 마살라라 불리는 믹스 향신료이다. 다벨리 마살라에는 10종류가 넘는 향신료가 섞여 있다. 단맛이 있는 타마린드 대추야자 처트니, 양념 맛이 강한 코리앤더 갈릭 처트니도 빼놓을 수 없다.

재료(12인분) **Recipe**

[빵] 햄버거 빵: 1개
[속재료] 매시트 포테이토: 3*[1] / 마살라 피넛: 1큰술*[2] / 건조 자쿠로 열매: 1큰술 / 잘게 썬 양파: 적당량
[소스] 타마린드 대추야자 처트니: 1큰술 / 코리앤더 갈릭 처트니: 1큰술
*[1](12인분) 매시트 포테이토: 3컵 / 샐러드유: 1큰술 / 다벨리 마살라(p.296): 4큰술 / 설탕: 1작은술 / 소금: 적당량
●기름을 달구고 다른 속재료를 넣어 3~4분 볶는다.
*[2](12인분) 생 피넛: 3/4컵 / 샐러드유: 2작은술 / 블랙 솔트: 1작은술 / 칠리 파우더: 1작은술 / 차트 마살라(p.296): 1/2작은술
●피넛을 로스트해서 식히고 껍질을 제거한다. 기름을 달구고 모든 재료를 넣어 1분간 잘 볶는다.

Memo

조리돼 있는 기성 재료를 사서 만들면 시간은 단축된다. 빵 이외의 모든 것을 스스로 만들게 되면 그 나름의 시간이 필요하다. 그 어느 것도 필수불가결하므로 생략할 수 없다.

인도

Jhatpat Aloo Roll || 잣파트 알루 롤

빠르고 간편하게 만들 수 있는 매시트 포테이토 롤 샌드위치

잣파트 알루 롤의 잣파트는 우르두어로 즉시, 알루는 감자라는 의미이다. 매시트 포테이토의 재료를 로티(치아바티)로 둘둘 감아 간단하게 만든 샌드위치를 말한다. 채식주의자를 위한 인도 요리에서 감자를 빼놓을 수 없다는 것은 다른 레시피를 봐도 알 수 있다. 이 샌드위치도 매시트 포테이토가 주역이다. 매시트 포테이토에는 그린 칠리 페이스트와 코리앤더가 들어가므로 전체가 엷은 녹색을 띤다. 코리앤더는 향신료가 아니라 잎 부분으로, 고수(팍치)라 하면 알 수 있는 사람도 많을 것이다. 로티를 소량의 기름을 사용해 익힌 다음, 소스와 속재료, 곁들이는 야채 순으로 로티 위에 놓고 만다. 간단히 먹는 간식으로 그만이다.

Recipe

재료(6인분)

[빵] 로티: 6장(p.273)
[속재료] 매시트 포테이토: 1과 1/2컵* / 잘게 썬 양파: 3작은술 / 차트 마살라(p.296): 조금
[소스] 타마린드 데이트(대추야자) 처트니: 9작은술 / 그린 처트니: 3작은술
*매시트 포테이토: 1컵 / 그린 칠리 고추: 1/2작은술 / 진저 갈릭 페이스트: 1/2작은술 / 잘게 썬 고수(팍치): 2큰술 / 레몬주스: 1작은술 / 물로 촉촉하게 만든 빵: 1장 / 설탕, 소금: 조금 / 샐러드유(소테용): 적당량

Memo

재료를 모두 섞어 엽궐련 모양을 만든다. 프라이팬에 기름을 두르고 속재료 표면에 눌은 자국을 만든다.

Chole Kulche || 촐레 쿨체

고기 없는 병아리콩 카레를 플랫브레드에 끼워 먹는다

촐레는 특히 인도 북부에서 많이 먹는다. 병아리콩을 사용한, 말하자면 채식주의자를 위한 카레이다. 촐레 마살라라고 하기도 한다. 콩은 채식주의자에게는 중요한 단백질원이다. 그 중에서도 병아리콩은 다른 콩과는 다른 맛과 식감으로 인해 호불호가 확실히 갈리기는 하지만 영양이 풍부해 많은 음식에서 사용한다. 쿨체는 이스트를 발효시킨 플랫브레드로 로티와는 달리 두께가 있다. 반죽에 여러 야채를 섞어 구워 먹기도 하고, 완성된 쿨체에 속재료를 끼워먹기도 한다. 이 빵은 쿨차라고 부르기도 한다. 작은 쿨체는 그대로, 큰 것은 삼각으로 자른다. 그 위에 촐레를 올리거나 사이에 끼워 먹으면 맛있다.

재료(1인분) **Recipe**

재료(2~4인분)
[빵] 쿨체 브레드: 2~4장
[속재료] 촐레: 2~2와 1/2컵*
*말린 병아리콩: 100g / 샐러드유: 5큰술 / 월계수 잎: 2장 / 잘게 썬 양파: 1개분 / 진저 갈릭 페이스트: 2큰술 / 터메릭, 커민, 칠리 파우더, 각 1/2큰술 / 차나 마살라 파우더(p.296): 1큰술 / 타마린드 과육: 2큰술 / 물: 1컵

Memo

병아리콩은 전날 물에 불린다. 기름을 달구고 월계수 잎을 넣어 좀 볶은 다음, 양파를 넣어 갈색 빛이 날 때까지 볶는다. 향신료를 넣고 향신료로 인해 기름 색이 변하면 나머지 재료를 냄비에 넣고 콩이 부드러워질 때까지 끓인다.

Malai Sandwich || 말라이 샌드위치

프레시 치즈로 크림을 끼운 벵골 지방의 디저트

말라이 샌드위치는 치즈 샌드위치다. 하지만 치즈를 끼운 샌드위치가 아니라 치즈 사이에 속재료를 끼운 샌드위치다. 우유에 라임주스 등 신맛이 강한 것을 넣으면 흰 고형물과 즙으로 분리된다. 고형물은 카도, 액체는 웨이(유청)라고 한다. 카도는 이를테면 프레시 치즈로, 코티지 치즈라 하면 알 수 있을 것이다. 웨이는 유청 음료의 원료로 리코타 치즈는 이 웨이로 만든다. 이 샌드위치에 사용하는 것은 고형물인 카도이다. 이 카도를 뜨거운 물로 조리한 것을 빵 대신 사용한다. 속은 인도 디저트로 많이 사용하는 마와라는 고형 우유로 만든 크림을 넣는다.

재료(8인분) **Recipe**

[빵] 카도 시럽 조린 것: 12~16개*
[슈가 시럽 재료] 설탕: 2와 1/4컵 / 물: 5컵 / 잘게 부순 코리앤더 씨: 조금 / 로즈 워터: 1큰술
[속재료] 스위트 마와(고형 드라이 밀크): 1/2컵 / 설탕: 3작은술 / 사프란: 조금(취향에 맞게)
●모든 재료를 잘 섞는다.
[장식] 피스타치오 슬라이스, 민트 잎: 적당량
*우유: 1000ml / 라임주스: 적당량 / 세모리나 가루: 1작은술 / 베이킹파우더: 조금
●끓인 우유에 라임주스를 조금씩 넣고 카도와 유청을 분리시킨다. 천에 걸러 낸 카도를 물에 씻은 후 수분을 짜낸다. 카도에 세몰리나 가루와 베이킹파우더를 섞고 반죽이 매끈할 때까지 잘 이긴다. 카도를 잘라 나누고 네모나게 모양을 다듬는다. 부글부글 끓은 시럽을 중불에서 20분 정도 조린다. 불을 끄고 잠깐 그대로 두었다가 접시에 담아낸다.

Kangaroo Burger ‖ 캥거루 버거

오스트레일리아라 하면 캥거루 햄버거

오스트레일리아는 식용으로 캥거루를 기르기 때문에 캥거루 고기를 슈퍼마켓에서도 살 수 있다. 캥거루 고기는 고단백으로 지방이 적은 것이 특징이다. 하지만 다른 나라에서는 좀처럼 구하기 어렵다. 있다 해도 너무나 비싸다. 이 레시피에 사용한 캥거루 고기는 미국에서 1파운드(약 450g)에 20달러였다. 오스트레일리아에서는 쇠고기 대신에 캥거루 고기를 사용하는 일이 많다. 쇠고기에 비해 풍미가 강하다고들 하지만 의외로 담백하다. 오히려 사슴고기 비슷한 야생적인 풍미가 매력일 수도 있다. 스테이크로 만들어 먹으면 쇠고기와 다른 독특한 맛을 즐길 수 있지만, 햄버그처럼 저민 고기에 소스를 뿌리면 고기가 상당히 부드럽다.

재료(1인분) Recipe

[빵] 햄버거 빵: 1개
[속재료] 캥거루 고기의 햄버그: 1개* / 체다 치즈 슬라이스: 1장 / 토마토 슬라이스, 둥글게 썬 적양파: 적당량 / 식초절임 비트 슬라이스: 4장
[소스] 마요네즈: 적당량
*저민 캥거루 고기: 150g / 잘게 썬 양파: 1큰술 / 커민, 드라이 오레가노, 소금, 후추: 약간

VEGEMITE* Sandwich

|| 베지마이트 샌드위치

호주 사람들 모두가 좋아하는 스프레드

인터넷에 베지마이트를 검색하면 베지마이트를 바른 빵을 들고 기쁜 표정을 짓고 있는 어린이들이 나온다. 이 갈색 물체는 오스트레일리아에서 국민의 압도적인 사랑을 받고 있는 피넛버터다. 초콜릿색, 기쁜 듯한 아이들의 얼굴, 피넛버터라는 말을 들으면 누텔라 같은 달콤한 스프레드가 떠오를 것이다. 하지만 현실은 달콤하지 않다. 그리고 베지마이트도 달콤하지 않다. 베지마이트는 맥주를 만든 후에 남는 부산물인 양조효모 엑기스가 원료다. 일본에서는 감칠맛이라는 말을 자주 쓰는데, 베지마이트 맛은 이 감칠맛이 아주 강해진 것이라 생각하면 상상하기 쉬울 것이다. 영국에서는 마마이트라는 이름으로 팔고 있다.

재료(12인분) **Recipe**

[빵] 식빵 : 1개
[속재료] 베지마이트 : 적당량

*VEGEMITE는 Begacheese Limited의 등록상표

빵 만드는 법

루브뢰 Rugbrød

p.106~107

루브뢰는 덴마크를 대표하는 호밀빵으로 북유럽 각 나라에도 비슷한 빵이 있다. 오픈 샌드위치에는 이 루브뢰를 얇게 잘라 사용한다. 반죽이 부드러워 굽기가 아주 어려운 빵이라 할 수 있다.

재료(2인분)

[스타터]
호밀가루: 250g / 물: 400g / 소금: 약간 / 벌꿀: 2큰술 / 요구르트: 2큰술(3일후부터는 하루 또는 이틀 걸러 호밀가루와 물을 각 1큰술씩 넣는다.)

[반죽]
1일째 스타터: 500g / 잘게 부순 호밀종: 80g / 잘게 부순 밀: 80 / 블랙시드: 80g / 해바라기씨: 80g
강력 밀가루: 250g / 미지근한 물: 500g / 소금: 1큰술 / 벌꿀: 1큰술
2일째 호밀빵가루: 1100g / 소금: 3큰술 / 벌꿀: 1큰술 / 물: 900ml

만드는 법

스타터의 재료를 볼에 넣고 랩을 씌운다. 사와 반죽이 숨을 쉴 수 있게 랩에 구멍을 뚫는다. 2일간 그대로 두었다가, 셋째 날 1큰술의 호밀가루와 물을 넣고 잘 섞는다. 이 작업을 하루 또는 이틀 걸러 한다. 기온에 따라 상당한 차이가 있긴 하지만, 따듯할 때는 스타터가 5일 정도 지나면 거품이 생긴다. 실제 빵 만들기 작업은 이때부터 들어간다.

1일째 재료를 다른 볼에 넣고 잘 섞은 후 젖은 천을 덮어 하루 둔다. 1일째의 반죽과 2일째의 재료를 섞어 10분 정도 잘 이긴다. 반죽이 묽어 손으로 이기기가 어려우므로 주걱으로 이기는 것이 좋다. 500g의 반죽을 따로 떼서 다음 빵의 스타터를 위해 플라스틱 용기에 넣어 냉장고에 보관하고 가끔 가루를 추가한다.

빵틀에 샐러드유를 바르고 반죽을 붓는다. 젖은 천을 덮어, 4~6시간 2차 발효시킨다. 보통의 빵처럼 부풀어 오르지 않으므로 주의해야 한다. 170도 오븐에서 1시간 30분 정도 굽는다. 굽는 시간은 반죽 상태에 따라 많이 다르므로 1시간이 지나면 확인하고 그 후의 굽는 시간을 조절한다. 구워졌으면 틀에서 꺼낸 다음 수분을 날리기 위해 다시 한번 오븐에 넣어 5분 굽는다.

그라우브로트 Graubrot

p.30, 102, 103

그라우브로트는 독일에서 가장 많이 먹는 호밀빵의 하나다. 루브뢰보다도 밀가루의 비율이 많아 잘 부푼다. 반죽의 굳기(보통의 빵보다 반죽을 좀 단단하게)에 주의를 기울이면 비교적 간단히 만들 수 있다.

재료(1~2인분)

[스타터(발효종)]
전립 밀가루: 1컵 / 물: 1컵

[반죽]
스타터: 1컵 취한 후의 나머지 / 호밀가루: 4컵
강력 밀가루: 3컵 / 캐러웨이 씨: 1/4컵 / 콘밀: 적당량

만드는 법

전립 밀가루와 물을 1/2컵씩 볼에 담고 잘 섞는다. 랩을 씌웠으면 구멍을 뚫어 하루 동안 그대로 둔다. 나머지 절반을 더해 잘 섞은 후 또 하루 놔둔다. 이 스타터에서 1컵을 덜어내 다음 빵의 스타터를 위해 준비해 둔다. 가끔 가루를 추가하면 2주일은 보관 가능하다.

기타 재료를 모두 볼에 넣고 10분 정도 이긴다. 보통의 빵처럼 잘 이길 필요는 없다. 보통의 반죽보다 단단한 반죽을 만든 다음 샐러드유를 바른 볼에 넣는다. 랩을 씌워 3~4시간 반죽을 발효시킨다. 반죽을 2개로 나눠 둥글게 또는 타원형으로 만든다. 커다란 빵을 하나 만들어도 좋다. 베이킹 시트를 깐 플레이트에 콘밀을 흔들어 넣고 둥글게 만든 반죽을 놓는다. 젖은 천을 덮어 2시간 정도 2차 발효를 시킨다.

오븐을 220도로 세트한다. 반죽에 십(十)자 또는 사선으로 칼집을 넣어 15분 굽는다. 오븐을 200도로 내리고 다시 40분 굽는다. 반죽 상태에 따라 구워지는 시간에 차이가 있으므로 30분마다 체크하면서 굽는다. 두드렸을 때 가벼운 소리가 나는 것을 기준으로 한다. 중앙의 온도는 100도 정도로 한다.

빵 만드는 법

무포레타 Muffoletta

p.57, 58, 155

무포레타는 이탈리아 시실리에서 샌드위치용 빵으로 많이 사용된다. 크러스트가 얇고 속은 부드럽다. 미국의 무플레타도 기본적으로는 무포레타와 같은 빵이다. 자신의 취향에 맞춰 크기를 바꿔보는 것도 즐거울 듯하다.

재료(4~6개분)

미지근한 물: 250ml / 드라이 이스트: 2작은술 / 소금: 10g
매니토바 가루(없을 경우에는 강력분+강력분 10퍼센트 글루텐): 250g
세몰리나 가루(없을 경우에는 박력분): 250g / 벌꿀: 2작은술 / 몰트(엿기름) 또는 멀래시즈(당밀): 5g
샐러드유: 1/4컵 / 흰 참깨: 적당량

만드는 법

미지근한 물에 이스트를 넣고 저은 후 15~30분 그대로 둔다. 매니토바 가루, 세몰리나 가루, 소금을 볼에 넣고 저어 가운데에 우묵한 곳을 만들고, 거기에 흰 참깨 이외의 재료와 이스트가 든 미지근한 물을 모두 부어 반죽을 잘 이긴다. 작업 공간에 밀가루를 뿌리고 그 위에서 30분 정도, 반죽의 표면이 매끈해질 때까지 잘 치댄다.

둥글게 만든 반죽을, 밀가루를 뿌린 볼에 옮기고 랩을 씌워 1시간 또는 반죽이 두 배가 될 때까지 1차 발효시킨다. 밀가루를 뿌린 작업 공간에서 반죽을 조금 이겨, 4~6개로 나누고 손으로 다듬는다. 큰 것을 하나 만들어도 좋다.

반죽을 베이킹 시트를 깐 플레이트에 옮기고 반죽 위에 브러시로 물을 바른 다음 참깨를 반죽에 흩뿌린다. 반죽 위에 젖은 천을 덮고 약 2배가 될 때까지 2차 발효시킨다. 200도로 달군 오븐에서 표면이 노릇한 갈색이 될 때까지 10~15분간 굽는다.

푸챠 Puccia

p.59

이탈리아 남부 풀리아 지방의 전통빵이다. 몇 가지 타입이 있는데 올리브가 들어간 푸챠가 특히 많이 알려져 있다. 샌드위치용 빵으로는 아무 것도 들어 있지 않은 것이 적합하다. 시판 피자용 반죽을 사용해도 된다.

재료(4개분)

미지근한 물: 150ml / 드라이 이스트: 2작은술 / 밀가루 타입 00 또는 00+세몰리나 가루: 250g
몰트(엿기름) 또는 멀래시즈(당밀): 1작은술 / 엑스트라 버진 올리브 오일: 25g
소금: 1/2작은술 / 흰 참깨: 적당량(취향에 맞게)

만드는 법

미지근한 물에 이스트를 섞고 15~30분 둔다. 체에 거른 가루를 볼에 넣고 다른 재료, 이스트가 들어간 미지근한 물을 넣어 반죽을 잘 이긴다. 작업 공간에 밀가루를 뿌리고 그 위에서 30분 정도, 반죽의 표면이 매끈해질 때까지 잘 치댄다. 반죽을 둥글게 만든 후 밀가루를 뿌린 볼에 옮기고 랩을 씌워 1시간 또는 반죽이 두 배가 될 때까지 1차 발효시킨다.

밀가루를 뿌린 작업대에서 반죽을 이겨, 4등분으로 나누고 손으로 다듬는다. 손바닥으로 반죽의 주름을 모두 아래 방향으로 정리하면 위에 주름이 없어져 매끈해진다. 아래 방향으로 모은 주름은 손으로 만두피를 붙이듯이 주름으로 생긴 틈을 모두 막는다. 반죽 위에 젖은 천을 덮고 두 배 정도가 될 때까지 2차 발효시킨다. 250도로 달군 오븐에 표면이 노릇한 갈색이 될 때까지 15분 정도 굽는다.

빵 만드는 법

코카 데 산 후안 Coca de San Juan

스페인 카탈로니아 지방의 빵으로 페이스트리 일종이다. 큰 것은 30cm 이상이고 오리지널 코카 데 산 후안에는 머스터드 크림이 사용된다. 단순하게 코카라 불리는 빵은 달지 않다. 코카에는 10퍼센트의 위트브란, 우유 대신 물, 버터 대신에 올리브 오일, 잣 대신에 참깨가 사용된다. 단맛은 설탕을 조금 넣어 낸다.

p.88

재료(1개분)

우유: 100ml / 드라이 이스트: 2작은술 / 강력분: 400g / 설탕: 100g / 소금: 약간 / 레몬과 오렌지 껍질 간 것: 각 1개분 / 부드럽게 만든 무염버터: 80g / 달걀: 2개 / 오렌지 와인 1큰술, 또는 오렌지 블로썸 워터 1작은술, 또는 포트와인 1큰술+오렌지즙 1작은술 / 오렌지 설탕절임: 8~10장 / 잣: 적당량 / 가루설탕: 1큰술

만드는 법

우유를 40℃ 정도로 데워 이스트를 섞고 15~30분간 그대로 둔다. 체에 친 강력분, 설탕, 소금을 볼에 넣고 가운데에 우묵한 곳을 만든 다음, 이스트가 들어간 우유와 오렌지 설탕절임, 잣, 가루설탕 이외의 재료를 넣고 잘 이긴다. 반죽은 좀 끈적거릴 정도로 한다.

작업 공간에 밀가루를 뿌리고 그 위에서 반죽의 표면이 매끈해질 때까지 잘 치댄다. 반죽을 둥글게 다듬은 다음 샐러드유를 발라 볼에 넣고 랩을 씌워 반죽이 두 배가 될 때까지 1차 발효시킨다. 작업 공간에 밀가루를 뿌리고 그 위에서 반죽을 타원형으로 만든 다음 가루를 뿌린 쟁반에 옮긴다. 반죽의 두께는 5cm 정도. 젖은 천을 덮어 약 1시간 반죽이 두 배가 될 때까지 2차 발효시킨다.

오븐을 180도로 맞춘 후 오븐이 달궈지는 동안, 물 또는 우유를 브러시로 반죽에 바르고 오렌지 설탕절임과 잣으로 반죽을 장식한다. 장식은 반죽에 좀 묻히듯이 하는 것이 좋다. 마지막으로 가루설탕을 전체에 뿌리고, 약 20~30분 오븐에 굽는다. 가장 두꺼운 곳에 나이프로 가운데까지 찔러봐 아무 것도 묻어 있지 않은 것을 확인하고 나서 즉시 혀에 댄다. 혀에 온기가 느껴지면 완성된 것이다.

미유카카&회뇌카카
Mjukkaka & Hönökaka

플랫브레드라 하면 피타나 토르티야가 떠오른다. 하지만 플랫브레드는 라틴 아메리카, 중근동의 특허가 아니다. 아시아에도 플랫브레드가 몇 종류나 있다. 오코노미야키(물에 푼 밀가루에 좋아하는 재료를 넣고 부친 일본식 부침개)도 플랫브레드 모양의 샌드위치다. 유럽도 예외는 아니다. 특히 북유럽 사람들은 예로부터 다양한 플랫브레드를 먹는다. 그 대표가 스웨덴의 미유카카와 회뇌카카다. 사진은 미유카카.

미유카카: p.99, 회뇌카카: p.101

재료

[미유카카(4~6장분)] 우유: 170ml / 드라이 이스트: 2와 1/4작은술 / 호밀가루: 2컵 / 강력분: 2컵
부드럽게 만든 무염버터: 25g / 시럽: 1큰술 / 소금: 1/2작은술

[회뇌카카(3~5장분)] 우유: 250ml / 드라이 이스트: 2작은술 / 호밀가루: 3/4컵 / 강력분: 2컵
베이킹파우더: 1작은술 / 부드럽게 만든 무염버터: 25g / 시럽: 1큰술 / 소금: 1/4작은술

만드는 법

우유를 40℃ 정도로 데운 후 이스트를 섞고 15~30분 둔다. 체에 친 가루와 설탕을 볼에 넣고, 버터, 이스트가 들어간 우유와 시럽을 넣어 볼에서 매끈해질 때까지 잘 이긴다. 그대로 볼에 랩을 씌워 1시간 정도 반죽이 두 배가 될 때까지 1차 발효시킨다.

밀가루를 뿌린 작업 공간에 반죽을 놓고 미유카카는 4~6개, 회뇌카카라면 3~5개로 나눈 다음, 각각 방망이로 둥글게 편다. 미유카카는 직경이 14cm, 두께 1cm 정도. 회뇌카카는 직경 15cm, 두께 5~6mm로 늘린다. 반죽에 젖은 천을 덮어 약 1시간, 반죽이 두 배로 부풀어 오를 때까지 2차 발효시킨다.

구웠을 때 너무 부풀지 않도록 포크로 반죽 전체에 구멍을 뚫는다. 베이킹 시트를 깐 쟁반에 반죽을 옮기고 250도로 달군 오븐에서 미유카카의 경우는 6~9분, 회뇌카카의 경우는 약 3~5분 굽는다.

타프툰 Taftoon

p.134

이란에서 탄생한 타프툰은 파키스탄 등 다른 나라에서도 볼 수 있다. 중근동의 다른 플랫브레드와 달리 요구르트와 터메릭, 우유를 사용하기 때문에 보다 풍미가 좋다. 참깨나 니젤라 씨의 향도 매력적이다.

재료(3~5개분)

우유(40℃ 전후): 75ml / 드라이 이스트: 2작은술 / 설탕: 1작은술 / 베이킹파우더: 1작은술 / 밀가루: 180g / 그리스 요구르트: 80g / 샐러드유: 1/2큰술 / 터메릭: 1/4작은술 / 소금: 1/2작은술 / 니젤라 씨: 적당량 / 흰 참깨: 적당량

만드는 법

우유에 이스트와 설탕을 넣고 섞어 15~30분간 그대로 둔다. 체에 친 밀가루와 베이킹파우더를 볼에 넣고, 다시 우유, 그리스 요구르트, 샐러드유, 터메릭, 소금을 넣어 볼에서 잘 이긴다. 작업 공간에 밀가루를 뿌리고 그 위에서 10분 정도, 반죽의 표면이 매끈해질 때까지 잘 치댄다. 반죽을 볼에 다시 담고 랩을 씌워 반죽이 두 배로 부풀어 오를 때까지 1차 발효시킨다.

반죽을 둥근 모양으로 3~5개 만들어 방망이로 직사각형으로 늘린다. 1cm 정도의 두께가 되면 니젤라 씨와 참깨를 반죽 위에 뿌리고, 다시 5mm 정도의 두께가 될 때까지 방망이로 늘린다. 그릴 또는 쟁반을 불에 올리고 그 위에서 반죽의 양면을 굽는다.

사문 Samoon

p.138

양끝을 손으로 잡아 놓은 색다른 모양의 사문은 이라크가 기원인 플랫브레드. 참깨를 뿌려 구운 것과 참깨를 뿌리지 않은 것이 있다. 맛이 독특하지 않고 심플해 중근동뿐 아니라 어떤 샌드위치에도 잘 맞는다. 샌드위치를 만들지 않고 그냥 먹기도 한다.

재료(4~6개분)

우유: 1/2컵 / 물: 1/4컵 / 드라이 이스트: 2작은술 / 설탕: 1작은술 / 강력분: 2컵 / 밀기울: 1/4컵
소금: 1/2작은술 / 샐러드유: 1큰술 / 흰 참깨: 1큰술 / 달걀: 1개

만드는 법

우유와 물을 섞고 40도 정도로 데운 다음, 드라이 이스트와 설탕을 넣고 15~30분간 그대로 둔다. 볼에 체로 친 강력분과 밀기울, 설탕, 소금을 넣고, 가운데에 우묵한 곳을 만든다. 거기에 우유와 물을 섞은 것, 샐러드유를 넣고 기름을 바른 손으로 10분 정도 잘 이긴다.

볼에 랩을 씌워 1시간 정도 반죽이 두 배로 부풀어 오를 때까지 1차 발효시킨다. 주먹으로 반죽의 공기를 빼고 4~6등분한다. 각 반죽을 손으로 15~20cm 정도의 타원형으로 펴고 양끝을 손가락으로 눌러 마름모꼴로 만든다. 브러시로 풀어놓은 달걀을 바르고 참깨를 뿌린다.

젖은 천을 반죽 위에 덮어 약 1시간 반죽이 두 배가 될 때까지 2차 발효시킨다. 오븐을 250도로 조절해 두고 아랫단에 빈 쟁반을 놓는다. 가루를 뿌린 베이킹 시트 위에 반죽을 옮기고 나이프나 면도칼로 몇 군데 칼집을 넣는다. 오븐에 반죽을 올린 쟁반을 넣은 후, 빈 쟁반에 얼음을 1컵 던져 넣고 즉시 문을 닫는다. 15~18분, 표면이 노릇하게 될 때까지 굽는다.

빵 만드는 법

세미타 Cemita

p.193

세미타는 브리오슈 비슷한 빵이다. 이 레시피로 브리오슈 같은 빵을 만들어도 좋다. 달걀과 크림을 듬뿍 사용했으므로 고급스런 맛이 나기 때문에 그냥 먹어도 맛있다.

재료(6개분)

헤비 크림: 230g / 달걀: 3개 / 소금: 1/2작은술 / 강력분: 350g / 드라이 이스트: 2작은술
설탕: 3큰술 / 거친 소금: 적당량 / 흰 참깨: 적당량

만드는 법

크림과 달걀 2개, 소금을 섞어둔다. 볼에 가루와 이스트, 설탕을 넣고 섞어 가운데에 우묵한 곳을 만든다. 거기에 크림과 달걀 섞은 것을 넣고 손으로 반죽한다. 작업 공간에 밀가루를 뿌리고 그 위에서 20분 정도 치댄다. 좀 묽게 반죽한다.

오일을 바른 볼에 반죽을 옮기고 랩을 씌워 반죽이 1.5배가 될 때까지 1차 발효시킨다. 가루를 뿌린 작업 공간에서 반죽을 6등분한 다음, 동그란 공모양으로 만든다. 가루를 뿌린 베이킹 시트 위에 반죽을 옮기고, 젖은 천을 덮어 1시간 정도 반죽이 두 배가 될 때까지 2차 발효시킨다.

오븐을 250도로 세팅해 둔다. 각 반죽에 브러시로 풀어놓은 달걀을 바르고 거친 소금과 참깨를 뿌린다. 반죽을 오븐에 넣고 빵이 갈색을 띨 때까지 15분 정도 굽는다. 달걀이 많아 타기 쉬우므로 주의해야 한다.

쿠반 스위트 브레드 & 마요르카
Cuban sweet bread & Mallorca

쿠반 스위트 브레드: p.204, 마요르카: p.200, 201

쿠반 스위트 브레드는 이름으로도 알 수 있는 것처럼 쿠바의 빵이고, 마요르카는 푸에르토리코 빵이다. 둘 다 달걀과 버터를 많이 넣는 달콤한 빵이다. 아무 것도 끼우지 않아도 그대로 과자빵이나 페이스트리 느낌이 난다. 특히 마요르카는 굽기 전에 다시 한 번 버터를 넣을 수 있어 파이 같은 식감과 맛을 갖고 있다. 쿠반 스위트 브레드는 보통 가늘고 길지만 햄버거 빵처럼 둥글게 해도 좋다.

재료(4~6개분)

미지근한 물(40℃ 전후): 60ml / 드라이 이스트: 2작은술 / 강력분: 2와 1/2컵 / 소금: 1/2작은술
설탕: 4큰술 / 우유: 90ml / 부드럽게 만든 버터: 6큰술 / 달걀: 2개 / 가루설탕: 적당량(마요르카만)

만드는 법

미지근한 물에 드라이 이스트를 넣고 잘 섞은 후 15~30분 그대로 둔다. 볼에 강력분과 설탕, 소금을 넣고 섞어, 가운데에 우묵한 곳을 만든다. 거기에 이스트와 미지근한 물, 우유, 버터 4큰술, 달걀을 넣고 손으로 5분간 잘 이긴다.

가루를 뿌린 작업 공간에서 다시 매끈하고 탄력이 생길 때까지 반죽을 잘 치댄다. 반죽은 좀 손에 끈적거릴 정도로 한다. 버터를 바른 볼에 반죽을 옮기고 1시간 정도 반죽이 두 배로 부풀어 오를 때까지 1차 발효시킨다.

가루를 뿌린 작업 공간에서 반죽을 4~6등분 한다. 쿠반 스위트 브레드의 경우는 두께가 있는 타원형으로 만든다. 마요르카의 경우는 폭 2cm, 두께 5~8mm로 길게 만들고 브러시로 남은 버터 2큰술을 바른다.

소용돌이 모양으로 만 후, 젖은 천을 반죽 위에 덮어 1시간 2차 발효시킨다. 200℃로 달군 오븐에서 15분 정도 표면이 노릇하게 될 때까지 굽는다. 마요르카의 경우는 빵이 식으면 가루설탕을 전체에 뿌린다.

빵 만드는 법

아레파 Arepa

p.226, 228

이스트와 베이킹파우더를 사용하지 않아도 맛있는 빵을 만들 수 있다. 그것이 콜롬비아나 베네수엘라에서 많이 먹는 아레파다. 두께가 있는 치즈가 든 토르티야라 할 수도 있다. 재료만 있으면 간단히 만들 수 있다.

재료(6~8개분)

뜨거운 물: 1/2컵 / 버터: 1큰술
물에 갠 옥수수가루: 2컵
물: 1과 1/2컵
소금: 1작은술
잘게 썬 그뤼에르 또는 모차렐라 치즈: 125g

만드는 법

뜨거운 물에 버터를 넣어 녹여 둔다. 볼에 가루와 소금을 넣고 섞어, 가운데에 우묵한 곳을 만든다. 우묵한 곳에 버터를 녹인 뜨거운 물을 넣고 나무 주걱 등으로 골고루 섞은 다음 반죽을 5분간 그대로 둔다. 그 후 치즈를 넣어 손으로 잘 이긴다. 반죽을 6~8등분한 다음, 콜롬비아 아레파의 경우는 직경 10~15cm, 두께 6~8mm의 원반 모양을 만든다. 베네수엘라 아레파의 경우는 좀더 크게 해서, 두께를 1~1.5cm로 만든다. 프라이팬에 반죽을 올리고 중불에서 양면을 잉글리시 머핀 정도의 눌은 자국이 생길 때까지 굽는다. 베네수엘라 아레파의 경우는 약불에서 좀 시간을 들여 굽는다. 찔러 보아 생반죽이 묻어나오지 않으면 익은 것이다.

마라케타 Marraqueta

p.240, 241, 242

색다른 모양이지만 맛도 식감도 프랑스 빵 같은 풍미가 있다. 남미 칠레의 빵으로 갓 구운 것이 가장 맛있으나 토스트해도 크러스트가 바삭바삭해 갓 구운 빵처럼 맛있다.

재료(8개분)

미지근한 물(40도 전후): 1컵
드라이 이스트: 2작은술
강력분: 3과 1/2컵 / 소금: 1/2작은술

만드는 법

미지근한 물에 이스트를 넣고 15분간 그대로 둔다. 재료를 모두 섞었으면 가루를 뿌린 작업 공간에서 탄력이 생길 때까지 반죽을 치댄다. 오일을 바른 볼에 반죽을 옮기고 약 1시간 반죽이 두 배로 부풀어 오를 때까지 1차 발효시킨다. 공기를 빼고 16등분해서 공 모양을 만든 다음 두 개를 붙여 좀 납작하게 만든다. 오일을 바른 베이킹 시트에 올리고 가루를 뿌린 천을 덮어 약 1시간 동안 반죽이 두 배가 될 때까지 2차 발효시킨다. 오븐을 200도로 맞춰놓고 빈 쟁반을 아랫단에 놓는다. 둥근 방망이로 반죽이 둘로 나눠질 정도로 오목하게 만든다. 반죽을 오븐에 넣고 빈 쟁반에 얼음을 1컵 던져 넣은 다음 문을 닫는다. 15~20분, 표면이 노릇하게 될 때까지 굽는다.

샌드위치 소스와 시즈닝

[아이올리 소스] (p.179, 190)
달걀노른자: 1개분 / 레몬주스: 2작은술 / 디종 머스터드: 1작은술 / 다진 마늘: 2쪽 / 엑스트라 버진 올리브 오일: 1/4컵 / 소금: 적당량 ●올리브 오일과 소금 이외의 재료를 볼에 넣고 거품기로 섞고, 계속해서 거품기로 저으면서 올리브 오일을 조금씩 넣는다. 소금으로 간을 맞춘다.

[아쉬타 커스터드] (p.128)
우유: 1컵 / 헤비 크림: 1/2컵 / 설탕: 1작은술 / 가장자리를 자른 식빵: 2장 / 콘스타치 또는 녹말가루: 4작은술 / 오렌지 블로썸 워터: 1작은술 / 로즈워터: 1큰술 ●1/4컵 분량의 우유에 콘스타치를 녹여둔다. 냄비에 우유와 크림, 설탕을 넣어 끓이고, 빵을 찢어 넣은 다음 거품기로 저어 완전히 녹인다. 저으면서 콘스타치를 녹인 우유를 넣어 한소끔 끓인다.

[아히 크리오이요] (p.227)
그린 핫페퍼: 4개 / 잘게 썬 고수(팍치): 1/2컵 / 물: 1/2컵 / 마늘: 3쪽 / 라임주스: 1개분 / 잘게 썬 양파: 2큰술 / 소금: 적당량 ●양파, 소금 이외의 모든 재료를 믹스에 넣고 소스 상태가 될 때까지 섞는다. 볼에 넣어 양파와 소금을 넣고 스푼 등으로 잘 섞는다.

[아프간 스피니치 요구르트 딥] (p.139)
그리스 요구르트: 1/4컵 / 잘게 썬 시금치: 1컵 / 양파 슬라이스: 1개분 / 다진 마늘: 2쪽 / 엑스트라 버진 올리브 오일: 2큰술

[네덜란드 소스] (p.159)
달걀노른자: 2개분 / 레몬주스: 1/2큰술 / 녹인 무염버터: 50g / 칠리 파우더: 약간 / 소금: 적당량

[오렌지 로즈 시럽] (p.128)
설탕: 2/3컵 / 물: 1/2컵 / 레몬주스: 1큰술 / 오렌지 블라썸 워터, 로즈 워터: 각 2큰술 ●냄비에 물과 설탕을 넣고, 중간 불에서 걸쭉해질 때까지 저으면서 끓인다. 오렌지 블라썸 워터와 로즈 워터를 넣어 저으면서 몇 분 끓인 후 레몬주스를 넣어 식힌다.

[올드베이 시즈닝] (p.184)
소금: 2작은술 / 카옌 고추: 1작은술 / 갈릭파우더(마늘가루): 1작은술 / 파프리카: 1작은술 / 오레가노: 1/2작은술 / 타임: 1/2작은술 / 후추: 적당량 / 어니언 파우더: 1/2

[갈릭 요구르트] (p.35, 141)
마늘: 2쪽 / 그리스 요구르트: 1/2컵 / 레몬주스: 1큰술 / 잘게 썬 이탈리안 파슬리: 1큰술 / 소금과 후추: 약간

[구아카몰레] (p.166, 211)
매시트 포테이토: 4개분 / 레몬주스: 2개분 / 오레가노: 1/2작은술 / 잘게 썬 이탈리안 파슬리: 2큰술 / 잘게 썬 양파 1/2개분 / 소금과 후추: 약간

[구아사카카] (p.225)
아보카도(매시트): 2개 / 잘게 썬 피망: 1개분 / 그린 칠리 고추: 1/2개 / 다진 마늘: 3쪽 / 잘게 썬 양파: 1/2개분 / 엑스트라 버진 올리브 오일: 1큰술 / 잘게 썬 고수(팍치): 1/4컵 / 소금과 후추: 약간 ●모든 재료를 볼에 넣고 잘 섞는다. 매끄러운 쪽이 좋은 경우에는 믹서를 사용한다.

[그린 시즈닝] (p.224)
스캘리언 또는 잘게 썬 대파, 잘게 썬 파슬리, 잘게 썬 고수(팍치): 각 2큰술 / 프레시 타임: 1큰술 / 잘게 썬 프레시바질: 4큰술 / 잘게 썬 마저럼: 1/2작은술 / 잘게 썬 타라곤: 1/2작은술 / 잘게 썬 로즈마리: 1/2작은술 / 잘게 썬 양파: 2큰술 / 다진 마늘: 1큰술 / 스콧트 보넷 페퍼: 3개 / 소금: 1작은술 ●모두를 믹서에 넣고 잘 섞는다.

[그린 소스] (p.197, 215)
그린 토마토: 7개 / 양파: 1/2개 / 마늘: 1쪽 / 레라노 칠리 고추 또는 할라페뇨: 4개 / 소금: 적당량 / 물: 적당량 ●모든 재료를 냄비에 넣고 다 잠길 정도로 물을 붓는다. 토마토가 부드러워질 때까지 끓인다. 끓인 야채를 믹서에 넣고 잘 섞는다.

[그뤼에르 소스] (p.78)
크렘 프레슈: 200ml / 간 그뤼에르 치즈: 4큰술 ●냄비에 크렘 프레슈를 가열하고 치즈를 넣어 녹을 때까지 섞는다.

[차지키] (p.125)
강판에 간 오이: 1개분 / 그리스 요구르트: 1컵 / 백포도주 식초: 1작은술 / 레몬주스: 1큰술 / 잘게 썬 딜: 1큰술 / 엑스트라 버진 올리브 오일: 1큰술 / 소금과 후추: 약간

[살사 베로체 베르아르 프레체모로] (p.58, 67)
오일절임 앤초비: 3장분 / 백포도주 식초: 50g / 다진 마늘: 2쪽 / 잘게 썬 케이퍼: 2큰술 / 엑스트라 버진 올리브 오일: 100g / 가장자리를 자르고 잘게 찢은 식빵: 80g / 이탈이안 파슬리: 120g / 삶은 달걀노른자(매시트): 2개분 / 후추: 적당량 ●빵을 식초에 절여 부드럽게 만든다. 재료를 모두 넣어 잘 섞는다.

[살사 크레올] (p.232)
적양파 슬라이스: 1/4개분 / 피망 슬라이스: 1/2개 / 잘

샌드위치 소스와 시즈닝

게 썬 이탈리안 파슬리: 1/4컵 / 라임주스: 1개분 / 엑스트라 버진 올리브 오일: 2큰술 / 소금: 적당량

[살사 로하] (p.195)
토마토 캔: 3개 / 구워 껍질을 벗긴 알볼 칠리 고추: 5개 / 양파: 1/4개 / 마늘: 1쪽 / 오레가노: 1작은술 / 소금과 후추: 약간 ●모두 믹서에 넣어 잘 섞는다.

[살모레타] (p.88)
절반으로 자른 마늘: 6쪽 / 토마토 캔: 3개분 / 뇨라: 4개 / 스페인식 훈제 파프리카: 1작은술(옵션) / 올리브 오일: 3큰술 / 소금: 적당량 ●뇨라를 끓는 물에 30분 담가 꼭지와 씨를 떼내고 채썬다. 올리브 오일로 마늘, 뇨라를 볶는다. 오일이 색을 띠게 되면 토마토와 소금을 넣는다. 모두 믹서에 넣어 크림 모양으로 만든다.

[저크 시즈닝] (p.208, 209)
올스파이스, 타임, 소금, 후추, 설탕: 각 1작은술 / 갈릭 파우더, 칠리 고추: 각 1/2작은술 / 시나몬 파우더, 육두구: 각 1/4작은술

[스위트 칠리소스] (p.187)
백포도주 식초: 1/4컵 / 브라운 슈거: 1큰술 / 핫페퍼 플레이크: 1작은술 / 다진 마늘: 1쪽 / 소금, 후추: 약간

[스위트 핫도그 머스터드] (p.27)
아프리콧 잼: 1큰술 / 디종 머스터드: 1큰술 / 전립 머스터드: 2작은술 / 머스터드 파우더: 약간 / 드라이 파슬리: 1작은술

[타히나 소스] (p.250)
타히니: 1컵 / 마늘 페이스트: 2쪽 / 커민: 1작은술 / 소금: 1작은술 / 레몬주스: 1/2컵 / 물: 1컵 ●물 이외의 재료를 볼에 넣고 잘 섞는다. 물을 조금씩 넣고 거품기로 저어 크림 상태로 만든다.

[타히니 소스] (p.135, 142)
타히니: 1/2컵 / 마늘: 2쪽 / 레몬주스: 1/3컵 / 물: 1/4컵 / 엑스트라 버진 올리브 오일: 1/4컵 / 잘게 썬 고수(팍치): 1큰술 / 잘게 썬 이탈리안 파슬리: 1큰술 / 커민: 1/4작은술 / 소금: 1/2작은술 ●모두 믹서에 넣어 크림 상태로 만든다.

[다벨리 마살라] (p.278)
클로브(정향나무 꽃봉오리를 말린 것): 4알 / 회향씨, 블랙페퍼, 코리앤더 씨: 각 1/2작은술 / 고추: 4개 / 스타아니스: 2개 / 월계수 잎: 1장 / 그린 카더멈 씨: 2알 / 메이스(육두구의 가종피 가루) 파우더: 1/4작은술 / 강판에 간 생강: 1/2작은술 / 터메릭 파우더: 조금 ●모두 푸드 프로세서에 넣어 가루로 만든다.

[치킨 샤와르마 스파이스] (p.250)
커민: 2작은술 / 파프리카: 2작은술 / 올스파이스: 1작은술 / 터메릭: 3/4작은술 / 갈릭파우더: 1/4작은술 / 시나몬 파우더: 1작은술 / 카옌 고추: 약간 / 소금과 후추: 약간

[치미추리 소스] (p.236)
잘게 썬 이탈리안 파슬리: 1/2컵 / 다진 마늘: 4쪽 / 잘게 썬 스캘리언 또는 대파: 1/2컵 / 핫 칠리 고추 플레이크: 2큰술 / 레몬주스: 1큰술 / 엑스트라 버진 올리브 오일: 1/2컵 / 소금과 후추: 약간

[차트 마살라]
(p.139, 141, 273, 275, 276, 277, 278, 279)
커민 시드: 1/4컵 / 블랙 페퍼: 1큰술 / 드라이·민트: 1작은술 / 블랙솔트: 2큰술 / 소금: 1큰술 / 아사페티다(마늘 향이 나는 향신료): 1/2작은술 ●커민 씨를 프라이팬에 볶아 식힌다. 코리앤더 페퍼, 드라이 민트, 아사페티다를 믹서에서 가루로 만들어 다른 재료에 넣어 잘 섞는다.

[차나 마살라 파우더] (p.280)
말린 석류 씨: 1큰술 / 코리앤더 씨: 3큰술 / 커민 씨: 1큰술 / 커더멈 씨: 2작은술 / 블랙 페퍼: 2작은술 / 클로브: 2알 / 시나몬: 1개 / 칠리 파우더: 1작은술 / 블랙솔트: 1작은술 ●석류, 코리앤더, 커민을 프라이팬에 볶아 식힌다. 모든 재료를 푸드 프로세서에 넣어 가루로 만든다.

[처트니 라이타] (p.141)
민트: 1컵 / 고수(팍치): 1/4컵 / 타마린드 과육: 1/4컵 / 그린 핫페퍼: 2개 / 설탕, 소금: 각 1작은술 / 차트 마살라: 2작은술 / 요구르트: 1컵

[찬돈 베니] (p.224)
찬돈 베니의 잎 또는 잘게 썬 고수(팍치): 4큰술 / 잘게 썬 이탈리안 파슬리: 4큰술 / 잘게 썬 스콧 보넷 페퍼 또는 할라페뇨: 1작은술 / 잘게 썬 스캘리언 또는 대파: 1큰술 / 다진 마늘: 2쪽분 / 라임주스: 4큰술 / 소금: 적당량 ●모두 믹서에 넣어 섞는다.

[칠리 아마리요 소스] (p.232)
아마리요 페퍼: 6개 / 샐러드유: 1큰술
●믹서에서 페이스트 상태로 만든다.

[칠리 빈즈] (p.166)
저민 쇠고기: 450g / 잘게 썬 양파: 1개분 / 다진 마늘: 1쪽분 / 잘게 썬 할리페뇨 페퍼: 1큰술 / 잘게 썬 토마토: 400g / 비프 브로스: 400g / 토마토소스: 200g / 커민: 1작은술 / 강낭콩 캔 또는 좋아하는 콩: 450g / 소금과 후추: 약간 ●저민 고기, 양파, 마늘을 볶은 후 다른 재료를 넣어 약불에서 끓인다.

[딜 머스터드] (p.167)
옐로 머스터드: 1/2컵 / 오이 피클: 1/4컵 / 잘게 썬 양파: 1/4컵 / 잘게 썬 딜: 1큰술

[딜 요구르트 소스] (p.138)
그리스 요구르트: 1컵 / 레몬주스: 2큰술 / 잘게 썬 딜: 1/2컵 / 다진 마늘: 1쪽분 / 소금: 적당량

[듀카] (p.246)
헤이즐넛: 1컵 / 코리앤더 씨: 2큰술 / 커민 씨: 2작은술 / 소금: 1/4작은술 / 후추: 1/8작은술 ●모두 푸드 프로세서에 넣고 견과류가 작은 알갱이가 될 정도로 가볍게 부순다.

[토마토소스] (p.214)
고수(팍치): 1/4컵 / 피망: 1/8개 / 스캘리언: 1/2개 / 우스터소스, 머스터드: 각 2작은술 / 케이퍼: 1/2작은술 / 올스파이스: 약간 / 토마토: 2개 ●모두 믹서에 넣어 섞는다. 절반이 될 때까지 조린다.

[도미니칸 시즈닝] (p.206)
드라이 파슬리: 2큰술 / 타임: 1큰술 / 말린 고수(팍치): 2큰술 / 어니언 파우더: 4큰술 / 갈릭파우더: 1큰술 / 소금: 2큰술 / 후추: 1큰술 ●모두 푸드 프로세서에 넣어 가볍게 섞는다.

[파나 소스] (p.61)
헤비 크림: 1/3컵 / 프로슈토 데 파르마 또는 잘게 썬 산 다니엘: 30g / 강판에 간 파르메산 치즈: 1큰술 / 소금과 후추: 약간 / 육두구: 조금 / 잘게 썬 이탈리안 파슬리: 1큰술

[훔무스] (p.135, 138, 170)
병아리콩 캔: 1과 1/2컵 / 타히니: 4큰술 / 라임주스: 1개분 / 마늘: 1쪽 / 소금: 1/2작은술 / 그리스 요구르트: 2큰술 / 엑스트라 버진 올리브 오일: 적당량 / 수맥: 적당량 ●올리브 오일, 수맥 이외의 재료를 믹서에 넣어 크림 상태가 될 때까지 섞는다. 적당량을 접시에 담고 올리브 오일을 넣은 다음 수맥을 뿌린다.

[베어네이즈 소스] (p.51)
무염 버터: 소테용 1큰술, 소스용 1컵 / 잘게 썬 에샬롯: 3큰술 / 백포도주 식초: 2큰술 / 소금과 후추: 약간 / 레몬주스: 1큰술 / 타라곤: 1큰술

[포테이토 마살라] (p.276)
샐러드유: 2작은술 / 머스터드 씨, 커민 씨: 각 1/2작은술 / 카레 잎: 6~8장 / 매시트 포테이토: 1컵 / 데친 그린 빈즈: 1/4컵 / 터메릭: 1/4작은술 / 그린 칠리 페이스트: 1작은술 / 잘게 썬 고수(팍치): 조금 / 소금: 적당량 ●머스터드, 커민, 카레 잎을 기름으로 볶고, 나머지 재료를 넣어 잘 섞는다.

[망고 살사] (p.208)
깍둑 썬 망고: 1개분 / 잘게 썬 적양파: 1/4개분 / 잘게 썬 고수(팍치): 2큰술 / 라임주스: 1/2개분 / 핫소스: 적당량 / 소금: 적당량

[민트 요구르트 소스] (p.251)
그리스 요구르트: 1/2컵 / 레몬주스: 1큰술 / 잘게 썬 민트: 2큰술 / 다진 마늘: 1쪽분

[모호 소스] (p.201)
라임주스: 1/3컵 / 오렌지 주스: 1/3컵 / 올리브 오일: 1/2컵+1큰술 / 잘게 썬 고수(팍치): 1/4컵 / 다진 마늘: 4쪽분 / 강판에 간 오렌지 껍질: 1작은술 / 오레가노: 1작은술 / 커민: 1작은술 / 소금과 후추: 약간 ●1큰술의 오일로 마늘이 투명해질 때까지 볶고 다른 재료를 넣어 한소끔 끓인다. 냉장고에서 식힌다.

[모로칸 요구르트 소스] (p.249)
물: 1/2컵 / 소금: 1큰술 / 4개로 자른 레몬: 1개분 / 그리스 요구르트: 3/4컵 / 레몬을 절인 주스: 1작은술 / 잘게 썬 고수(팍치): 2큰술 ●물, 소금, 레몬을 냄비에 넣어 수분이 절반이 되고 껍질이 부드러워질 때까지 조린다. 병에 넣어 2시간 정도 둔다. 병에서 레몬을 꺼내고 씨를 빼낸다. 레몬, 요구르트, 레몬을 절인 주스, 고수(팍치)를 믹서에 넣고 골고루 잘 섞는다.

[요구르트 소스] (p.129, 133, 142)
그리스 요구르트: 250ml / 타히니: 3큰술 / 다진 마늘: 1쪽 / 잘게 썬 민트: 2큰술 / 소금과 후추: 약간

[레물라드] (p.27, 36, 106, 167)
엑스트라 버진 올리브 오일: 1/4컵 / 달걀노른자: 1개분 / 디종 머스터드: 1큰술 / 백포도주 식초: 1큰술 / 잘게 썬 거킨(오이): 1큰술 / 잘게 썬 케이퍼: 1큰술 / 잘게 썬 차이브: 1큰술

샌드위치에 사용되는 빵

재료별

[밀가루 빵]

가장 일반적이고 기본 재료로만 만든 빵으로 기본적인 재료는 밀가루, 물, 이스트이다. 밀가루 빵에는 두 종류가 있다. 하나는 정제된 흰 밀가루를 사용한 빵, 또 하나는 전립분을 사용한 빵이다. 쌀로 말하자면 백미와 현미의 차이이다. 식빵뿐 아니라 바게트나 치아바타도 밀가루 빵이다.

식빵

[호밀빵]

북유럽과 동유럽의 전통적인 빵이라 하면 호밀빵이다. 미국에서는 유대인의 호밀빵도, 식빵도 일상적으로 먹는다. 독일의 푼파니켈처럼 밀가루를 일절 사용하지 않는, 100% 호밀빵도 있으나 보통은 밀가루도 넣는다. 밀가루의 비율이 많으면 색이 엷고 부드럽다. 호밀빵의 비율이 많으면 무겁고 촘촘한 빵이 된다. 호밀빵은 발효시켜도 밀가루 정도로 부풀지는 않기 때문이다.

호밀빵

[풍미를 넣은 빵]

이 타입의 빵에는 2종류가 있다. 하나는 버터, 달걀, 우유를 넣거나 아니면 이들을 많이 넣어 고급스런 맛을 낸 빵이다. 일본의 버터 롤, 프랑스의 브리오슈, 유대인의 카라, 스위스의 조프, 라틴 아메리카의 세미타, 마요르카, 쿠반 브레드 등이 이에 해당된다. 또 하나는 보리, 오트밀, 각종 견과류가 그대로 들어간 빵이다. 덴마크의 호밀빵, 멀티 그레인(잡곡) 빵이 이에 해당한다.

브리오슈 롤

[사와 반죽, 베이킹파우더 빵]

이스트를 사용하게 된 것은 20세기에 들어오고 나서다. 그 전까지는 밀가루 등을 자연 발효시킨 사와 반죽을 사용했다. 지금도 세계 각지에서 사와 반죽을 사용해 빵을 만드는 사람들이 있다. 또 하나는 베이킹파우더를 사용해 부풀린 빵이다. 머핀, 비스킷, 바나나 빵, 옥수수 빵 등이 이에 해당한다.

사와 도우 롤

모양별

[돔 타입]

틀을 사용하지 않고 평평한 곳에서 반죽을 둥글게 또는 타원형으로 해서 굽는다. 틀에 넣어 굽는 빵보다 원시적이라 할 수 있다. 대표적인 둥근 모양은 프랑스의 뵈르, 대표적인 타원형은 독일의 그라우 브레드이다. 수평으로 잘라 커다란 샌드위치를 만들기도 하지만 보통은 슬라이스해서 사용한다. 가장 종류가 많은 빵이기도 하다.

뵈르

팡드미

[식빵 타입]

틀에 넣어 굽는 빵이지만 사실 2종류가 있다. 하나는 어느 면이나 평평한 빵으로, 반죽을 틀에 넣은 후에 뚜껑을 덮어 굽는다. 프랑스의 팡드미가 대표적이나 일본의 식빵도 이 타입이다. 또 하나는 뚜껑을 덮지 않고 굽는 타입이다. 뚜껑을 덮지 않기 때문에 위가 둥글게 부풀어 오른다. 사실은 이 타입이 일본의 식빵 타입보다 훨씬 많다. 미국에서는 전철의 침대차와 비슷하다 하여 풀먼이라고도 한다. 또한 샌드위치 롤이라 하듯이 샌드위치에 가장 많이 사용되는 빵이다.

치아바타

[롤 타입]

식빵 이외의 빵으로서 떠오르는 대부분의 빵은 이 타입이다. 둥근 것, 긴 것, 네모난 것 등 모양도 다양하다. 식빵이나 돔 타입의 차이는 작다는 것이다. 대부분은 하나가 1인분이다. 바게트는 60cm 정도 되는 것도 있으나 모양은 이 롤 타입이라 할 수 있다. 20cm 이하의 작은 바게트는 롤이다. 치아바타도 마찬가지다. 일본의 코페빵도 롤 타입이다. 햄버거 번처럼 번이라 불리는 빵도 롤이고, 핫도그용 빵도 롤이다.

[링 타입]

링 타입 중에 가장 많이 알려진 것은 아마 도넛일 것이다. 이 도넛을 떠올리면 링 타입이 어떤 것인지 알 수 있다. 베이글은 그 필두다. 그 외에 무엇이 있을지 생각하면 좀처럼 떠오르지 않는 사람도 있을 것이다. 사실 링 타입의 빵은 그리 많지 않다. 터키의 시미트, 아르메니아의 링 브레드, 그리스의 시미티가 이 링 타입으로 분류된다. 몰타의 프티라도 이 타입이다. 링 타입의 빵은 샌드위치뿐 아니라 그대로 먹기도 한다.

시미트(오른쪽)
링 브레드 (왼쪽)

[플랫브레드 타입]

난, 차파티, 토르티야, 피타 브레드 등 평평한 빵은 모두 이 타입으로 분류된다. 하지만 주의해야 할 것은 피타 브레드처럼 얇은 빵만이 이 타입은 아니라는 점이다. 이탈리아의 포카치아, 남미의 아레파도 플랫브레드다. 이 타입의 특징은 쓸 곳이 많은 것으로 재료를 끼우거나 위에 올리는 외에도 찢은 플랫브레드를 스푼이나 작은 접시로 사용하기도 한다. 또한 반죽을 발효시키는 것과 발효시키지 않는 것이 있다.

피타

샌드위치에 사용되는 세계의 진미

Ajvar 아이바르

가지가 들어간 핫소스. 동유럽에서는 없어서는 안 되는 것으로 각 가정마다 주방에 한 병씩은 꼭 있다. 빵에 아이바르만을 발라 먹기도 한다.

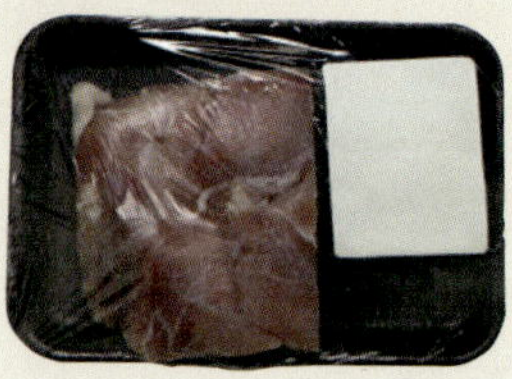

Alligator (북미산) 악어 고기

미국에서 식용으로 사육되고 있는 악어 고기다. 악어 고기를 먹는 사람은 아직 소수로 대중화되기는 어렵다.

Marshmallow Fluff 마시멜로 플러프

빵에 발라먹는 마시멜로. 미국 매사추세츠 주가 자랑하는, 색다른 음식의 대표격.

*Fluff와 Marshmallow Fluff는 Durkee Mower Inc의 등록상표.

Brown Bread 브라운 브레드

일본의 흑빵 비슷한, 달콤하고 옛날이 그리워지는 맛이 난다.

Catupiry 까뚜삐리

브라질 빵에 발라 먹는 치즈. 보통의 치즈라고 생각하겠지만, 단맛이 약간 있어 의외로 맛있다.

Chickpea Flour 병아리콩가루

병아리콩을 빻은 가루. 유럽, 중근동, 아시아, 아프리카 등 전 세계에서 먹고 있다. 견과류 비슷한 풍미가 있다.

Wasa 와사

폴란드의 크래커. 어떤 사람들이 사가는지 모르지만 미국의 슈퍼마켓은 반드시 갖춰 둔다. 맛은 아주 담백하다.

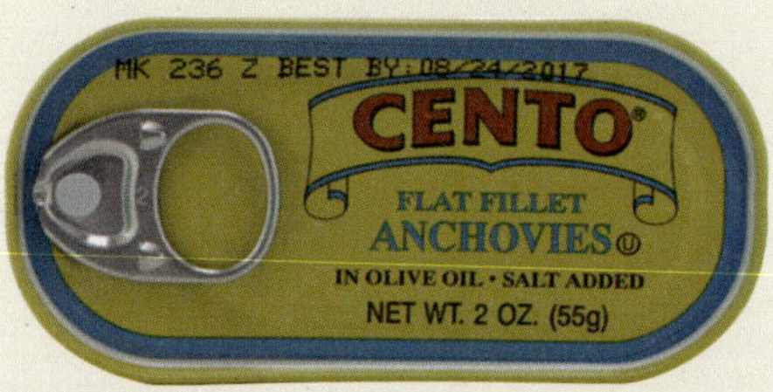

Anchovy Fillet 앤초비 필레

피자나 샌드위치, 샐러드, 파스타에 이 앤초비 필레가 없으면 유럽에서는 식탁을 차릴 수가 없다.

Guava Paste
구아바 페이스트
구아바로 만든 양갱 같은 것. 매실 양갱이라 하면 맞을 듯한 맛이다.

Hagelslag 하헐슬라흐
네덜란드인이 즐겨 먹는, 초콜렛 칩 같은 달콤한 로컬푸드다. 아이스크림에 뿌려 먹기도 한다.

Harissa 하리사
튀니지의 아주 매운 고추 페이스트. 유럽이나 중근동에서도 많이 먹는다.

Holland Toast 홀랜드 토스트
네덜란드의 달지 않은 러스크로 둥근 모양이다. 거칠게 다루면 부스러지므로 버터를 바를 때 신경을 써야 한다.

HP sauce the original*
에이치피 소스 더 오리지널
이 소스 없이는 영국의 식탁을 말할 수 없다. 영국식 돈가스 소스라고 생각하면 된다.
*HP sauce the original은 H.J.Heinz Company의 등록상표다.

Kangaroo 캥거루 고기
쇠고기보다도 지방이 적지만 사슴 고기나 버팔로처럼 야성미가 있는 풍미를 갖고 있다.

Horserdish 호스래디시
호스래디시는 고추냉이의 원료. 그것을 잘게 썰어 식초에 절인 것이다. 머스터드처럼 사용한다.

Kataifi 카타이피
헝클어진 낚싯줄 같은 페이스트리 반죽. 지중해의 디저트에 빼놓을 수 없는 재료다.

샌드위치에 사용되는 세계의 진미

Maple Syrup 메이플 시럽
뉴잉글랜드에서는 팬케이크나 요구르트에 뿌려 먹는다. 메이플 시럽으로 만든 캔디도 나와 있다.

Muisjes 마우시에스
샌드위치에 관해서만은 네덜란드는 색다른 나라이다. 이상한 것을 빵이나 러스크에 올려 먹는다.

Piri-Piri Hot Sauce 피리피리 핫소스
피리피리는 일본어가 아니라 아프리카산 고추를 의미한다. 일반적인 칠리소스처럼 식초가 들어가지 않는다.

Orange Blossom Water 오렌지 블로썸 워터
오렌지 꽃으로 만든 물이다. 크림이나 가나슈에 오렌지 향을 넣는 데 쓰인다.

Piccalilli 피카릴리
인도의 향신료가 든 야채 절임이다.

Pickled Herring 청어 절임
청어를 식초에 절인 음식으로 맛있다. 머스터드나 소스에 절이기도 한다.

Pickled Oyster Mushroom 느타리버섯 피클
솔직히 좀 색다른 맛과 식감이 있다. 호불호가 갈리는 음식일 듯하다.

Nutella 누텔라
전 세계인으로부터 사랑받는 이탈리안 초콜릿과 헤이즐넛 스프레드. 상온에 보관 가능하다.

Redcurrant Jelly 레드커런트 젤리

일본에서도 인기 있는 부드러운 신맛이 나는 젤리. 젤리는 레드커런트(색깔이 붉은 까치밥나무 열매)로 만든 주스를 젤라틴으로 굳힌 것이다.

Smoked Sprats 훈제 생선

정어리처럼 작은 생선을 훈제한 것. 이런 훈제 생선의 맛을 알면 또 찾게 된다. 빵에 올려 먹으면 다른 것은 필요 없다.

Roasted Pepper 병에 든 로스트 피망

피망을 구워 껍질을 벗긴 것이다. 음식 만들기 귀찮아하는 사람은 어디에나 있는 법이어서 병에 담아 팔고 있다.

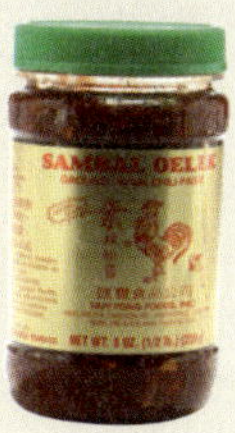

Sambal Oelek 삼발 울렉

아시아 특히 동남아시아의 핫소스라 하면 이 삼발 울렉(고추장)이다. 보통의 핫소스와는 맛이 좀 다르다.

Rose Water 로즈 워터

장미꽃을 수증기로 증류하여 얻은 액이다. 디저트에 사용할 뿐만 아니라 화장수로 얼굴에 바르기도 한다.

VEGEMITE 베지마이트

빵이나 크래커에 발라먹는 스프레드. 야채에서 추출한 즙과 이스트 추출물로 만든다. 싫어하는 사람이 먹으면 이런 것을 먹는다는 것을 믿을 수 없을 것이다. 하지만 좋아하는 사람은 이 이상 맛있는 것은 없다고 말한다.

Sweet Pickle Relish
스위트 피클 렐리시

미국식 처트니와 같은 것으로 핫도그 위에 뿌려 먹는다.

색다른 조합이 재미있는 샌드위치 레시피355

세계의 샌드위치 도감

2018. 2. 9. 초 판 1쇄 인쇄
2018. 2. 19. 초 판 1쇄 발행

감수 | 사토 마사히토
옮긴이 | 강정원
펴낸이 | 이종춘
펴낸곳 | BM 주식회사 **성안당**
주소 | 04032 서울시 마포구 양화로 127 첨단빌딩 5층(출판기획 R&D 센터)
10881 경기도 파주시 문발로 112 출판문화정보산업단지(제작 및 물류)
전화 | 02) 3142-0036
031) 950-6300
팩스 | 031) 955-0510
등록 | 1973. 2. 1. 제406-2005-000046호
출판사 홈페이지 | **www.cyber.co.kr**
ISBN | 978-89-315-8165-2 (13590)
정가 | **18,000원**

이 책을 만든 사람들
책임 | 최옥현
진행 | 김해영
교정 · 교열 | 장윤정
본문 · 표지 디자인 | 김인환
홍보 | 박연주
국제부 | 이선민, 조혜란, 김해영
마케팅 | 구본철, 차정욱, 나진호, 이동후, 강호묵
제작 | 김유석